应用型本科经济管理类专业系列教材

跨境电子商务概论

主　编　李云清　宋　磊

西安电子科技大学出版社

内 容 简 介

本书以培养应用型人才为主要目标,内容完整覆盖了跨境电商的所有业务模式和业务环节。本书共八章,分三个部分。第一部分是基础部分,包括第一章和第二章,主要介绍跨境电商的概念、发展、现状、主要模式等;第二部分是业务环节部分,包括第三章到第六章,这部分从平台介绍入手,依次介绍跨境电商的核心业务环节,包括物流、支付与结汇及网络营销;第三部分是管理部分,包括第七章和第八章,重点介绍跨境电商的知识产权等法律问题、交易风险及控制、税收征管政策、海关监管政策和金融监管政策等。

本书可作为应用型本科和高职高专院校跨境电子商务、电子商务、国际贸易等专业及其他相关专业的教材,也可作为跨境电商企业从业者的入门书籍。

图书在版编目(CIP)数据

跨境电子商务概论 / 李云清,宋磊主编. —西安:西安电子科技大学出版社,2021.9(2021.10重印)

ISBN 978-7-5606-6186-5

Ⅰ. ①跨… Ⅱ. ①李… ②宋… Ⅲ. ①电子商务—高等职业教育—教材
Ⅳ. ①F713.36

中国版本图书馆 CIP 数据核字(2021)第 175182 号

策划编辑　李鹏飞
责任编辑　郑瑞环　李鹏飞
出版发行　西安电子科技大学出版社(西安市太白南路 2 号)
电　　话　(029)88202421　88201467　　　　邮　　编　710071
网　　址　www.xduph.com　　　　　　电子邮箱　xdupfxb001@163.com
经　　销　新华书店
印刷单位　陕西日报社
版　　次　2021 年 9 月第 1 版　　2021 年 10 月第 2 次印刷
开　　本　787 毫米×1092 毫米　1/16　印 张　12.75
字　　数　297 千字
印　　数　501~2500 册
定　　价　36.00 元

ISBN 978-7-5606-6186-5 / F

XDUP 6488001-2

如有印装问题可调换

前　言

　　跨境电子商务是近几年兴起的商业模式，为我国传统外贸和传统产业的升级转型提供了各种契机。2014 年被称为跨境电子商务元年，这一年国家推出众多跨境电商的扶持政策，传统零售商、海内外电商巨头、创业公司、物流服务商、供应链分销商纷纷入局，跑马圈地，跨境电商得到了长足的发展。2020 年的疫情使很多行业受到巨大的冲击，业务受限；跨境电子商务虽然也受到了多方面的影响，但业务量总体却逆市上冲，很多跨境电子商务企业业绩实现翻番。

　　在这样的背景下，作为一线教师，我们深刻意识到要培养符合企业需求的跨境电子商务人才，跨境电子商务教材必须与时俱进，要能够反映跨境电子商务的前沿发展动态，同时要注重培养学生的综合应用能力。于是，编者结合多年实践教学经验及研究成果编写了这本应用型教材。

　　本书立足于应用型本科高校电子商务专业的教学特点，在编写时力图能全面系统地介绍跨境电子商务的全貌和整体业务链，能够更加精准、有效地提升读者的应用技能，同时兼顾实用性与创新性。本书分为八章，每章教学内容前均设置有"学习目标"，每章最后均设置有"本章小结""关键术语""配套实训""课后习题"等模块。

　　本书由福建江夏学院李云清副教授、宋磊副教授担任主编。其中，李云清负责全书的策划、统稿工作，并编写了第二章至第七章；宋磊编写了第一章和第八章。

　　跨境电子商务飞速发展，相关平台日新月异，可能在本书出版过程中跨境电子商务就会出现新的变化；而且跨境电子商务具有复合型学科的特点，在对某些业务过程的描述中本书可能会存在不全面的地方，这也是未来本书修订的方向。

　　由于编者水平有限，书中难免有不足之处，望广大读者批评指正。

编　者
2021.6

目　　录

第一部分　基础部分

第二部分　业务环节部分

第一部分　基础部分

第一章　跨境电子商务概述

学习目标

▶知识目标

(1) 掌握跨境电子商务的概念、特征及模式。

(2) 熟悉跨境电子商务的流程。

(3) 理解跨境电子商务的优势和发展意义。

(4) 了解跨境电子商务的发展概况和发展趋势。

(5) 了解跨境电子商务的政策、存在的问题与对策。

▶技能目标

(1) 学会区分不同的跨境电子商务平台及其运用的领域。

(2) 运用现有的跨境电子商务政策分析问题，为跨境电商企业决策提供依据。

第一节　跨境电子商务的基本认知

随着电子商务进入白热化的竞争阶段以及 APEC 峰会的召开，"跨境电子商务"这个名词传入了千家万户，这个市场也已经从"蓝海"变成"红海"。

一、跨境电子商务的概念

跨境电子商务，简称跨境电商(Cross-border E-commerce)，它脱胎于"小额外贸"，最初是指以个人为主的买家借助互联网平台从境外购买产品，通过第三方支付方式付款，卖家通过快递完成货品运送的整个过程。跨境电子商务有狭义和广义两层含义。

从狭义上看，跨境电子商务特指跨境网络零售，实际上基本等同于跨境零售，包括企业对个人的跨境电子商务(B2C) 和个人对个人的跨境电子商务 (C2C)两种模式。跨境网络零售是指分属于不同关境的交易主体，通过电子商务平台达成交易，进行跨境支付结算，并采用快件、小包等行邮的方式通过跨境物流送达商品、完成交易的一种国际贸易新业态。从本质上讲，它以电子及电子技术为手段，以商务为核心，把原来传统的销售、购物渠道转移到互联网上，打破国家与地区之间的壁垒，使整个商品销售达到全球化、网络化、无形化、个性化和一体化的状态。跨境网络零售是互联网发展到一定阶段所产生的新型贸易形态。

从海关的统计口径来看，狭义的跨境电商就是在网上进行小包的买卖，其基本上针对的是终端消费者(即通常所说的 B2C 或者 C2C)。但随着跨境电商的发展，一部分碎片化、小额批发买卖的小 B 类商家用户也成为消费群体(即 B2 小 B)。由于这类小 B 商家和 C 类个人消费者在现实中很难严格区分和界定，因此狭义的跨境电子商务也将这部分纳入跨境零售内容。

从广义上看，跨境电子商务基本等同于外贸电商，是指分属不同关境的交易主体，通过电子商务手段将传统进出口贸易中的展示、洽谈和成交环节电子化，并通过跨境物流送达商品、完成交易的一种国际商业活动。

二、跨境电子商务的特征

跨境电子商务是基于网络发展起来的，相对于物理空间来说网络空间是一个新空间，是一个由网址和密码组成的虚拟但客观存在的世界。网络空间独特的价值标准和行为模式深刻地影响着跨境电子商务，使其不同于传统的交易方式而呈现出自己的特点。

(一) 全球性(Global)

网络是一个没有边界的媒介体，具有全球性和非中心化的特征，依附于网络发生的跨境电子商务也因此具有了全球性和非中心化的特征。与传统的交易方式相比，电子商务有一个重要的特点——它是一种无边界交易，丧失了传统交易所具有的地理因素，互联网用户不需要考虑跨越国界就可以把产品尤其是高附加值产品和服务提交到市场。

网络的全球性特征带来的积极影响是信息的最大程度的共享，消极影响是用户必须面临因文化、政治和法律的不同而产生的风险。任何人只要具备了一定的技术手段，在任何时候、任何地点都可以让信息进入网络，相互联系并进行交易。

(二) 无形性(Intangible)

网络的发展使数字化产品和服务的传输盛行。数字化传输是通过不同类型的媒介，如数据、声音和图像在全球化网络环境中集中进行的。这些媒介在网络中是以计算机数据代码的形式出现的，因而是无形的。传统交易以实物交易为主；而在电子商务中，无形产品却可以替代实物成为交易的对象。

电子商务是数字化传输活动的一种特殊形式，其无形性的特征使得税务机关很难控制和检查销售商品的交易活动，税务机关面对的交易记录都体现为数据代码的形式，使得税务核查员难以准确地计算销售所得和利润所得，从而给税收征管带来困难。

(三) 匿名性(Anonymous)

跨境电子商务的非中心化和全球性的特性，使得电子商务用户的身份和其所处的地理位置很难被识别。在线交易的消费者往往不显示自己的真实身份和自己的地理位置，重要的是这丝毫不影响交易的进行，网络的匿名性也允许消费者这样做。

在虚拟社会里，隐匿身份的便利迅即导致自由与责任的不对称，人们在这里可以享受最大的自由，却只承担最小的责任，甚至干脆逃避责任。

(四) 即时性(Instantaneous)

对于网络而言，传输的速度和地理距离无关。传统交易模式下的信息交流方式如信函、电报、传真等，在信息的发送与接收间，存在着长短不同的时间差。而电子商务中的信息交流，无论实际时空距离远近，一方发送信息与另一方接收信息几乎是同时的，就如同生活中面对面交谈一样。某些数字化产品(如音像制品、软件等)的交易，还可以即时清结，订货、付款、交货都可以在瞬间完成。

电子商务交易的即时性提高了人们交往和交易的效率，免去了传统交易中的中间环节，但也隐藏了法律危机。

(五) 无纸化(Paperless)

电子商务主要采取无纸化操作的方式，这是以电子商务形式进行交易的主要特征。在电子商务中，电子计算机通信记录取代了一系列的纸面交易文件。用户发送或接收电子信息时，电子信息以比特的形式存在和传送，整个信息发送和接收过程实现了无纸化。

无纸化带来的积极影响是使信息传递摆脱了纸张的限制。但是，由于传统法律的许多规范是以"有纸交易"为出发点的，因此无纸交易带来了一定程度上法律的滞后。

(六) 快速演进(Rapidly Evolving)

互联网是一个新生事物，现阶段它尚处在"幼年时期"，网络设施和相应的软件协议的未来发展具有很大的不确定性。网络就像新生儿一样，必将以前所未有的速度和无法预知的方式不断演进。基于互联网的电子商务活动也处在瞬息万变的过程中，短短的几十年中电子交易经历了从 EDI(Electronic Data Interchange，电子数据交换)到电子商务零售业的兴起的过程，而数字化产品和服务更是花样百出，不断地改变着人类的生活。

三、跨境电子商务的优势

(一) 跨境电商与传统外贸相比的优势

随着国家的不断关注，跨境电商正在成为外贸产业中的一匹"黑马"，针对跨境电商制定的政策在不断地完善，市场也在不断地发展，其对比传统外贸呈现以下特点：

(1) 有效减少外贸商品流通环节，释放利润空间。传统外贸一般是由国内供应商将国内生产商或制造商的产品出口给海外的进口商或批发商，国外的进口商或批发商再将进口商品分销给海外的批发商、零售商，最后到达消费者手里。商品从生产制造商到达消费者手中所经历的环节多、时间长。跨境电子商务有效地缩短了外贸价值链的长度，国内的生产制造商可以通过网商或者自己直接将商品通过跨境电商平台卖给海外的网商或消费者，从而减少了中间的渠道环节，降低了渠道成本，不仅给出口企业释放了利润空间，而且使消费者可以享受更多实惠。传统外贸与跨境电商流通环节对比如图 1-1 所示。

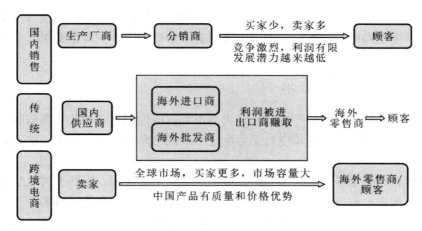

图 1-1 传统外贸与跨境电商流通环节对比

(2) 缩短交易时间，降低交易成本。跨境电子商务交易平台是实现外贸商业模式转变的重要力量。电商平台即时的信息沟通不仅加强了买卖双方的互动交流，而且大大提高了磋商的效率，加快了成交进程。便捷的网上支付操作，避开了传统方式下到银行办理结算的繁琐手续和较高的银行费用。一站式在线物流管理，多种物流解决方案选择，实现了快捷低成本送货上门。通过在平台上的网络营销、在线交易、在线支付、在线物流管理，实现了信息流、资金流、物流的三流合一管理，大大缩短了交易周期，降低了交易成本。

(3) 全天候业务运作，提高客户满意度。由于世界各地存在时差，为国际商务谈判带来诸多不便。对企业来讲，在传统条件下提供每周 7 天、每天 24 小时的客户服务往往感到力不从心。而利用电子商务可以做到全天候服务，任何客户都可在全球任何地方、任何时间从网上得到相关企业的各种商务信息。这为出口企业带来更多的订单，并且可大大提高交易成功率，提高客户满意度。

(二) 跨境电商与国内电商相比的优势

与国内电商相比，跨境电商具有卖家竞争小，市场空间大的优势。

(1) 卖家竞争小。国内电商经过多年的发展，卖家数量越来越多，卖家的电商能力也越来越成熟，无论新老卖家，想要从市场中获取流量变得越来越困难，付出的成本也越来越高。而跨境电商处于初级阶段，流量获取几乎免费，成交订单也更加容易。

(2) 市场空间大。国内电商仅仅面向中国买家，交易额增速平缓。而跨境电商面向全球 220 多个国家和地区的买家，交易额每年都呈现爆发式增长。

四、跨境电子商务的意义

(一) 打造新的经济增长点

跨境电商是互联网时代的产物，是"互联网+外贸"的具体体现，必将成为新的经济增长热点。由于信息技术的快速发展，规模不再是外贸的决定性因素，多批次、小批量外贸订单需求正逐渐代替传统外贸大额交易，为促进外贸稳定和便利化注入了新的动力。

随着相关政策性红利的不断释放，在移动互联网、智能物流等相关技术快速提升的背景下，围绕跨境电商产业将诞生新的庞大经济链，带动国内产业转型升级，并催生出一系列新的经济增长点。

(二) 提升我国对外开放水平

跨境电商是全球化时代的产物，是在世界市场范围内配置资源的重要载体，必将提升我国全方位对外开放水平。跨境电商平台会进一步破除全球大市场障碍，推动无国界商业的流通。

对企业而言，跨境电商加快了各国企业的全球化运营进程，有助于树立全球化的品牌定位，形成更加虚拟数字化的销售网络，大大降低了生产者与全球消费者的交易成本。企业可以直接与全球供应商和消费者互动交易，特别是降低了广大中小企业"零距离"加入全球大市场的成本，更多企业享受到全球化红利，有助于推动更加平等和普惠的全球贸易。

(三) 提升国内消费者福利水平

跨境电商是消费时代的产物，满足了国内消费人群追求更高质量生活的需求，必将提升消费者福利水平。去年我国人均国内生产总值已经达到 8126 美元，达到中等偏上发达国家水平，国内消费者对更高质量、更安全、更多样化商品的需求更加旺盛，消费对经济增长的促进作用日趋明显，我国的消费时代已经悄然来临。

跨境电商进口以扁平化的线上交易模式减少了多个中间环节，使得海外产品的价格下降。通过大量引入质量品质较好的、丰富的海外商品，我国用海外产品培育国内市场，以消费升级引领产业加快转型升级，最终惠及国内消费者。同时，跨境电商使交易流程扁平化；海外产品提供商直接面对国内消费者，能够提供更多符合消费者偏好的商品。

(四) 跨境电商的发展前景

跨境电商促进了经济的发展，同时也开启了世界贸易的变革，使国际贸易走向无国界贸易，为企业和消费者带来了好处。对企业来说，跨境电子商务构建的开放、多维、立体的多边经贸合作模式，极大地拓宽了进入国际市场的路径，大大促进了多边资源的优化配置与企业间的互利共赢；对于消费者来说，跨境电子商务使他们能够非常容易地获取其他国家的信息并买到物美价廉的商品。

第二节　跨境电子商务的发展

一、跨境电子商务的三个发展阶段

出口是拉动我国经济持续发展的"三驾马车"之一，在经济社会发展中占有重要地位，也是我国实施"走出去"战略、增强国际影响力的重要途径。随着以互联网为代表的新一轮信息技术革命的到来，我国的对外贸易产业也在积极进行互联网化转型升级，探索合适的跨境电商模式。

1999 年阿里巴巴的成立，标志着国内供应商通过互联网与海外买家实现了对接，迈出了我国出口贸易互联网化转型、探索跨境电商的第一步。在二十几年的发展中，国内跨境电商经历了从信息服务到在线交易，再到全产业链服务三个主要阶段。

(一) 跨境电商 1.0 阶段(1999—2003 年)

这一阶段从 1999 年阿里巴巴成立开始，一直持续到 2004 年敦煌网上线。这是我国跨境电商发展的起步摸索阶段，主要是将企业信息和产品放到第三方互联网平台上进行展示，定位于 B2B 大宗贸易。买方通过第三方互联网平台了解到卖方的产品信息，然后双方通过线下洽谈成交，所以当时的大部分交易是在线下完成的。

由于互联网发展水平和其他因素的限制，跨境电商 1.0 时代的第三方互联网平台，主要是提供信息、展示服务，并不涉及具体交易环节。这时的跨境电商模式可以概括为线上展示、线下交易的外贸信息服务模式，本质而言只是完成了整个跨境电商产业链的信息整合环节。

当然，这一模式在发展过程中也衍生出了一些其他信息增值服务，如竞价推广、咨询服务等内容。至于平台的盈利模式，主要是向需要展示信息的企业收取一定的服务费，本质上是一种广告创收模式。

跨境电商 1.0 阶段的最典型代表平台是 1999 年创立的阿里巴巴，它以网络信息服务为主，线下会议交易为铺，是服务于中小企业的国内最大的外贸信息黄页平台之一，致力于推动中小外贸企业真正走出国门，帮助它们获得更广阔的海外市场。

1970 年成立于深圳的环球资源外贸网，也是亚洲较早涉足跨境电商信息服务的互联网平台。此外，这一时期还出现了中国制造网、Kellysearch 等诸多以供需信息交易为主的跨境电商平台。跨境电商 1.0 阶段虽然通过互联网解决了中国贸易信息面向世界买家的难题，但是依然无法完成在线交易，对于外贸电商产业链的整合仅完成了信息流整合环节。

(二) 跨境电商 2.0 阶段(2004—2012 年)

以 2004 年敦煌网的上线为标志，国内跨境电商进入了新的发展阶段。区别于阿里巴巴中国供应商网上黄页的定位，此阶段的各个跨境电商平台不再只是单纯提供信息展示、咨询服务，还逐步纳入了线下交易、支付、物流等环节，真正实现了跨境贸易的在线交易。

2007 年成立的兰亭集势，是整合国内供应链，向国外销售的 B2C 平台。

2009 年速卖通平台在阿里巴巴 ICBU 创立，打响了跨境小额批发大举发展的信号枪。速卖通以 B2C 和 C2C 为主要跨境贸易模式。随着速卖通的发展，国内的跨境电商开始兴起，很多中小型卖家都开始加入这个队伍。

因此，与起步阶段相比，跨境电商 2.0 阶段才真正体现出电子商务模式的巨大优势：通过互联网平台，不仅实现了买卖双方的信息对接，还使信息、服务、资源等得到进一步的优化整合，有效打通了跨境贸易价值链的各个环节。

这一阶段跨境电商的主流形态是 B2B 平台模式，即通过互联网平台，让外贸活动的买卖双方(中小企业商户)进行直接对接，以减少中间环节，缩短产业链，使国内供应商拥有更强的议价能力，获得更大的效益。

同时，第三方平台也在这一阶段实现了创收渠道的多元化：一方面，将前一阶段的"会员收费"模式改为收取交易佣金的形式；另一方面，平台网站还会通过一些增值服务获取收益，如在平台上进行企业的品牌推广，为跨境交易提供第三方支付和物流服务等。

(三) 跨境电商 3.0 阶段(2013 年——至今)

国内电子商务经过二十几年的深耕培育，已经逐渐走向成熟。同样，跨境电商也随着互联网发展的深化以及电子商务整体业态的成熟完善，自 2013 年开始不断转型，迈入 3.0 的"大时代"。

2013 年之后，跨境电商的发展逐渐呈现出以下四个方面的特征：

第一，随着电商模式的发展普及，跨境电商的主要用户群体从势单力薄的草根创业者，逐渐转变为大型工厂、外贸公司等具有很强生产设计管理能力的群体，这使得平台产品由网商、二手货源向更具竞争力的一手优质产品转变。

第二，这一阶段的电商模式由 C2C、B2C 模式转向 B2B、M2B 模式，国际市场被进一步拓宽，B 类买家形成规模，推动了平台上中大额交易订单的快速增加。

第三，更多大型互联网服务商加入，使跨境电商 3.0 服务全面优化升级，平台有了更成熟的运作流程和更强大的承载能力，外贸活动产业链全面转至线上。

第四，移动端用户数量飙升，个性化、多元化、长尾化需求增多，生产模式更加柔性化、定制化，对代运营需求较高，线上线下的配套服务体验不断优化升级。

跨境电子商务的三个发展阶段如图 1-2 所示。

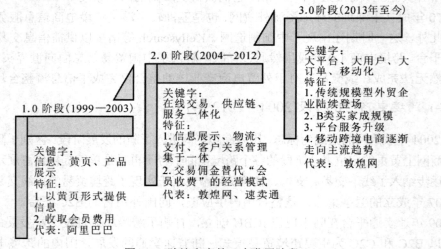

图 1-2 跨境电商的三个发展阶段

二、现阶段跨境电子商务的发展特点

(一) 多业态融合助推新模式快速成长

2018 年，中国跨境电商与多业态融合发展并形成新模式，加速了外贸转型升级的步伐。

其具体包括两个融合。一是社交平台与跨境电商融合，形成短视频电商，成为跨境电商的新增长点。近年来，短视频社交已经成为一种"生活方式"，正在改变品牌营销和流量引入规则。2018年，社交平台纷纷进入跨境电商领域，融合了内容电商和社交电商的特性，深耕垂直细分领域，深挖对应标签的用户，形成短视频电商；同时大力拓展海外市场，为短视频电商拓展了更广阔的市场。二是传统跨境电商平台与线下实体融合，形成跨境O2O。2018年，跨境电商进口平台尝试在线下开设实体店，为消费者提供集体验、交流为一体的跨境实体零售新体验。跨境电商作为外贸新业态之一，随着其新模式的不断涌现，为中国传统外贸转型升级提供了新渠道、新思路。

(二) 贸易规模迅速扩张

中国跨境电子商务交易及进出口规模基本成逐年增长趋势(2015年、2016年略有下降)，具体规模如图1-3和图1-4所示。

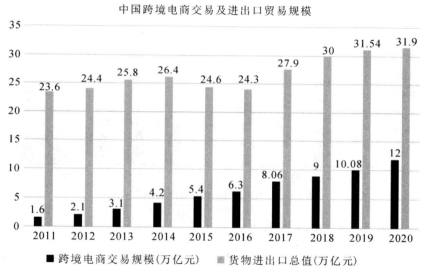

图1-3　中国跨境电商交易及进出口贸易规模

2018年跨境电商交易额占中国进出口总额的29.8%，到2020年，该占比上升到38.3%，如图1-5所示。

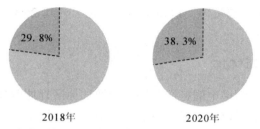

图1-4　中国跨境电商交易额占进出口总额比重变化情况

(三) 从事跨境电子商务的门槛降低

中小企业建立了直接面向国外买家的国际营销渠道，降低了交易成本，缩短了运营周期。据估算，目前每年在跨境电子商务平台上注册的新经营主体中，中小企业和个体商户已经占到90%以上。

(四) 新兴市场成为亮点

据中国电子商务研究中心监测数据显示，2018年，中国出口跨境电商的主要目的国有美国、法国、俄罗斯、英国、巴西、加拿大、德国、日本、韩国、印度，共占比72.5%；其他国家和地区占比27.5%。从主要国家及地区分布来看，美国、法国等发达国家依然是中国出口电商主要的目的地。但是近年来，俄罗斯、巴西、印度等新兴市场蓬勃发展，吸引大量的中国电商企业及卖家纷纷布局。新兴市场有着广阔的电商发展基础，电商发展潜力巨大，是下一波市场蓝海所在，如图1-5所示。

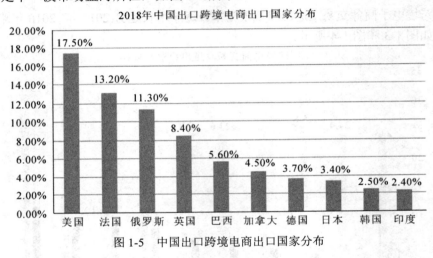

图1-5　中国出口跨境电商出口国家分布

(五) 进口规模小，出口规模大

进口商品主要包括奶粉等食品和化妆品等奢侈品，规模较小；出口商品主要包括服装、饰品、小家电、数码产品等日用消费品，规模较大，每年增速很快。由于跨境电子商务仍处于发展的初期阶段，出口为主、进口为辅的这种经济结构仍将持续一段时间。随着相关税收、通关政策的颁布，物流、电子支付体系的逐渐完善，跨境电子商务的进口将有很大的增长潜力。到2020年，跨境电商进口交易额占比上升到25%。该阶段跨境电商进出口贸易额占比如图1-6所示。

(六) 区域分布不断优化

我国东部地区各省市跨境电商持续发展，中西部地区提速明显。2018年，中国42个海关关境中跨境电商零售出口清单量排名前五的是黄埔、杭州、广州、郑州、北京；跨境电商零售进口交易额排名前五的是广州、宁波、杭州、郑州、重庆。其中，中西部地区的郑州和重庆发展较快。据郑州海关发布的数据显示，2018年郑州海关共监管跨境电商进出口清单9507.3万票，进出口商品总值120.4亿元，同比分别增长4.2%和5.7%；重庆保税港区2018年跨境电商交易额达28.1亿元，同比增长109.2%，成交订单1655万票，占重庆市同期成交总量的 72.3%。

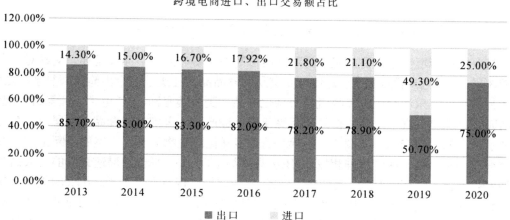

图 1-6　跨境电商进口、出口交易额占比

(七) 贸易范围不断扩大，丝路电商成为新亮点

作为全球规模最大、成长最快的电子商务市场之一，2018 年中国跨境电商零售进口持续增长，货源国范围不断扩大。随着"一带一路"建设的走深做实，丝路电商快速发展，成为中国外贸新亮点。2018 年，中国与柬埔寨、科威特、阿联酋、奥地利等国跨境电商交易额同比增速均超过 100%。同时，中国"一带一路"沿线重要节点城市的跨境电商也快速发展。据 2018 年《亚马逊全球开店中国出口电商城市发展趋势报告》的评选结果看，21 世纪海上丝绸之路沿线的福州、泉州和广州入选中国 2018 年跨境电商出口发展的 20 强城市。同时，丝绸之路经济带沿线的西安和兰州，进入中国 2018 年新增的 22 个跨境电商综合试验区名单。中国重要节点城市跨境电商持续创新发展，将进一步带动中国与"一带一路"沿线国家跨境电商的发展。

(八) 市场需求精耕细分，助力消费结构升级

跨境电商不断向中小城市和农村下沉，带动居民消费结构升级。大城市跨境电商市场逐渐饱和，中小城市和农村居民海外出游机会相对偏少，大量海外购物需求通过跨境电商渠道得到满足。2018 年，各平台加大了选品的跨度，增加了高性价比商品，进一步满足中小城市和农村的消费需求。一是从产地来看，增加了"一带一路"沿线国家的特色生活用品，如泰国的乳胶枕、青草膏、椰子油，印尼的燕窝，马来西亚的豆蔻油，澳大利亚的蜂巢，俄罗斯的蜜蜡等。二是从品牌来看，轻奢品牌和小众品牌逐渐增多，如日韩的美妆日用产品、英国的时尚饰品、澳洲的保健品等。三是从品类来看，增加了高频消费的生活用品，如网易考拉设置海外商超，天猫国际设置了进口超市，推动跨境电商平台从以往的"百货商场"向"大型超市"转变。此外，针对大城市的高消费群体，一些平台还引入了跨境旅游服务。随着消费需求的不断细分，跨境电商对消费结构升级的带动作用将进一步增强。

三、跨境电子商务的发展趋势

(一) 交易产品向多品类延伸、交易对象向多区域拓展

随着中国跨境电子商务的发展,跨境电子商务交易产品向多品类延伸,交易对象向多区域拓展。从销售产品品类看,跨境电商交易的商品品类经历了一个由简单到复杂的过程,从最初的线上音乐和视频等零物流的数字化产品,到服装服饰、3C 电子、计算机及配件、家居园艺、珠宝、汽车配件、食品药品等便捷运输产品,再到生鲜食品、家居、汽车等物流要求更高的大型产品,如图 1-7 所示。随着多样化跨境物流解决方案的不断出现,商品品类得以不断拓展,两者相辅相成。eBay 数据显示,eBay 平台上增速最快的三大品类依次为家居园艺、汽配和时尚,且 71%的大卖方计划扩充现有产品品类,64%的大卖方计划延伸到其他产品线。不断拓展销售品类成为跨境电子商务企业业务扩张的重要手段。品类的不断拓展,不仅使得"中国产品"和全球消费者的日常生活联系得更加紧密,而且也有助于跨境电子商务企业抓住最具消费力的全球跨境网购群体。

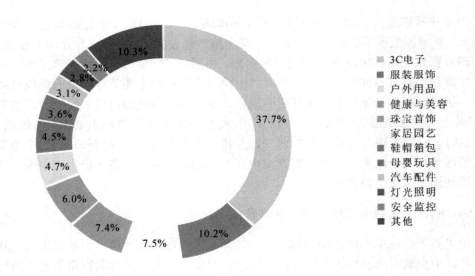

图 1-7　跨境电商销售产品品类

从销售目标市场看,未来跨境电商的增长将主要来源于销售市场的多元化增长。以美国、英国、德国、澳大利亚为代表的成熟市场,由于跨境网购观念普及、消费习惯成熟、整体商业文明规范程度较高、物流配套设施完善等优势,在未来仍是跨境电子商务零售出口产业的主要目标市场,且将持续保持快速增长。与此同时,不断崛起的新兴市场正成为跨境电子商务零售出口产业的新动力。俄罗斯、巴西、印度等新兴市场由于本土产业结构不合理,尤其是消费品行业欠发达,积攒了大量的消费需求;而线下零售渠道成熟度较差,本土市场规模较小,使得消费需求难以得到满足;而中国制造的产品物美价廉,在这些国

家的市场上优势巨大。若当地跨境交易便利程度较高，移动互联网普及度较高，这些市场的跨境消费将一触即发。大量企业也在拓展东南亚市场。印度尼西亚是东南亚人口最多的国家，全球人口排名位居第四，具有巨大的消费潜力。目前，eBay、亚马逊、日本乐天等电子商务平台巨头都开始进入印度尼西亚市场。在中东欧、拉丁美洲、中东和非洲等地区，电子商务的渗透率依然较低，有望在未来获得较大突破。

(二) B2C 占比提升，B2B 和 B2C 协同发展

跨境电子商务 B2C 这种业务模式逐渐受到企业重视，近两年出现了爆发式增长。究其原因，主要是跨境电子商务 B2C 具有一些明显的优势。

(1) 利润空间大。相较于传统跨境模式，B2C 模式可以跳过传统贸易的所有中间环节，打造从工厂到产品的最短路径，从而赚取高额利润。

(2) 有利于树立品牌形象。有利于国内不再满足做代工的工贸型企业和中国品牌利用跨境电子商务试水"走出去"战略，熟悉和适应海外市场，将中国制造、中国设计的产品带向全球，开辟新的战线。

(3) 把握市场需求。直接面对终端消费者，有利于更好地把握市场需求，为客户提供个性化的定制服务。

(4) 市场广阔。与传统产品和市场单一的大额贸易相比，小额的 B2C 贸易更为灵活，产品销售不受地域限制，可以面向全球 200 多个国家和地区，可以有效降低单一市场的竞争压力，市场空间巨大。

B2B 作为全球贸易的主流，将会和 B2C 协同发展。从 2015 年中国跨境电子商务的交易模式看，跨境电子商务 B2B 交易占比达到 88.5%，占据绝对优势。由于 B2B 交易量较大，订单较为稳定，且处于相对较为成熟的阶段，所以未来的跨境电子商务交易中 B2B 交易在较长时间内仍然是主流；但随着跨境贸易主体越来越小，跨境交易订单趋于碎片化和小额化，未来 B2C 交易占比也会出现一定的提升，如图 1-8 所示。

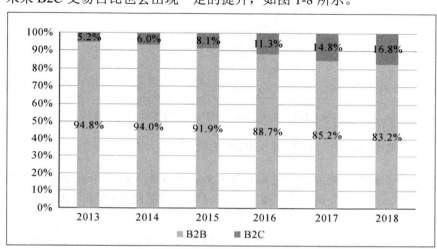

图 1-8 2013—2018 年中国跨境电商交易规模 B2C 与 B2B 结构

B2B 作为全球贸易的主流，未来仍然会是中国企业开拓海外市场的最重要模式；而

B2C 作为拉近与消费者距离的有效手段，对中国企业打响品牌也将具有非常重要的地位。B2B 和 B2C 作为两种既有区别又有联系的业务模式，互补远远大于竞争，两者都能成为开拓海外市场的利器。

(三) 跨境电商平台将由信息服务型转型为综合服务型

以收取会员费、竞价排名费等方式赖以生存的信息服务型跨境电商平台已经面临发展瓶颈，而综合服务型平台通过提供一站式服务来提高交易双方的满意度，并可收取一定的在线交易类佣金，其变现率也显著高于前者，这类平台已经成为大势所趋。

(四) 移动端将成为跨境电子商务发展的重要推动力

随着移动技术的不断发展，智能手机、平板电脑迅速普及，未来跨境电商将以"移动端为王"，如图 1-9 所示。移动技术的进步使线上与线下商务之间的界限逐渐模糊，以互联、无缝、多屏为核心的"全渠道"购物方式将快速发展。从 B2C 方面看，移动购物使消费者能够随时、随地、随心购物，极大地拉动了市场需求，增加了跨境零售出口电子商务企业的机会。从 B2B 方面看，全球贸易小额化、碎片化发展的趋势明显，移动可以让跨国交易无缝完成。白天卖方可以在仓库或工厂用手机上传产品图片，实现立时销售，晚上卖方可以回复询盘、接收订单。基于移动端做媒介，买卖双方的沟通变得非常便捷。

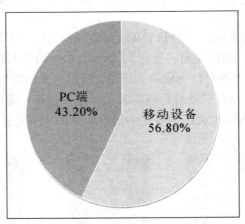

图 1-9　2017 年中国海淘用户使用的主要设备分布

(五) 跨境电子商务产业生态系统更为完善

跨境电子商务涵盖实物流、信息流、资金流、单证流，随着跨境电子商务经济的不断发展，软件公司、代运营公司、在线支付、物流公司等配套企业都开始围绕跨境电子商务企业进行集聚，服务内容涵盖网店装修、图片翻译描述、网站运营、营销、物流、退换货、金融服务、质检、保险等内容，整个行业生态体系越来越健全，分工更清晰，并逐渐呈现出生态化的特征，如图 1-10 所示。目前，我国跨境电子商务服务业已经初具规模，有力地推动了跨境电子商务行业的快速发展。

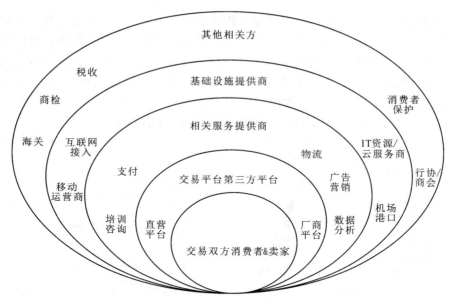

图 1-10　基于交易平台的商业生态系统

(六) 消费和企业运营全球化趋势增强

跨境电商的发展使得消费全球化趋势明显，无国界的消费者互动、个性定制、柔性生产和数据共享将大行其道。消费者、企业通过电商平台彼此联系、相互了解；卖家通过全渠道汇聚碎片数据，经由数据挖掘准确识别和汇聚消费者需求，实现精准营销。买卖双方的互动将使 C2B、C2M 的个性化定制更具现实基础，也促进了生产柔性化，进而推动市场性的供应链组织方式。

跨境电商的发展也推动了企业运营的全球化。据易观国际(Analysys)统计，阿里巴巴、腾讯、亚马逊、Facebook 的海外收入近年来均呈现逐年递增之势，更注重全球市场的电商企业将在市场上获得独特地位，而跨境电商的发展也可以让企业迅速将业务流程全球化，使其资产更轻，灵敏度更高，决策更加精准。

(七) 中国跨境电商将进入规范发展阶段

2018 年，中国各主管部门加大了对跨境电商领域违规行为的惩处力度，为合规监管拉开了序幕。在商家方面，法院严厉查处跨境电商中盗用公民个人信息、拆分货物、刷单进口走私等行为。在跨境支付方面，外汇监管日趋严格。2018 年国家外汇管理局针对第三方支付机构超出核准范围办理跨境外汇支付业务，且国际收支申报错误，未经备案程序为居民办理跨境外汇支付业务，且未按规定报送异常风险报告等违规行为，开出了多个巨额罚单。随着《电子商务法》的正式实施，跨境电商相关配套法规政策将加快制定并陆续出台，引领中国跨境电商进入规范发展的新阶段。

(八) 线下市场重要性凸显，新零售或将在跨境电商引爆

艾媒咨询分析师认为，对于跨境电商行业而言，线上、线下结合是必然趋势。由于跨

境电商用户消费关注重点聚焦于商品质量，相较从跨境电商平台上去了解相关信息，线下体验的背书作用更加明显，通过线下门店引流，再从线上平台转化和服务，将成为行业发展方向。而跨境电商双线结合的发展趋势，与新零售的理念相契合，未来新零售浪潮有望在跨境电商领域引爆。作为跨境电商的头部品牌——考拉海淘，加速布局线下店，开设线下旗舰店和线下工厂店。旗舰店重体验，全球工厂店在于连接优质供应商和消费者，在"新消费"背景下，有力补充了线上店体验感缺失的问题，如图 1-11 所示。

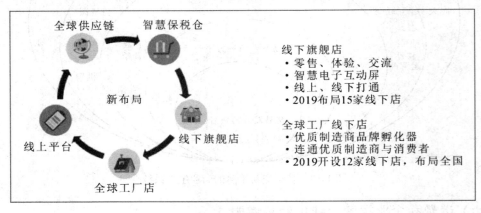

图 1-11　考拉海淘线上、线下融合

第三节　跨境电子商务政策、存在的问题及对策

一、跨境电子商务政策解读

近年来国家非常重视对外贸易的发展，跨境电商因承载着中国传统外贸转型升级的使命，得到了国家的大力推动。2018 年《电子商务法》的出台，为中国跨境电商规范发展提供了基础性的法律依据，国务院及各部委颁布的规章文件进一步明确了跨境电商的具体监管办法；国务院下发关于同意新增 22 个跨境电商综合试验区的通知，通过创新探索形成了不同类型的跨境电商试点模式和制度性经验；此外，2018 年中国加快推进电子商务领域的多双边国际合作，为电子商务国际规则体系建设贡献了中国智慧。

(一)《电子商务法》的相关规定

2018 年 8 月，第十三届全国人民代表大会常务委员会第五次会议通过了《电子商务法》，其中第二章"电子商务经营者" 和第五章"电子商务促进" 明确提出了关于跨境电商发展的相关要求和措施，其核心内容包括四个方面：一是对跨境电商经营者提出了基本监管要求，即从事跨境电商的经营者，应当遵守进出口监督管理的法律、行政法规和国家有关规定；二是建立健全监管制度体系，尤其是在海关、税收、出入境检验检疫、支付结算等领域的管理制度要适应跨境电商特点；三是促进监管便利化，重点在于优化监管流程，实现信息共享、监管互认、执法互助,提高跨境电商服务和监管效率;四是推动跨境电商国际合作交流,参与电子商务国际规则的制定。

(二) 国务院出台的相关政策

2018 年,国务院出台了《关于扩大进口促进对外贸易平衡发展的意见》等三个跨境电商相关政策文件。这些文件主要聚焦了三个方面。一是强调跨境电商进口的重要作用。《关于扩大进口促进对外贸易平衡发展的意见》(国务院/国办发〔2018〕53 号),强调了跨境电商进口在促进对外贸易平衡发展中的作用,其中明确提出要"创新进口贸易方式。加快出台跨境电商零售进口过渡期后监管具体方案,统筹调整跨境电商零售进口正面清单。加快复制推广跨境电商综试区成熟经验做法,研究扩大试点范围"。二是扩大跨境电商综合试验区的试点范围。《国务院关于同意在北京等 22 个城市设立跨境电子商务综合试验区的批复》(国函〔2018〕93 号)的出台,肯定了前两批综合试验区关于跨境电商监管和发展的试点探索,将 15 个试点城市进一步扩大到了 37 个城市。三是突出跨境电商信息化监管的重要性。《国务院关于印发优化口岸营商环境促进跨境贸易便利化工作方案的通知》(国发〔2018〕37 号)中明确,将"单一窗口"功能覆盖至海关特殊监管区域和跨境电商综合试验区等相关区域,对接全国版跨境电商线上综合服务平台,突出跨境电商信息化监管的重要性。

(三) 国家部委出台的有关文件

2018 年,国家部委出台了《关于完善跨境电子商务零售进口监管有关工作的通知》等六个跨境电商相关政策文件。这些文件主要强调了三方面的问题。一是继续完善跨境电商业务的基本监管制度和监管要求。例如,《关于完善跨境电子商务零售进口监管有关工作的通知》(商财发〔2018〕486 号)明确,政府部门、跨境电商企业、跨境电商平台、境内服务商、消费者各负其责的原则和具体要求;《关于实时获取跨境电子商务平台企业支付相关原始数据有关事宜的公告》(海关总署公告 2018 年第 165 号)明确:参与跨境电商零售进口业务的跨境电商平台企业应当向海关开放支付相关原始数据,供海关验核。二是进一步优化跨境电商零售进口商品准入规定。财政部等十三个部委联合发布了《跨境电子商务零售进口商品清单(2018 年版)》,增加了葡萄汽酒、麦芽酿造的啤酒、健身器材等 63 个消费者需求较大的税目商品;同时也对前两批清单的商品税则税目进行了技术性调整和更新。三是调整了跨境电商进出口税收政策。出口方面,财政部、税务总局、商务部和海关总署联合发布的《关于跨境电子商务综合试验区零售出口货物税收政策的通知》(财税〔2018〕103 号)明确了对综合试验区电子商务出口企业出口未取得有效进货凭证的货物,同时符合条件的试行增值税、消费税免税政策;进口方面,《关于完善跨境电子商务零售进口税收政策的通知》(财关税〔2018〕49 号)进一步提高跨境电商零售进口的限额,将单次交易限值由人民币 2000 元提高至 5000 元,年度交易限值由人民币20 000 元提高至 26 000 元。此外,国家还推动完善了跨境电商零售出口增值税"无票免税"政策,促进行业阳光化发展。

二、 跨境电子商务发展面临的问题

中国的跨境电商虽然无论从政策还是平台上都发展得极为迅猛，但是也面临着一些问题，成为跨境电商发展征途中的痛点，阻碍和制约着跨境电子商务的发展。

(一) 物流配套比较差，运货速度慢、费用高

我们知道，电子商务之所以能够实现，一个主要的原因就是物流的支撑。货物的跨境运输，需要物流来完成，但是目前的物流发展远远跟不上电子商务的发展。

首先，跨境电商不同于传统外贸，运输的货物数量少、体积小，通关麻烦。由于基础设施不完善，走海运的运输时间长，走空运的运费昂贵，电商企业为尽快收回资金、提高信誉，只能压缩利润空间选择空运。目前，比较常用的物流系统为中国邮政物流、EMS、ePacket、中国邮政挂号小包、中国邮政平常小包+，新加坡邮政小包，商业快递主要是 DHL。商业快递运货速度比较快，一般七天左右到达，但是费用高。以一个双肩包运到欧洲为例，运费会高达五六十美元，比商品本身价格还要高。中国邮政挂号小包等运输时间比较长，一般为一个月左右，运输距离远的可能达到两个月。运费问题成为跨境电子商务发展亟待解决的问题。

其次，我国还是一个以劳动力为主的国家，信息科技化技术不强，不管是国内物流还是跨境物流都存在这个问题。我国的物流企业信息处理水平能力低，其分拣、包装等流程都是人工处理，这就导致了低效的物流操作和低客户服务水平。

(二) 交易信用及安全问题显著

电商是基于互联网的一种虚拟的网络商务模式，交易双方具有显著的信用不确定性。相关数据显示，国内约有亿个在线消费者受到网络虚假信息的侵害，诈骗金额很高。随着时代的进步和科学的发展，互联网成为人们生活中不可缺少的一部分。与此同时，诈骗集团正在利用网络安全的漏洞来盗取他人的财产。正因如此，大约有 80% 的消费者基于对信用及安全问题的担忧而不选择网购。国内电商在为交易问题头痛时，跨境电商前进的脚步却因假冒伪劣等产品质量问题受到阻碍，不仅有因侵犯知识产权而被海关扣留仿冒产品的事件发生，更有因国内某知名外贸电商网站信用欺诈事件发生，使跨境电商的信用及安全问题受到严峻挑战。

(三) 网上跨境支付问题

随着国内支付体系的不断完善，支付市场的竞争愈发激烈，面向国际市场的跨境电商越发受到第三方网上支付机构的重视。由于跨境支付系统提供的是国际贸易，相对于国内第三方支付系统来说更加复杂，存在的问题也更多。

一是缺乏完善的跨境支付系统和相关配套的外汇监管、税收等制度。虽然国际上电商发达国家有成熟的支付系统，但缺乏全球通用型、接受度高的支付系统，这就限制了跨境电商的销售区域，增加了资金回笼的难度。二是收汇手续费比较高，货款结算周期长。以速卖通为例，每笔提汇的手续费为 15 美元，货款收回时间一般会超过一个月，这对小卖家而言费用较高，如不提汇，则会占用资金。

(四)《电子商务法》相关配套还需完善，监管落地仍有困难

《电子商务法》于 2019 年 1 月 1 日正式实施。《电子商务法》针对跨境电商，明确要求国家和相关管理部门应打造便利化的综合服务，提高监管效率；强调国家层面要积极推动国际交流合作，营造良好的国际环境。同时，《电子商务法》作为上位法，主要目的在于明确法律原则，对具体操作层面的内容规定得较少，实施中急需配套法规政策标准。到目前为止，对于《电子商务法》的相关实施细则和司法解释尚不完善，特别是针对跨境电子商务领域的相关解释还比较少。市场监督管理总局于 2018 年 12 月 3 日发布了《关于做好电子商务经营者登记工作的意见》(国市监注〔2018〕236 号)，但其内容多为原则性的指导意见，也未对操作层面做出具体规定。各地制定实施细则的具体规定不同，可能会给企业经营带来不确定因素。《电子商务法》正式实施后，给各地方主管部门的监管工作带来了挑战。

(五) 跨境电商人才匮乏

跨境电商的发展核心是跨境电商人才。中国跨境电商在快速发展的同时，面临的最大问题就是跨境电商人才匮乏。我们不得不承认电商群体普遍存在学历低、素质低的问题。跨境电子商务人才缺失的主要原因是：

(1) 语种限制。目前跨境电子商务的人才主要来自外贸企业，英语专业居多，缺乏小语种电子商务人才。事实上，像巴西、印度、俄罗斯、阿拉伯、蒙古国等国家，跨境电子商务具有很大的发展潜力，也是跨境电子商务关注的重点。

(2) 能力要求高。从事跨境电子商务业务的人才，除了语种的限制外，还要能了解国外的市场、电商运营、外贸知识、各大平台的交易规则和交易特征等，甚至要熟悉目的国的法律法规和风土人情。

(3) 专业培训机构起步晚于市场的需求，数量不多且体制不够成熟，专门培养跨境电商人才的院校和专业不多，导致人才输出滞后于企业所需。

基于这几个原因，符合跨境电子商务要求的人才很少，跨境电子商务人才缺乏已经成为业内常态。

(六) "一带一路"沿线发展差异大

随着"一带一路"建设的深入推进，中国跨境电商开拓新兴市场的步伐不断加快。"一带一路"沿线已经成为中国跨境电商发展的新蓝海。同时，各国经济发展、人文环境、法律体系以及交通运输差异较大，对开拓新市场提出了新难题。"一带一路"沿线 65 个国家中，12 个是发达国家，占"一带一路"国家总数的 18.46%，53 个为发展中国家，占比达到 81.54%，各国经济发展情况不尽相同。同时，"一带一路"国家涉及多个民族、多个种族、多种宗教。中国跨境电商企业在沿线国家拓展市场过程中需要对当地的法律法规(财税、金融、产业等)、风土人情、物流条件等进行深度考察。这增加了进入市场的难度，尤其是对中小跨境电商企业而言，深耕沿线国家，对其自身实力提出了新挑战。2018 年，"一带一路"倡议拓展到欧盟成员国，如奥地利、希腊、马耳他、葡萄牙等，正式延伸至拉美，如智利、乌拉圭、委内瑞拉、玻利维亚、厄瓜多尔等，增加了 37 个非洲国家，此

外还有 9 个太平洋岛国加入。随着中国"一带一路"倡议的不断延伸，沿线国家之间的多样性和差异性将进一步扩大，开拓新兴市场的难度也将进一步增加。

三、跨境电子商务的发展对策

跨境电子商务作为一种电子化的新型跨境贸易模式，有着十足的活力和无法比拟的优势，但和每一个新生事物一样，也存在一定的问题和瓶颈，如何解决这些问题，是更好地发展跨境电子商务的基本要求。

(一) 建立本地化物流运营，降低运费成本

解决运输时间长和运费高的问题，可以尝试设立海外仓库或在边境设立边境仓。在"一带一路"沿线国家和地区建设海外仓库来存储商品，可以大大减少清关压力，减少时间成本和运费，退货更加方便。国家还可以联合阿里巴巴等大型企业，共同出资建造海外仓库，解决小型的跨境电商企业因为缺乏资金无法自主建设仓库的问题，实现共同发展。政府要大力推广和支持边境仓的设立。例如，针对对俄贸易，可以在绥芬河、哈尔滨等设立边境仓。一旦买家下单可当天发货，提高了配送的速率，也增加了买家的购物体验。目前，我国高铁的铺设覆盖面在逐渐增加，随着国家"一带一路"倡议的提出和亚洲投资发展银行的成立，我国的高铁会逐步连接欧洲国家。内陆丝绸之路带与海运相比，缩短了三分之二的路程，这样会大大缩短货物到达欧洲市场的时间，铁路运输的运费相比于空运而言也会大大降低。此外，物流公司还应该通过现代物流技术来处理物流信息，使传统物流向现代化物流转变。

(二) 完善信用体系

由于跨境电商面对的是国际市场，它所带来的影响更为巨大，所以信用体系应该更加完善。又因为跨境电子商务在国际上缺乏统一的信用标准且各国法律不同，所以政府部门对于跨境电商网站上的商家和商品应该按照国际相关标准来制定信用及质量标准，并且加大监督力度。而各大电商网站和制造商应该提高检测幅度，同时培养企业的信用意识，使国内企业信用透明，并与政府配合，共同建立一套规范来完善信用认证体系。

(三) 使用成熟的第三方跨境支付结算系统

首先，对于第三方跨境网上支付要有一套制度，要有统一的规范标准，同时应该建立一个专门的机构对它进行监督管理，使其能够健康稳定地发展。其次，必须要解决安全收款的问题。目前，比较成熟和运用比较多的第三方跨境结算系统有 PAYPLY、国际支付宝等。除此之外可以考虑跨境人民币结算，使用人民币结算便于卖家成本核算，避免汇率变动带来的风险。第三，完善相应的外汇管理和税收管理制度，从而更好地加强网上跨境支付交易的外汇管理工作。第三方支付平台应该加大注册用户信息的完善，提供境内境外交易双方较为准确的相关信息，最终要能够做到让外汇监管部门对网上跨境外汇收支情况及资金的流向有一个较为准确的统计。

(四) 建立相关的法律法规

面对缺乏完善的法律法规这一问题，国家要抓紧完善《电子商务法》具体操作层面的内容规定，特别是补充和完善跨境电子商务领域的法律法规和实施细则。我们知道，跨境交易不只是国人之间的交易，还牵涉到国家之间的交流，为了树立自己国家的形象，保障好买卖双方的各自利益，我国更应该建立有效的、明确的规章制度。一是要规范买卖双方的交易纠纷处理问题，以具体法律保障市场主体的权益。二是要加强对电商企业的监督，规范企业的行为，以法律强制保障电商市场产品的质量。三是要保障电商市场的有序性，严厉打击恶意、刻意破坏市场环境的行为。

同时还应该注意，跨境电商使交易的环境更为复杂，问题更多，而且还涉及国家与国家的问题、国际犯罪的问题，所以在这一点上，要加强我国与国外安保组织彼此之间的合作交流，共同维护公共网络交易环境的纯洁。

此外，对于电子商务内部，要对相关人员的工作职责有一个明确的规定，并且能够有效制止相关人员的错误操作，这样电子商务在内外两个方面就都具有了相应的制度保障。

(五) 加快培养跨境电商人才

所有的行业和产业链条最核心的就是人才。近年来，跨境电商产业的迅猛发展，对经营人员提出了较高的要求，加快培养跨境电商专门人才迫在眉睫。人才培养的路径主要有以下几种：一是高校培养，即在国内的一些高校包括职业院校开设相关的专业和课程；二是专业的跨境电商培训机构培训，比如阿里巴巴旗下有全球速卖通鑫起点培训；三是跨境电商企业自己培养。三种人才培养路径各有利弊：高校培养速度慢，也可能会与实践相脱节；专门的培训机构可能招收不到培训的对象，而且收费会比较高；企业自身培养同样要花费大量的时间和费用，但比较直接和具体。分析其利弊，可以采取校企合作的方式培养学生，企业走进校园，明确需要什么类型和技能的学生，学生走进企业进行实地操作和演练，为我国跨境电商的发展培养和储备人才。

本 章 小 结

跨境电子商务是近年来新兴的国际贸易模式，具有发展迅速、利润较高、准入门槛低的特点。跨境电子商务不仅冲破了国家间的障碍，使国际贸易走向无国界贸易，同时也正在引领世界经济贸易的巨大变革。

跨境电子商务具有广义和狭义两层含义，具有全球性、无形性、匿名性、即时性、无纸化和快速演进等特征，与传统外贸、国内电商相比又有自身的优势，发展跨境电商有利于打造新的经济增长点，提升我国对外开放水平，提升国内消费者福利水平。跨境电子商务的主要运营模式包括 B2B、B2C 和 C2C 等，除此之外，还有 M2C、O2O、C2B、B2M 等模式。我国跨境电商的发展经过了 1.0、2.0 和 3.0 三个阶段。现阶段跨境电商的发展趋势为多业态融合助推新模式快速成长，贸易规模迅速扩张，从事跨境电子商务的门槛降低，新兴市场成为亮点，进口规模小、出口规模大等特点，并且呈现出交易产品向多品类延伸、交易对象向多区域拓展，B2C 占比提升、B2B 和 B2C 协同发展，跨境电商平台将由信息服务型转型为综合服务型，移动端将成为跨境电子商务发展的重要推动力，跨境电子商务产业生态系统更为完善，消费和企业运营全球化趋势增强，中国跨境电商将进入规范发展阶段，线下市场重要性凸显、新零售或将在跨境电商引爆等发展趋势。近年来，为了促进跨境电商的发展，国家出台了一系列的扶持政策，而解决好当前跨境电商发展中所面临的物流配套比较差，运货速度慢、费用高，交易信用及安全，网上跨境支付，缺乏完善的法律法规以及跨境电商人才匮乏等问题，是更好地发展跨境电商的基本要求。

关 键 术 语

跨境电商、狭义的跨境电商、广义的跨境电商、跨境 B2B 模式、跨境 B2C 模式、跨境 C2C 模式、跨境 O2O 模式。

配 套 实 训

1. 利用网络搜索跨境电子商务主要平台的信息。
2. 找几家传统外贸电商向跨境电商转型的例子，分析一个跨境电商成功的要素有哪些。
3. 登录速卖通网站，了解速卖通的业务流程。
4. 了解我国跨境电商的发展情况及相关政策，分析本地区跨境电商发展环境政策导向。

课 后 习 题

一、选择题

1. 以下购买进口产品的行为，(　　)不属于跨境电商。
A. 在社交网站代购　　　　B. 从天猫国际购买
C. 从保税区网站购买　　　D. 在超市购买

2. 在整个跨境电子商务中的比重最大，约占整个电子商务超八成，以及虽只占跨境电子商务总量的 15% 左右，却是增长最为迅速的部分的是(　　)。
A. B2B　B2C　　　B. B2C　B2B　　　C. B2B　C2C　　　D. B2C　C2C

3. 跨境电子商务呈现以下(　　)发展趋势。
A. 线下市场重要性凸显
B. 产品品类和销售市场更加多元化
C. B2C 占比提升，B2B 和 B2C 协同发展
D. 以上都对

4. 在跨境电子商务模式中，C2C 是指(　　)。

A. 消费者—消费者电子商务　　　　B. 企业—企业电子商务

C. 企业—消费者电子商务　　　　　D. 企业内部电子商务

5. 敦煌网、中国制造、阿里巴巴国际站和环球资源网等网站均是(　　)模式代表网站。

A. 跨境 B2B　　　B. 跨境 B2C　　　C. 跨境 C2C　　　D. 跨境 O2O

二、填空题

1. 狭义的跨境电商包括_____和_____两种模式。

2. 跨境电子商务具有_____、_____、_____、_____等特征。

3. 跨境电子商务 B2C 具有_____、_____、_____、等明显优势。

4. 跨境电商人才培养的路径主要有_____、_____、_____。

三、简答题

1. 当前跨境电商存在的问题是什么？

2. 未来跨境电商发展的趋势是什么？

第二章　跨境电子商务模式及流程

学习目标

▶知识目标

(1) 掌握跨境电子商务的主要模式。

(2) 了解跨境电子商务 B2B 出口模式的业务流程。

(3) 掌握跨境电子商务 B2C 出口模式的业务流程。

(4) 了解跨境电子商务 B2C 进口模式。

▶技能目标

(1) 学会跨境电子商务 B2C 选品的市场研究的基本方法。

(2) 学会跨境电子商务 B2C 选品的关键指标的使用。

第一节　跨境电子商务模式分类

一、跨境电子商务生态圈

跨境电子商务相对于境内电商来说，具有与生俱来的复杂性，这种复杂性来自于外贸链条。在不同国家和地区的贸易活动，由于地理距离、市场和法律制度的隔绝，往往需要多种商业角色来完成。一个典型的跨境电子商务生态由五个方面的参与者构成，我们将用生态中的种群概念来描述。

(一) 种群一：买家端

第一个种群是跨境电子商务的买家群体。跨境电子商务的买家端较境内电商复杂。

第一，买家可能是贸易商、采购服务商，可能是品牌生产商，也可能是零售店/网店主。

第二，买家的购买习惯随着国家或地区的不同，有巨大的差异。许多买家来源于多种语言分布的区域。当前，跨境电子商务的买家范围从传统欧美进口大国，逐步扩展到新兴经济体，乃至广大发展中国家。来自俄罗斯、巴西、东南亚以及非洲等国家的买家逐步增多。

第三，买家的规模层次也更为分散，从大型跨国公司、中小型企业到微型商户和个人，都可能在平台上进行交易。

可以说，跨境电子商务的热潮让买家变得越来越"大"，也越来越"小"。从"大"的方面来说，随着跨境电子商务对实体贸易的渗透，越来越多的大企业的小额快速采购也会利用电商平台进行。从"小"的方面来说，一家小商家、个人也可以进行跨国的采购或购买。在跨境电子商务发展之前，很难想象国与国之间的生意可以有这么多的本地小微企业直接参与。跨境电子商务很大程度上扩大了线下贸易的参与者范围。

(二) 种群二：卖家端

跨境电子商务(出口)的卖家与国内电商相比也具有差异性。国内电商的商户和个人卖家往往不涉及外贸资质和能力。在线下贸易体系下，出口对中国商家往往意味着在质量、价格和服务商上具有不同于本土的标准。在线上，尽管对商家的生意门槛有所降低，但对商家的外贸经验、沟通能力和商品资质等方面仍然有一定要求。

跨境电子商务的卖家主要有传统外贸企业转型到跨境电子商务，国内制造型企业通过跨境电子商务开展直销，国内电商卖家转向跨境电子商务平台，以及大量的创业者。在创业者中不容忽视的是大学生创业团队，包括在校创业团队和毕业创业团队。由于跨境电子商务进入门槛相对不是很高，大学生在校可以接受较好的外语教育和电商基础教育，大量大学生选择通过跨境电子商务模式来创业，并且很多团队取得了较好的收益。

目前，中国跨境电子商务卖家主力军仍然在沿海地区，特别是广东、浙江、福建等省区是跨境出口电商的重镇，而广大北方和中西部地区还有待发展。随着我国跨境电子商务环境的完善，越来越多的企业进入跨境电子商务领域，卖家也由简单的销售赚取差价走向重视设计和打造自己的品牌。

(三) 种群三：服务商

服务商将是跨境电子商务发展的关键参与者。在跨境电子商务流程中，由于涉及外贸报关报检流程、运输、支付结算和税务等环节，需要专业的服务商进行支持。在B2B业务中，报关报检服务仍然是必要的，依据一般贸易的出口政策还会涉及退税和结汇，需要银行来完成资金结算，通过货代、海运服务商来完成物流。跨境B2C零售业务，主要是由跨国快递、邮政包裹等相关物流来完成出口环节；通过信用卡和第三方支付来完成资金流；很多供应链企业推出在线供应链采购平台，支持货物一件代发；还有大量的服务商提供账号注册、商标注册、海外营销推广等服务。

在跨境电子商务的驱动下，服务商种群经历了一场进化。跨境电子商务所需要的快速、短周期、可数据化、可追溯、标准化的服务，传统外贸服务商很难提供。线下流程为主的传统外贸服务商(报关行、货代等)已经难以适应跨境电子商务的发展。随着越来越多的中小微买家和卖家加入跨境电子商务中，单一环节的外贸服务也难以满足中小微企业的低成本、高频次的服务需求。因此，服务商的系统逐步线上化，与电商平台对接，并且开始提供综合服务。例如，阿里巴巴一达通的外贸综合服务商开始出现，引领了"一站式、数据化、标准化"服务的发展。跨境电子商务服务业越来越趋于跨境对接和整合，如运输与海外仓储、保税仓储的整合，不同国家/地区间的支付、金融机构的对接等。我国国务院的《政府工作报告》中提出"发展外贸综合服务平台和市场采购贸易，扩大跨境电子商务综合试点，增加服务外包示范城市数量，提高服务贸易比重"等，对提升跨境电子商务服务提出了更高的要求。

(四) 种群四：政府监管机构

政府监管机构主要包括海关、商检、税务和外汇管理等相关部门。政府监管机构的分散式个案监管、线下流程、纸质单据等无法继续适应跨境电子商务的发展。在跨境电子商务环境下，监管机构正在发生显著的变革。越来越多的监管机构与跨境电子商务服务机构和平台对接，特别是与外贸综合服务对接，形成监管的"单一窗口"，从单纯的事中监管走向事前和事后监管模式，并与跨境电子商务服务商/平台共建监管体系。

(五) 种群五：跨境电子商务平台

跨境电子商务平台是整个跨境电子商务生态系统的核心，其发展趋势是越来越交易化和服务化。信息平台时代并没有达到真正的贸易线上化，电商网站仅仅是作为买卖双方信息展示与沟通的工具。这种简单的信息展示、沟通难以做到真正的生态圈构建与数据沉淀。跨境电子商务平台的交易流程与服务对接成为跨境电子商务当前发展的关键核心。

由于跨境电子商务市场需求，大量的跨境电子商务平台数量增加较快。一方面，已有的 B2B 平台继续稳步发展；另一方面，大量的 B2C 和进口业务平台应运而生。

跨境电子商务平台的种类较为复杂，有进口、出口，也有 B2B 和 B2C、C2C 类型的零售平台。目前各种类型的跨境电子商务平台都有较多的平台布局。一般来说，跨境出口电商很大程度上是基于中国制造的优势类目与供应商，如消费电子类、机械、汽摩配、服装、玩具、家居园艺等是优势品类。进口电商目前在食品、母婴、酒类、化妆品、箱包等品类较为繁荣。

我国电子商务发展的初期，阿里巴巴的跨境贸易 B2B 平台 Alibaba.com，中国制造网、环球资源网等布局 B2B 业务；近几年，更多的 B2C 平台像雨后春笋一样涌现出来，如速卖通、兰亭集势等。同时，进口业务机会开始爆发，国内主流大型电商平台纷纷推出各种模式的跨境进口业务，如苏宁全球购、天猫国际、京东国际、洋码头等。

二、主要跨境电子商务模式

这一部分，我们将跨境电子商务的各种模式进行全面的梳理。

1. 买卖双方的主体属性划分

从买卖双方主体的属性上来说，跨境电子商务也可以分为 B2B、B2C、C2C 等模式。

(1) B2B (Business-to-business)：它是企业与企业之间通过互联网进行产品、服务及信息的交换，主要应用于企业的国际采购和进出口贸易等。代表性的平台有：阿里巴巴国际站、环球资源、中国制造网等。

(2) B2C(Business-to-Customer)：即企业与消费者个人之间的跨境电子商务，主要应用于企业直接进行国际零售或消费者全球购活动。销售的商品一般以航空小包、邮寄、快递等物流方式进行配送。代表性的平台有速卖通、兰亭集序、米兰网等。

(3) C2C(Consumer-to-Consumer)：即消费者之间的跨境电子商务。一些第三方交易平台，允许个人在平台注册账号并销售产品和提供服务，供其他国家的消费者进行在线购买。代表性平台有 eBay、Wish 等。

2. 按照进出口方向划分

依照进出口方向分为出口跨境电子商务和进口跨境电子商务。

(1) 进口跨境电子商务。海外卖家将商品直销给国内的买家，一般是国内消费者访问境外商家的购物网站选择商品，然后下单，由境外卖家发国际快递给国内消费者。代购模式可以算是跨境电子商务的雏形。代表性平台有天猫国际、洋码头、蜜芽等。

(2) 出口跨境电子商务。国内卖家将商品直销给境外的买家，一般是国外买家访问跨境电子商务平台网站，然后下单购买，并完成支付，由国内的商家发国际物流至国外买家。代表性平台有速卖通、亚马逊、eBay、Wish、Shopee 等。

3. 按照服务类型划分

按照服务类型分为信息服务平台和在线交易平台。

(1) 信息服务平台：信息服务平台主要是为境内外会员商户提供网络营销平台，传递供应商或采购商等商家的商品或服务信息，促成双方完成交易。代表企业有阿里巴巴国际站、环球资源网、中国制造网等。

(2) 在线交易平台：在线交易平台不仅提供企业、产品、服务等多方面信息展示，并且可以通过平台完成线上搜索、咨询、对比、下单、支付、物流、评价等全购物链环节。在线交易平台模式正在逐渐成为跨境电子商务中的主流模式。代表企业有亚马逊、速卖通、米兰网、大龙网等。

4. 按照平台经营的范围划分

按照平台经营的范围分为水平平台和垂直平台。

(1) 垂直平台。垂直电子商务是指在某一个行业或细分市场深化运营的电子商务模式。通常电子商务网站旗下商品都是同一类型的产品。这类网站多为从事同种产品的 B2C 或者 B2B 业务，其业务都是针对同类产品的。代表企业有米兰网，主要经营婚纱礼服、扮演物品(Cosplay、Costume)等品类。

(2) 水平平台。水平电子商务是提供综合产品的网上经营，这种类型的网站聚集了大量各行各业的产品，类似于网上购物中心，旨在为用户提供产品线宽、可比性强的商业服务。代表企业如亚马逊、速卖通。

前期有很多平台定位于垂直电子商务网站，当业务成熟时，会扩展经营范围，扩展到综合百货，属于水平电子商务网站。

5. 按照平台的性质划分

按照平台的性质分为第三方平台、自营平台以及自营与第三方结合平台。

(1) 第三方平台。平台型电商通过线上搭建商城，制定交易规则与服务规范，并整合物流、支付、运营等服务资源，吸引商家入驻，为其提供跨境电子商务交易服务。同时，平台以收取商家佣金以及增值服务费用作为主要盈利模式。代表企业有 eBay、速卖通、敦煌网等。

(2) 自营平台。自营平台也称独立站，是企业自己建设平台，销售自己生产或采购的产品，并提供所有的服务。自营型平台主要以商品差价作为盈利模式。目前，越来越多的企业，包括很多中小型企业通过建立自己的平台或独立站进行跨境电子商务业务。代表企业有大龙网、兰亭集势等。

(3) 自营与第三方结合平台。平台既自己销售产品，也向第三方提供平台服务，供企业或个人注册后在平台上销售产品。很多平台前期为自营平台，在平台成熟后转向第三方平台。代表企业有亚马逊、兰亭集势等。

(4) 独立站运营与第三方平台运营的优劣势。目前很多跨境电子商务企业通过独立站进行跨境电子商务活动。现将独立站与第三平台运营进行比较。

第三方平台的优势：

(1) 操作相对比较简单，入门比较容易，比如上传产品；

(2) 自带的大流量和平台特有的流量杠杆，比如亚马逊的 best seller，以及爆款自带的流量；

(3) 购物搜索引擎的属性，买家购买意向比较强，转化率高；

(4) 竞争环境相对透明，通过内部排名，评价和预测大概的销量，也方便调研和学习优秀卖家。

第三方平台的劣势：

(1) 门槛低，进场的人数较多，价格战和同质化现象严重，流量红利越来越少；

(2) 平台规则约束严格，不可控因素比较多，多平台政策和规则变化的干扰较大；

(3) 不容易沉淀自己的用户，更不容易掌控自己的品牌和客户。

独立站运营的优势：

(1) 自主权掌握在自己手上，卖家可以完全按照自己的想法和意愿去策划和设计、营销自己的网站，满足不同卖家的个性化需求；

(2) 容易沉淀自己的用户，可以掌握自己的客户，便于老客户营销和交叉营销，比如建立客户库，一个卖家在站上消费超过三次为一个维度，再根据其消费累积的业绩进行划分，给出相应的福利；

(3) 适合打造自己的品牌，当卖家独立站的用户体量达到一定程度，甚至已经形成品牌效应时，可以开展线下加盟。

独立站运营劣势：

(1) 对运营团队要求比较高，如选品、程序、创业、广告投手、推广专员等。广告投手和推广专员的区别在于广告投手侧重纯粹的广告投放和调整，而推广专员则包括红人营销、EDM 邮件营销等除广告投放之外的设备；

(2) 流量需要完全靠自己。

三、跨境电子商务模式与外贸电子化的区别

目前对跨境电子商务模式的争执，事实上无非是混淆了新型的跨境电子商务和传统的外贸电商。那么，跨境电子商务和外贸电商有什么本质区别呢？

(1) 主体不一样：在外贸电商时代，出口企业是运用电子商务手段推广宣传自己及产品，从网上寻找外商求购信息等，故主体是信息流；而在跨境电子商务时代，人们却要试图利用网络把商品直接销售给海外消费者，故主体是商品流。

(2) 环节不一样：在外贸电商时代，进出口的环节并没有任何缩短或改变，而跨境电子商务则要求尽量减少各种中间环节以尽量降低中间成本。

(3) 交易不一样：在外贸电商时代，交易都是在线下完成的，而跨境电子商务则大多在线上直接完成交易。

(4) 税收不一样：外贸电商体现的是传统的一般贸易，涉及复杂的关税、增值税及消费税等，而跨境电子商务面临的税收一般比较简单，如跨境零售业务一般只涉及行邮税。

(5) 模式不一样：外贸电商的基本模式是 B2B，而跨境电子商务的主流模式却是 B2C。

第二节　跨境电子商务 B2B 运作流程

目前我国跨境电子商务的 B2B 模式，企业还是以通过平台进行电子商务信息的发布和交易磋商为主，大部分的支付和通关流程基本在线下完成，操作流程上与传统贸易更为接近，正常情况下需纳入海关一般贸易进行统计。

一、跨境电子商务交易流程简介

(1) 交易前的准备工作：包括通过互联网进行市场调研和目标市场选择，发布信息，以及目标客户寻找和筛选(通过发出询盘与信息反馈对潜在的客户进行筛选)。

(2) 选定客户后，进行实质性的业务洽谈，即进入交易磋商和订立合同阶段。交易磋商的环节包括询盘、报盘、还盘和接受。交易双方对所洽谈的各项贸易条件达成一致意见，即为交易成立，并签订合同。以上各项工作均主要通过互联网手段完成。

(3) 履行合同：包括备货、落实信用证(在信用证支付方式下)、订舱、制单、结汇等。具体流程如图 2-1 所示。

二、国际市场调研和客户寻找

(一) 国际市场调研

对国际市场调研指跨境电子商务企业通常使用互联网进行国际市场调研，了解目标国的市场环境，目标国消费者的需求及偏好，目标国的竞争情况，以判断市场机会和进入的途径。

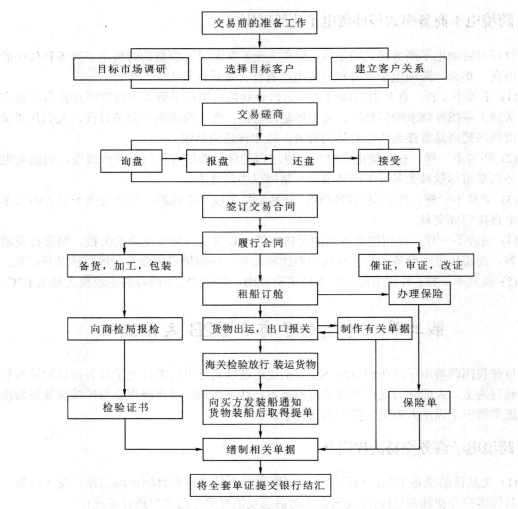

图 2-1　跨境电子商务 B2B 交易流程

　　调研层次可分为宏观和微观两个领域。宏观环境主要包括经济环境、政治环境、法律环境和社会文化环境等；微观环境主要包括消费者、竞争者、中间商(跨境平台)、主要网络媒体等。

(二) 客户寻找

　　跨境电子商务企业往往通过跨境平台发布企业和产品的信息，以方便国外客户查看。当然，企业也会通过其他各种网络平台、社交媒体和传统媒体发布信息，以及通过传真、邮件等手段主动地将企业信息发送给潜在客户。

(三) 收集信息和获取客户资料的途径

1. 互联网搜索途径

第一种：搜索引擎。

　　中国人最常用的搜索引擎是百度，但国外最常用的是谷歌搜索引擎。如果目标国有其他搜索引擎，也会用目标国的搜索引擎。一般而言，目标国最常用搜索引擎、谷歌和百度搜索结果是不尽相同的，甚至差异非常大。所以，当了解某国市场信息时，最好选择当地最常用的搜索引擎，才可以获得更全、更准确的市场信息。

　　全球范围内常用的搜索引擎有谷歌、百度、雅虎、微软必应、Excite 等。

　　由于各国有各自的语言和表达习惯，因此使用搜索引擎时要选择合适的关键词。例如，"书包"可以表达成"School Bag"，也可以表达为"Backpack"，用不同的关键词搜索的结果不同。

　　第二种：网络黄页或分类广告。

　　通过网络黄页或分类广告栏目，可以快速查寻到大量的企业信息，包括企业简介、企业邮箱、产品动态、买卖信息等信息，很多网络黄页网站还提供即时留言、短信互动、数据库服务等功能。

　　第三种：行业协会网站。

　　行业协会网站的信息集中反映本行业国内外生产、销售、市场状况。在搜索引擎中输入所要找的行业协会的名称，即可找到该协会的网站。例如，在百度上输入文字"中国食品土畜进出口商会"，就可找到该商会的网站。搜索某境外行业网站，在搜索引擎中输入关键词，如输入"产品名称+Association"就能找到相关的协会网站。

　　第四种：国际展览会、博览会网站。

　　进出口商品展览会或博览会都有官方网站，网站上有大量的世界范围的参展客户名录。在这些网站上搜索信息，能够使企业的商业视野更加宽阔，并获得参展的信息和参展产品情况的信息。

　　查询展览会、博览会网站的方法比较简单，即在搜索引擎 (如百度)中输入博览会名称，就可找到其网站。例如，输入"广州进出口商品交易会官方网站"就会得到该网站的页面和网站地址。在国外的搜索引擎中输入关键词，即可找到该网站。例如关键词"产品+Exhibition 或 Fair 或 Conference"。

　　第五种：我国各级商务组织的外派机构。

　　国家层面驻外机构，如驻各国大使馆经济商务参赞处。

　　地方外派的商务组织形式，如贸易办事处、商务小组，或仅仅为商务代表。例如，天津 XXX 集团驻澳大利亚墨尔本商务代表处，负责处理该集团与墨尔本之间的贸易关系包括对天津地方和墨尔本之间的商家的介绍和引荐、业务牵线和对当地信息提供咨询等工作。

　　第六种：通过 B2B/B2C 等网络平台。

　　网络平台上会有很多供求信息发布。

2. 境外组织获取客户信息

　　第一，通过银行或外国咨询公司获取信息。

　　开展国际业务的银行大都有对国外商家信誉调查的有偿服务业务。商务调研专业咨询公司也为调查委托方提供各种企业咨询服务。

　　第二，通过国外商会和老客户提供情况。

　　国外商会对区内的企业情况比较了解，通过它们了解的情况一般比较客观。通过老客户了解新客户，优点是己方与老客户联系方便，调研成本极少或不需要成本。

第三，直接向客户索取。

直接要求国外客户发 E-mail 提供关于其资信方面的材料，如法人资格证明、营业证明、注册资本及法人地址等。

三、网上交易磋商

当通过网络调研和客户筛选，确定了初步的目标客户，或者客户主动联系到我们后，双方可以通过网络进行交易磋商。

(一) 网上交易磋商的方式

网上交易磋商并不意味着摒弃了交易双方面对面的交流模式下的各种行之有效的贸易接洽的形式，如参加各种交易会、洽谈会，以及贸易小组出访、邀请客户来访等。实际上，这些磋商方式仍然是国际贸易中的磋商交易的重要方式。

(二) 交易磋商的主要内容

交易磋商是国际贸易的重要环节之一，商品的国际交易能否顺利签订合同，主要取决于交易双方对交易双方条件磋商的结果。交易双方为了争取有利的贸易条件，经常会产生争端。因此，双方要在平等互利的基础上，友好协商，尽量争取做到对双方都有利，同时要保证所达成的协议符合各自国家的法律和规定，以及国际贸易惯例。交易磋商内容包括一般贸易条件和基本贸易条件，每个交易条件构成交易合同中的一个贸易条款。

一般贸易条件包括货名、规格、数量、包装、价格、装运期和支付条件，保险条款磋商与否，需要依据交易所使用的价格术语而定。

基本贸易条件包括检验检疫、争议与索赔、不可抗力和仲裁。

首先要对一般贸易条件进行磋商，达成一致后，再对基本贸易条件一一商定。一旦谈判双方对各项条件达成一致，交易合同即告成立。

(三) 交易磋商的基本过程

通过互联网进行交易磋商与传统的贸易磋商在内容和过程上是一致的。传统贸易蹉商在表达上往往更规范和严格，互联网交易会按照平台给定的交易流程和工具进行蹉商表达，但本质相同。网上交易磋商的一般程序同样包括询盘、发盘、还盘和接受四个环节，如图 2-2 所示。

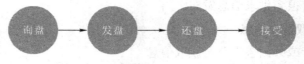

图 2-2　网上交易磋商的基本过程

1. 询盘(Inquiry)

询盘通常由进口方发出，如"拟购雨伞一批，请电邮最低价格及规格"，有时也可由出口方发出，如"中国福建铁观音新茶，请递盘"。

询盘时一般不直接用"询盘"术语，而往往用"请告……""请报价……""对……有兴趣""请发盘"。

2. 发盘(Offer)

(1) 构成发盘的必要条件。

第一，发盘应向一个或者一个以上的特定人提出。

第二，发盘的内容必须十分确定，至少应包括 3 个基本要素：货物、数量和价格。

第三，发盘应表明订约的意旨，即发盘应该表明发盘人在得到接受时，将按发盘条件承担与受盘人订立合同的法律责任，而不得反悔或者更改发盘条件。如在订约建议中加注"仅供参考""以……确定为准"等保留条件，都不是一项发盘，只是在邀请对方发盘。

如果该发盘被受盘人所接受，交易合同即可达成。

(2) 发盘有效期和生效时间。

① 口头发盘，除双方另有规定外，一般当场有效，发盘的效力于谈话结束时终止。

② 书面发盘，有效期可由发盘人在发盘中明确规定，也可不作明确规定。《公约》规定："发盘在送达受盘人时生效"。发盘的有效期从到达受盘人时开始生效，直至有效期届满时为止。联合国《关于电子通信的意见》指出，在电子通信中，发盘的"到达"指电子通信进入受要约人之服务器的时刻。

③ 发盘有效期的规定方法。第一种：规定最迟的接受期限，如"发盘限 9 日复到，以我方时间为准(The offer is subject to reply reaching here on July 9 our time)。第二种：规定一段接受的期间，如"发盘有效期为 3 天(The Offer is valid in three days)。

(3) 发盘的撤回和撤销。

① 撤回发盘是指发盘人做出发盘后因为某些理由要在该发盘送达受盘人之前，即在发盘生效之前将其收回，即发盘人阻止发盘，使其不发生法律效力的一种意思表示。这种撤回的有效性，一般表现为撤回该发盘的通知必须先于发盘或最迟必须与发盘同时到达受盘人(发盘人另有声明、不受约束者除外)时才有理由的正当撤回而生效。

② 撤销发盘是指发盘已经送达受盘人，即该发盘已经是一项发生法律效力的发盘，而发盘人欲取消自己应承担的责任，消灭发盘的法律效力的一种行为而作出的意思表示。总之，撤回是有关手续的处理，发盘人不存在是否承担法律责任的问题；撤销则意味着发盘人已就该发盘承担法律责任，能否撤销则看是否发盘规定了某些特定条件，更主要取决于受盘人对此持何种态度。

③ 关于发盘得以撤销的条件，各国在法律上解释不一。有的国家法律规定，有法律约束力的发盘不得任意撤销；但也有的国家认为只要受盘人尚未就该发盘作出接受表示，发盘即可以撤销。《联合国国际货物买卖合同公约》(以下简称"公约")基于发盘对发盘人原则上不具有约束力的这一主旨，认为发盘是可以撤销的。

《公约》第 16 条这样规定：在未订立合同之前，发盘可以撤销，如果撤销通知于受盘人发出接受通知之前送达受盘人。在下列情况下，发盘不能再撤销：发盘中注明了有效期，或以其他方式表示发盘是不可撤销的；受盘人有理由信赖该发盘是不可撤销的，并且已本着对该发盘的信赖行事。

【案例 2-1】

我国某公司接到美国出口商发盘供应核桃仁 500 吨，限 7 日内复到。该公司经调查研究后，于第五日做出决定欲接受该项发盘。但此时外商又发来电传称撤销发盘。请问在此情况下，该公司应怎么办，为什么？

分析：发盘规定了有效期，不能撤销。

关于发盘的撤回，《公约》第 15 条第 2 款规定："一项发盘，即使是不可撤销的，得予撤回，如果撤回通知于发盘送达受盘人之前或同时，送达受盘人。

依据此规定，在电子商务条件下，发出的发盘即刻到达受盘人，发盘到达即生效。撤回发盘几乎是不可能的。除非因系统服务器发生故障耽搁了收到发盘时间，而使撤回发盘的通知先于或同时到达受盘人。

(4) 发盘的失效(终止)。

在以下几种情况下，发盘失效或终止。

① 在发盘规定的有效期内未被接受。

② 发盘被发盘人依法撤销。

③ 被受盘人还盘或拒绝。

④ 发盘人发盘后发生不可抗力事件，如政府发布禁令或限制措施造成发盘失效。

⑤ 发盘人或受盘人在发盘被接受前丧失行为能力。

【案例 2-2】

我方甲公司拟进口一批货物，请国外乙公司发盘。5 月 1 日乙公司发盘："5 月 31 日前答复，报价为 CFR 价每盒 20 美元共 2000 盒奶粉，7 月份纽约港装运。"甲则发出以下还盘："对你 5 月 1 日报价还盘为 5 月 20 日前答复，CFR 价每盒 19 美元共 2000 盒奶粉，7 月份纽约港装运。"到 5 月 20 日甲还未收到回电。鉴于该货市价看涨,甲于 5 月 22 日去电："你 5 月 1 日电……我们接受"。

请问：合同是否达成？为什么？

分析：合同未达成。因为虽然表面看来，甲后来 5 月 22 日的接受仍在乙发盘的有效期 5 月 31 日之内做出。但由于甲之前做出过还盘，而还盘在性质上是对发盘的拒绝，已导致原发盘失效，所以甲的接受实际上是在乙的发盘失效之后才做出的，当然无效。它实际上只是一项与乙的发盘内容一样的新发盘。既然甲的接受并非真正的接受，因此，合同未达成。

3. 还盘(Counter-offer)

还盘又称还价，是受盘人不同意或不完全同意发盘中的内容或条件而提出自己的修改意见或条件的表示。

法律上称"反要约"，既是受盘人对发盘的拒绝，又是一项新的发盘。

一项发盘被还盘即失效。例如，"你 10 日电收悉，还盘每件 70 美元 CIF 纽约，26 日答复"。

4. 接受(Acceptance)

接受是指受盘人在发盘有效期内无条件同意发盘的全部内容，并愿意据此签订合同的一种口头或书面的表示。法律上称"承诺"，一方发盘被受盘人接受，交易即告达成，合同即告成立。接受是交易磋商的必经程序之一。表示接受的术语 Accept、Agree、Confirm 为构成接受的必要条件。

(1) 合同磋商中构成有效接受必须具备的四个条件：

① 接受必须由合法的受盘人作出。由第三者作出的接受，不能视为有效的接受，只能作为一项新的发盘。

② 受盘人表示接受，要采取声明的方式。用声明来表示接受，即受盘人用口头或者是书面形式向发盘人表示同意发盘的内容。

③ 接受必须是无条件地接受发盘所提出的交易条件，若只接受部分条件，或对发盘条件提出实质性修改，或提出有条件地接受，均不能构成有效接受，而只能视作还盘。

④ 接受必须在发盘有效期内作出。如发盘中未规定有效期，则受盘人必须在合理的时间内作出。

【案例 2-3】

我方某公司于 7 月 16 日收到法国某公司发盘："葡萄酒 1 万箱，单价 40 美元 CFR 中国口岸，8 月份装运，即期 L/C 支付，限 7 月 20 日付到有效"。我方于 17 日复电："若单价 35 美元 CFR 中国口岸可接受，履约中如有争议，在中国仲裁"。法国公司当日复电："市场坚挺，价不能减，仲裁条件可接受，速复"。此时葡萄酒价格确实趋涨。我方于 19 日复电："接受你方 16 日发盘，L/C 已由中国银行开出。"结果对方退回 L/C。

问：合同是否成立？我方有无失误？

分析：合同并未成立。

我方 19 日电并不是有效的接受，因为 16 日的法商发盘经我方 17 日还盘已经失效，法商不再受约束。

我方失误：① 我方接受的不应是 16 日的发盘，因其已失效，而应接受法国公司 17 日发盘；② 在我方作出的接受中，不应有"请确认"的语句，这样，无疑将成交的主动权让与对方，自己陷于被动。

(2) 接受的撤回。根据《公约》的规定，只要撤回的通知能在该项接受到达发盘人之前或与该项接受同时到达发盘人，则对该接受的撤回有效。接受送达发盘人之后，接受生效，合同即告成立。若此时宣布撤销接受，就等同于撤销合同，是要负法律责任的，因此接受不能撤销。

《关于电子通信的意见》认为，在电子通信中，本条的"到达"指电子通信进入受要约人(发盘人)的服务器的时刻，前提是受约人已经明示或暗示地同意用指定的电子通信类型，于指定的地址接收指定的电子通信。与发盘相似，在电子商务方式下，接受(承诺)的撤回几乎是不可能的。

【案例 2-4】

英国 A 商于 5 月 3 日向德国 B 商发出一项要约(发盘)，供售某商品一批，限 5 月 9 日复到有效。B 商于该要约的次日 5 月 6 日上午答复 A 商，表示完全同意该要约内容。但 A 商在发出要约后发现该商品行情趋涨，遂于 5 月 7 日下午致电 B 商，要求撤销其要约。A 商收到 B 商承诺(接受)通知的时间是 5 月 8 日上午。

试分析：

(1) 若按英国法律，A 商提出的撤销要约的要求是否合法？

(2) 若此案适用《公约》，AB 双方是否存在合同关系？

分析：

(1) 按英国法律，A 商提出的撤销要约的要求不合法。因为英国法律规定，承诺一经发出就立即生效。本案中，B 商 5 月 6 日上午发出承诺，因此，合同已于当时承诺生效之时在 AB 商之间达成。而 A 的撤销要约(5 月 7 日)是在合同达成(5 月 6 日)之后，显然是不合法的。

(2) 根据《公约》，AB 双方存在合同关系。《公约》规定，发盘在受盘人发出承诺通知前将其撤销通知送达受盘人，发盘是可以撤销的。但本案中，A 商做出撤销要约的通知(5 月 7 日)是在 B 商发出承诺通知(5 月 6 日)之后，所以，A 商的撤销不能成立。B 的承诺通知于 5 月 8 日下午到达 A 时生效，合同于该承诺生效时成立。

【案例 2-5】

我方 A 公司向国外 B 公司发实盘，限 6 月 10 日前回复有效，B 公司于 6 月 8 日来电要求降价，A 公司于 9 日与另一家公司达成交易。同一天(9 日)，B 公司又来电要求撤回 8 日还盘，全部接受原发盘的条件。A 公司以货已售出为由予以拒绝。B 公司声称其接受是在我方发盘的有效期内作出，要求 A 公司履约。试分析 B 公司的要求是否合理，为什么？

分析：B 公司于 6 月 8 日来电要求降价。这一行为已经构成新的发盘，我公司原来的发盘已经失效了。

(四) 合同的签订与履行

1. 合同的签订

在交易磋商中，一方发盘经另一方接受以后，交易即告成立，买卖双方就形成合同关系。根据国际贸易的习惯做法，买卖双方还要签订买卖合同(Contract)，以书面形式明确约定交易条件以及双方当事人的责任与义务。双方在签字或盖章时，合同成立。合同具有法律效力。合同不仅是双方履约的依据，也是处理贸易争议的主要依据。

国际上越来越多的跨境厂商采用 E-mail 邮件方式来签订商务合同。

目前缮制此类合同主要有三种方法：一是直接使用邮件正文文本作为合同；二是采用通过附件发送的 Word、Excel 等电子文档作为合同；三是先由一方发送 Word、Excel 等电子文档，另一方接收后用打印机打出，然后再签字盖章，再使用扫描仪扫描成 PDF 或图片格式，最后再通过 E-mail 回传第一方(或通过传真方式回传)。从规范化、安全性的角度行事，更多的跨境商务企业进行 B2B 业务时还是喜欢采用第三种做法。但越来越多的企业也开始采用第一种做法，并通过电子签名来保证安全。

2. 合同履行

(1) 出口合同履行的流程。出口合同的履行一般要从四个方面入手准备与实施。

① 货：落实货物，包括备货和报检环节。

② 证：落实信用证，包括催证、审证和改证环节。

③ 船：货物出运，包括租船、订舱、报关、投保、发装运通知等环节。

④ 款：制单结汇，包括制单、审单、交单、结汇、核销和退税环节。

只有做好这些环节的工作，才能防止出现"有货无证""有证无货""有货无船""有船无货""单证不符"或违反装运期等情况。

(2) 进口合同履行的流程。进口货物，大多数是按 FOB 条件并采用信用证付款方式成交，按此条件签订的进口合同，其履行的一般程序包括：开立信用证、租船订舱、接运货物，办理货运保险、审单付款、报关提货验收与拨交货和办理索赔等。

① 开立信用证：我方应按合同约定期限，填写开立信用证申请书向中国银行办理开证手续。

② 租船订舱：F.O.B.条件下，由我方负责。

③ 进口保险：F.O.B.条件下，由我方办理。

④ 审单付款：中国银行收到单据后，对照信用证规定审查单据后接我方公司通知付款。

⑤ 报关卸货：进口货物到岸后，进出口公司填具"进口货物报关单"，经海关查验无误后放行。

⑥ 进口索赔：包括"损失赔偿"与"权利要求"两项。

(3) 主要的单证。常用进出口单证主要有以下几种(进出口常用单证汇总见表 2-1)：

① 资金单据：汇票、本票和支票。

② 商业单据：商业发票、海关发票。

③ 货运单据：海运提单、租船提单、多式运输单据、空运单等。

④ 保险单据。

⑤ 其他单证：商检单证、原产地证书、其他单据(寄单证明、寄样证明、装运通知、船龄证明等)。

现将主要的单证简要进行说明，更详细的内容国贸相关课程会学到。

汇票(Bill of Exchange)。汇票是由出票人签发的，要求付款人在见票时或在一定期限内，向收款人或持票人无条件支付一定款项的票据。汇票是国际结算中使用最广泛的一种信用工具，是托收方式下付款必备的重要单据。

商业发票(Commercial Invoice)。商业发票是出口方向进口方开列发货价目清单，是买卖双方记账的依据，也是进口报关、纳税的总说明。商业发票内容包括商品的名称、规格、价格、数量、金额、包装等，是进口商办理进口报关不可缺少的文件。发票的内容必须符合交易合同与信用证的规定。

海运提单(Ocean Bill of Lading)。海运提单是承运人收到货物后出具的货物收据，也是承运人所签署的运输的契约的证明。提单还代表所载货物的所有权，是一种具有物权特性的凭证。

保险单(Insurance Policy)。保险单是保险人与被保险人订立保险合同的正式书面证明。保险单是 CIF(原文为 Cost Insurance and Freight，即包含成本加保险费加运费的到岸价格)条件下，卖家必须提交的结汇单据。

原产地证明书(Certificate of Origin)。原产地证明书是出口商应进口商要求而提供的、由公证机构或政府或出口商出具的证明货物原产地和一种证明文件，是出口国享受配额待遇、进口国对不同出口国被告不同贸易政策的凭证。产地证明一般分为普通产地证书、普惠制产地证书。有的国家限制从某个国家或地区进口货物，要求以产地证来确定货物的来源国，并以其作为进口国减免关税的依据。

商品检验证书(Commodity Inspection Certificate)。商品检验证书是用来证明商品的品质、数量、重量、卫生条件的证书，是卖家所交货物是否与合同规定相符的证据，也是索赔和理赔必备的单据之一。检验证书一般由国家相关的检验机构出具，如中国进出口商品检验检疫局。

表 2-1　进出口常用单证汇总

单据名称	出单人	出单时间
商业发票	出口商	报检或报关时
装箱单/重量单	出口商	与商业发票同时
订舱委托书	出口商	委托订舱时
托运单	出口商/货代	订舱时
出境货物报检单	出口商	报检时
出境货物通关单	检验检疫机构	完成报检时/报关前
客检证	进口商或其代表	货物出运前
出口收汇核销单	出口商	报关前
出口货物报关单	出口商/货代/报关行	报关前
货物运输投保单	出口商	订舱后集港前
货物运输保险单	保险公司	授受投保后
海运提单	承运人或其代表	货物上船后
装运通知	出口商	一般货物上船后48小时内
原产地证明书申请书	出口商	货物出运前三天
一般产地证明	检验检疫机构/出口商/生产厂家	货物出运前后
普惠制产地证明书申请书	出口商	货物出运前三天
普惠制原产地证书	检验检疫机构	货物出运前后
汇票	出口商	交单前

第三节 跨境电子商务 B2C 出口运作流程

跨境电子商务的 B2C 模式，是跨境电子商务卖家直接面对国外消费者，以销售个人消费品为主，物流方面主要采用航空小包、邮寄、快递等方式，目前是跨境电子商务最热门、最活跃的模式。

我国海关总署于 2018 年 12 月 10 日公布了《关于跨境电子商务零售进出口商品有关监管事宜的公告》(海关总署公告 2018 年第 194 号)，对跨境电子商务零售(B2C)进出口过程中通关、监管、税收等环节进行了详细要求和说明。但很多跨境电子商务企业或个人，往往通过邮政小包或快递公司进行报关，公司业务并没有未纳入海关登记。下文按最基本的业务流程对跨境电子商务零售业务(B2C)进行介绍。

一、跨境电子商务 B2C 出口流程

跨境电子商务 B2C 出口，基础的业务流程如图 2-3 所示。

图 2-3 跨境电子商务 B2C 出口流程

（1）买家主要是国外的个人消费者，他们在电商平台下单并完成支付。

（2）卖家在确认订单后，备货并准备发货。

（3）如果是通过邮政小包或快递公司个人包裹发货，由邮政公司或快递公司负责完成海关报关清关工作。

（4）如果是大宗货物，或以自行或通过货代向海关报关，可以通过政府开通的外贸平台在线申报。申报纳入海关登记，可申请退税。

（5）货物由国际物流公司通过航空、海运等方式运达国外后由物流公司代理完成入境清关，并由当地邮政或快递公司完成国内配送，货物送达买家手中。

（6）电商平台按平台规则，将货款划拨到卖家账号中。

（7）如果发生买家退货，一般先由买卖双方协商退货退款事宜，平台按协商内容将货款(平台一般会扣留部分货款，或有结账期)退还给买家。

二、跨境电子商务 B2C 运营流程及主要内容

本部分站在跨境电子商务经营者的角度，介绍跨境电子商务 B2C 的主要运营流程和经营重点，帮助大家对跨境电子商务运营有更全面和深入的理解。

（一）市场研究

跨境电子商务 B2C 运营第一步同样是进行市场研究，但研究内容比 B2B 市场研究要更加微观和细致。研究核心是目标市场国消费者的需求和偏好、市场竞争情况，以寻找市场机会和明确经营策略。

市场研究的途径和工具主要有。

第一种：互联网搜索引擎。

互联网搜索引擎在上一节已经进行了介绍和说明。

第二种：各跨境平台。

目前主流的跨境平台是市场研究的重点，也是获取信息的重要途径。各跨境平台都有自己的热销榜、新品榜、销售排名、热品推荐等栏目或数据。通过对这些栏目和数据的分析，可以发现各品类商品的销售趋势、竞争激烈程度、消费者需求的变化等重要信息。各跨境平台数据是最贴近市场的数据，因此借鉴价值最大。

第三种：国外流行趋势或专业网站。

国外有很多流行趋势或专业类网站，用来发布本行业的动态、新产品、新技术、新趋势。定期跟踪这些网站，可以获取反映行业现状、消费趋势和新产品发布的信息。

第四种：国外促销网站。

国外很多国家都有专门发放促销信息和促销券的网站，类似于国内的一淘网。很多国外消费者有获取优惠券或优惠信息后购物的习惯，因此促销网站上的信息也可以帮助我们了解市场情况。我们可以通过分析促销网站哪类商品促销做得比较多、哪些促销券最受欢迎来判断当时市场的销售趋势，以及哪些品类可能是热销商品。

第五种：选品软件、工具。

随着国内跨境电子商务的火爆，大量针对跨境电子商务运营的选品软件、分析软件层

出不穷。很多软件有很好的分析功能，可以帮助我们快速定位蓝海行业、机会品类；对于具体产品，也可以分析其市场趋势、市场容量、竞品动态。

(二) 平台选择

要进行跨境电子商务运营，跨境电子商务平台的选择是其中重要的一个决策。因为，不同的平台面对不同的市场(国家或地区)，不同的市场意味着市场环境不同，消费者的需求差异很大；不同的平台也意味着平台准入条件不同，平台规则不同。因此要根据自己产品的特点，选择适合自己经营的平台；或者要根据自己选择的平台，制定适合的经营策略。

跨境平台的选择一般要考虑以下因素：

(1) 产品特性。选择平台最主要的依据是自己的产品特性或想要经营的产品特性。首先考虑自己的产品最适合哪个市场，最适合哪里的消费者；然后明确这个市场最主流的平台是哪一个或哪些；最后，在平台中选择适合自己的平台。

(2) 目标市场特点。如果自己的产品具有通用性或适用于各类市场，这时，可以通过对目标市场的分析来决定哪个市场更适合自己。例如，按消费者购买力可以将全球市场简单分为发达国家市场(如欧美)，新兴发展中国家市场(如东南亚、俄罗斯)，不发达国家市场(如非洲部分国家)。发达国家市场相对成熟，市场容量大，但竞争激烈；东南亚市场属跨境电子商务新兴市场，竞争相对较弱，同时增长快；非洲市场虽然容量较小，但竞争弱，未来增长潜力巨大。

(3) 经营实力。选择平台与自身的经营实力也有关系。对于经营实力较强的企业，如产品质量更好、有较好品牌基础、跨境电子商务人才雄厚，可以选亚马逊平台，竞争激烈但利润率高；相反，如果经营实力较弱，可回避竞争激烈、经营难度比较大的平台。

(4) 国际标准差异。不同国家和地区对产品准入标准、检验标准和体系、产品计量单位都不同。例如，服装尺码、电器电压、食品检验标准在各个国家都存在差异。有些国家与我国差异较小，对产品进行局部调整即可进行销售，但有些国家与我国差异较大，需要专门生产对应的产品，即我们经常说的外贸产品。在平台选择时，要考虑各平台面对的国家和地区的标准差异。

(5) 平台规则。不同的平台有不同的经营规则。我们往往要考虑哪些规则适合自己，哪些规则不适合自己。例如，速卖通平台要求企业身份，且有品牌资质；亚马逊平台要求必须是企业身份；WISH 可以接受个人身份注册。又如，速卖通开店要交纳 1 万元的保证金，WISH 申请开店要收取 2000 美元的注册保证金。再如，不同平台的经营佣金和费用不同，不同平台对侵权的判定标准也不同等。这些都会对开店和后期经营产生影响，是选择平台时要考虑的重要因素。

(三) 选品

在跨境电子商务行业，有一句认同度非常高的话，就是"七分靠选品，三分靠运营"。选品是跨境电子商务的基础工作，也是决定性的工作。以欧美等成熟市场为例，消费者相对消费意识比较成熟，更注重产品质量，购买自主性更强。如果前期选品失误，之后的运营中即使投入了大量的人力和财力，可能也无法挽回销售不佳的局面，甚至会越来越差。

跨境电子商务产品选品的标准和方式，不同的人有不同的策略。由于对目标市场的理解不同，采取的经营策略不同，制定的目标不同，会形成不同的选品策略和标准。但从商业活动本质而言，所有的选品活动遵守基本相同的原理：选择有需求、有潜力、竞争少、有利润的产品。所以选品就是选择符合目标市场需求的商品，并且尽量体现自己的产品优势，实现最终盈利。

1. 选品的流程

选品的流程包括：

(1) 根据平台情况，确定要经营的行业。

(2) 确定行业后要选择该行业里的某个经营类目。

(3) 在类目中选择有竞争力、适合自己经营的产品。

从行业到类目到具体产品的过程，就是一步步明晰目标市场和经营范围的过程。要善于发现需求大、竞争少、利润高的蓝海市场，回避一些过度竞争的红海市场。除非自身实力很强，有信心在红海市场中占领一席之地。

这里，红海市场、蓝海市场，以及常用的长尾市场，其概念具体来讲如下。

红海市场：即现有的竞争白热化、血腥、残酷的市场，如 3C 产品、饰品行业，婚纱假发市场等。

蓝海市场：指有待继续开拓的市场空间，指那些竞争尚不大，但又充满买家需求的市场。蓝海市场充满新的商机和机会。

长尾市场：指那些市场容量虽然较小，但竞争也弱的市场。现在跨境电子商务面对的各类市场竞争越来越激烈，蓝海市场越来越少。如果我们避开主流市场，开发并占领一些长尾市场，虽然容量相对较小，但可能更容易生存下来。

选品的每个步骤的选择都需要经过市场调研、数据分析，并结合自身供应链的优劣势进行选择。

2. 选品评估的关键指标

对具体产品的评估有很多方法，一般可以从四个方面进行评估。

(1) 产品基础表现。首先评估产品的基础表现，其主要体现在市场需求量和市场竞争两类指标。反映市场需求量的指标有月销售量、销售排名等；反映市场竞争的指标有卖家数量、大卖家数量、产品上市时间等。不同平台可获取的指标略有不同，但都有反映这两类维度的指标。

(2) 产品回报率。计算产品的各项成本，包括采购成本、国际物流成本、跨境平台佣金，以及预留营销成本和损耗费用。根据自己的定价，可以计算出利润和利润率。由于跨境电子商务省掉了很多中间商成本，总体利润率要比传统贸易利润率要高得多。目前跨境电子商务 B2C 业务毛利率一般可以达到 20%以上。当然对利润率的要求和经营策略有很大的关系。例如，可以采取薄利多销的渗透定价法，以求快速占领市场；也可以采取撇脂定价，追求高回报。

(3) 产品市场潜力。除了评估产品目前的市场表现和利润回报，还要考虑产品的市场潜力，即产品未来表现，具体可以通过产品生命周期曲线、新品榜、收藏榜、卖家(大卖家)

进入退出变化、产品季节性变化等指标进行评估。要回避一些目前销售较好，但即将进入产品衰退期的产品。

(4) 产品供应链管理能力。产品供应链管理能力是选品时容易忽略的问题。供应链管理的能力决定了产品在运营过程中的细节问题。之所以说是细节问题，并不是不重要，而且容易忽略，供应链管理能力可以以下两个方面进行考量。

① 产品质量的稳定性。产品质量是否稳定，跨境电子商务业务特点是少批量、多频次，如果质量不稳定，会造成每一批货质量差异大、时好时坏，影响经营。

② 产品供货的稳定性问题。跨境电子商务行业同样流传一句话：不怕少货就怕缺货。因为如果出现缺货、断货情况，跨境电子商务账号或产品绩效将受到很大影响。之前辛苦打造的爆款，可能因为一次断货而葬送。因此要确定上游供应稳定，通过供应链优化打造稳定、优质的供货渠道。

(四) 平台运营

选品之后的业务环节是在跨境电子商务平台运营，即将选好的产品上传到平台上进行销售，并进行产品信息的维护和优化、订单处理以及各类营销活动。

1. 产品信息上传

将所选产品的信息上传到平台并进行销售。不同的平台对产品信息的格式要求不同，都要在平台的规则下进行上传。但产品信息的内容大同小异，核心内容包括标题、图片、产品介绍等。

2. 主要的营销推广

营销推广大致可以分为两类，即站内推广和站外推广。

站内推广是基于运营平台，利用平台提供的各种营销资源进行店铺和商品的推广，如站内广告、秒杀、满减、优惠券、直通车等。

站外推广属于站外引流，是利用平台之外的平台和互联网工具，进行营销宣传，引导流量进入跨境电子商务平台，如利用社交媒体(Facebook、Twitter、YouTube、Instagram)进行宣传引流、搜索引擎营销、邮件营销、在促销平台上发布广告、网红营销(KOL，Key Opinion Leader)等。

3. 采购发货

根据销售情况，及时采购补充库存，按订单及时发货，保证店铺绩效正常。

4. 客户服务

在店铺运营过程中，如果出现客户提问，要及时回复；有客户投诉，要及时处理。相对国内电商，跨境电子商务的客户服务工作量相对较少，但不等于客户服务不重要。相反，如果客户服务不及时，而发生退货或差评等情况，对业务的影响更明显。

跨境电子商务客户服务中遇到的最明显的两个问题，一是语言问题，二是文化差异问题。各国语言不同，客服人员要具备最基本的语言沟通能力，尽量使表达清晰、流畅。文化差异是相对更难的问题，由于表达习惯、思维模式不同，还有价值观差异、法律差异，在客服沟通中常出现沟通不到位，甚至发生误解的情况。

(五) 物流发货

物流发货是跨境电子商务核心业务之一，也是对经营业绩和利润产生直接影响的业务环节。物流环节效率高，可以保证客户快速准确收到购买的商品，提高客户体验感和满意度。物流环节成本控制得好，可以保证企业利润率，使企业经营顺利进行。

不同跨境平台和不同的目标国家，采用的国际物流方案不同，最常用的有国际邮政小包、国际快递、国际专线和海外仓。如果是亚马逊平台，还可以采用亚马逊提供的 FBA 服务，FBA 服务相当于专属的海外仓服务。

目前有非常多的第三方国际物流公司向跨境电子商务企业提供多种跨境电子商务物流解决方案，跨境电子商务企业应根据自己的业务特点和需求，对自己的物流环节进行规划和优化，在满足客户需求的基础上，尽量降低物流成本。

(六) 收款方案

收款也是跨境电子商务核心业务之一。跨境电子商务与国内电商相比，客户付款和企业收款都要复杂得多。首先付款时，不同国家和地区的客户都是按本国货币进行支付，最常见的情况是平台代收款，之后再与卖家结算。其次，平台与卖家进行货款的结算时，由于卖家需要将外币结汇为人民币，不同平台的结汇方式不同，往往要通过第三方收款工具收款。常用的收款工具有 PayPal、国际支付宝、Payoneer(P 卡)、World First(WF 卡)、Pingpong(PP 卡)、连连支付等。

第四节　跨境电子商务 B2C 进口模式

我国跨境电子商务电商进口起源于早期的海外个人代购和海淘。2014 年以来，伴随着利好政策的出台、资本的介入以及我国居民日益增长的消费需求，跨境电子商务进口进入发展的快车道，各类跨境电子商务进口主体涌现。跨境电子商务进口企业主要面对我国终端消费者，有 B2C 和 C2C 两种模式。相关咨询数据显示，2019 年中国跨境进口零售电商市场规模达到 4155.3 亿元，我国经常进行跨境网购的用户超 1 亿人。由于电子商务在我国的快速发展，居民电商消费习惯基本养成，因此跨境电子商务进口平台在行业结构中呈现集中度高、行业梯队基本稳定的局面。

一、跨境电子商务进口模式分类

跨境电子商务进口是国内消费者通过电商平台购买国外的商品。跨境电子商务进口丰富了国内消费者的购买选择，提高了消费者的生活质量。在购买环节，与在国内电商平台购买差异不大，甚至可以直接在熟悉的国内电商平台上购买，如天猫国际。两者主要的区别是商品的交付模式。跨境电子商务 B2C 进口流程如图 2-4 所示。

跨境电子商务进口的交付模式主要分为海外直邮模式、集货直邮模式和保税备货模式。

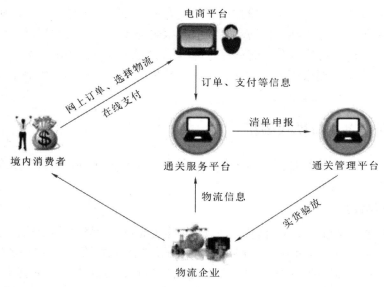

图 2-4 跨境电子商务 B2C 进口流程

(1) 海外直邮是商家在消费者下单之后通过国际物流一单一单将商品发回到国内，交付给消费者。

(2) 集货直邮则是商家在接到订单之后将货物集中存放在海外的集货仓，达到一定包裹量之后再统一发回国内，并通过国内快递一单一单将商品配送给消费者。

(3) 保税备货模式指商家通过大数据分析，提前将热卖商品屯放在国内的保税区，消费者下单之后，直接从保税区发货。保税备货模式一方面节省商家的物流成本，另一方面物流速度几乎与国内订单无异。

前两种模式成本较高，效率也较低，消费者从下单到收货平均历时在 20~40 天左右。第三种模式配送效率最高，一般在 5 天左右就可到达消费者手中。下面重点介绍第三种模式。

保税仓，顾名思义，重在"保税"。进口商品要缴关税，这个税费一般由进口商预缴，等商品出售时再转嫁给消费者，商品入关后存放在公司仓库或各零售店。保税仓实际上是一个享有国家特殊政策，受到国家特殊监管的区域。与通常预缴关税的流程不同，保税仓是进口商品在获得海关批准后进入特定仓区存放，此时可先不缴税，当商品出售后再缴税，在这个仓库中起到"暂缓缴税"的作用。

除了对商家和进口商暂缓缴税，保税仓对国内消费者也有很多好处，具体包括：

(1) 成本降低。现金流是每一个商家的生命线，商品进入保税仓，意味着 10%~30% 的进口关税暂缓征收。由于通常商家进口商品量都比较大，每件商品的税费乘以总数都是一个不小的数字。成本降低，出售的价格就可以相应下调，商品更具竞争力，消费者也可从中获益。

(2) 发货速度更快。提前把货备在国内保税仓，可以帮用户省去等待商品从国外飞到国内的这段时间，相当于在全球购中享受到和国内网站购物相同的物流体验。

(3) 退货有保障。海淘用户最大的苦衷就是"海淘一时爽，退货等三年"。海淘的货物在国内无法质保，一旦发生问题想要退货就会很困难。但在保税仓模式下，发现问题时退到国内保税仓或购物平台就可以，还受国内消费者法保护。

当然，保税仓也有缺点。保税模式需要事先存储商品，如果销售不顺，则容易形成积压，占有资金和加大商品损耗。据海淘商品品类报告显示，海外母婴用品、化妆品需求量最大，除此之外，海外服饰鞋包、奢侈品等非标品的需求量也在不断扩大。对于这类非标品商品来讲，用户个性要求不一，款式、尺码、颜色、流行趋势等，增加了保税仓囤货模式的难度，库存和滞销风险很大。

二、跨境电子商务进口模式创新

各跨境电子商务企业需根据消费者的需求及自身优势的不同进行差异化的创新，具有代表性的创新模式主要有四类。

1. 海外直供模式

该模式为典型的平台型 B2C 模式，通过跨境电子商务平台将海外经销商与国内消费者直接联系起来。平台制定适合跨境电子商务进口交易的规则和消费流程，打造良好的用户体验，其主要盈利模式在于商家的入驻费用和交易佣金。海外直供模式从根本上是建立在买卖双方的聚集程度上，对于该类模式，平台的流量和服务要求较高。因此，海外直供模式一般要求供应商具有海外零售资质和授权，并且需要提供相应的本地售后服务。该模式为消费者提供了丰富的商品选择及便捷高效的购物体验，加之平台背书，用户的信任度较高，商品一般采用海外直邮的方式送达国内消费者手中。对品牌端的管控及供应链的缩短是海外直供模式发展的主要趋势，其具体流程见图 2-5。代表企业有天猫国际、京东全球购、苏宁海外购、亚马逊海外购。

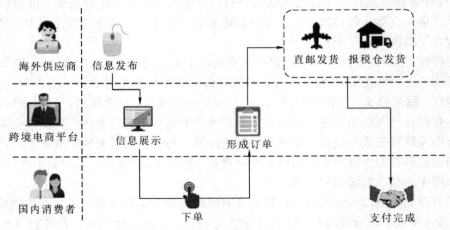

图 2-5　海外直供模式流程

2. 海外优选模式

海外优选模式主要以自营型 B2C 为主，平台直接参与到货源的组织、物流仓储及销售过程。由于优选模式对产品端及供应链的控制较好，商品规模化采购，一般采取保税备货的模式，物流时效性较高，用户体验相对更好。该模式的主要盈利点为销售产品所产生的利润以及相关的营销等增值服务；随着用户体验的不断提高，会员服务费成为优选模式的又一赢利点。优选模式要求电商企业对于市场消费需求的把控比较突出，在选品方面对企业提出了较高的要求，也限制了产品的丰富程度。同时，采购需占用企业大量的资金，有效地提高动销率是优选模式企业优化的方向。因此该模式的企业通常会采用限时特卖或直邮闪购等运营方式，以丰富品类缓解供应链压力，其具体流程见图2-6，代表企业有网易考拉和小红书。

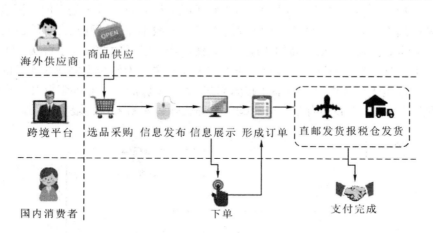

图 2-6　海外优选模式流程

此模式中，比较有特点的还有带有社群属性的小红书平台。小红书起源于论坛社区，主要以社交型 C2C 及 B2C 为主。社群模式，即 UGC(用户生成内容)模式，通过用户原创分享的海外购物经验，聚集了具有相同兴趣爱好的人群。社群模式一方面解决了用户买什么、什么值得买的问题；另一方面基于对社群用户行为数据及产品信息的分析，精准选品，并提供便捷的购物体验，解决了用户在哪里买的问题。与其他跨境电子商务进口模式相比，社群模式黏性高、竞争壁垒显著，商品也区别于综合型平台，其内容完全基于社群中的用户产生，是以需求为驱动的自下而上的一种创新模式。其主要盈利来源于销售商品所得到的利润，主要运营点在于提升用户的转化率。随着移动社交电商的兴起，这种达人经济、意见领袖的模式受到年轻消费者的喜爱。

3. 全球买手模式

全球买手模式是通过海外买手入驻平台开店，建立起海外买手与国内消费者的联系进而达成交易，是典型的平台型 C2C 模式。盈利模式一般为提供转运物流服务等，以及平台本身的一些增值服务，平台入驻一般不收取任何费用。买手模式在品类上主要以长尾非标品为主，兼有个性化的商品。全球买手模式所覆盖的行业及商品较为广泛，买手对于海外市场的敏感度较高，产品迭代速度较快，消费黏性较高，存在一定的价格优势，满足了在进口消费中个性化、细致化、多样化的需求。商品交付一般以个人行邮为主。整个模式比较依赖买手，服务体验参差不齐，信任度及品牌授权等法律风险问题或将限制其规模和发展。全球买手模式在初期发展迅猛，但随着海关政策的进一步完善，该模式的合规问题也日益凸显，合规合法成为买手模式创新的关键。其具体流程见图2-7。代表企业有洋码头、淘宝全球购。

4. 线上线下融合模式

线上线下融合模式为创新的 O2O 模式，通过线上线下融合的方式，将进口商品在线下进行展示，以扫码购买方式向线上导流。其主要业务模式有保税备货模式及一般贸易模式，通过线下体验店与移动应用在系统层面打通，为消费者提供所见即所得的流畅体验。线上线下融合模式源于国内电商的 O2O 模式，应用在跨境电子商务进口中，在一定程度上可以缩短交易流程。通过线下实体展示，能够增强消费者对商品的信任度，同时能够触及具有跨境商品需求却无电商消费习惯的人群。线上线下融合模式目前看来处于创新探索阶段，各企业的盈利模式也略有不同，线下体验店成本较高，一般不作为盈利点，而是通过向线上导流，最终实现线上盈利。移动电商的快速发展，使得线上线下融合成为了现实，随着人工智能、虚拟现实等新兴技术的进一步发展，线上线下模式也将为传统零售业注入新的活力。目前国内很多跨境电子商务进口平台都在布局 O2O 线下体验店，不断探索提升用户体验。其具体流程见图 2-8。代表企业有京东全球购、天猫国际、网易考拉、聚美优品。

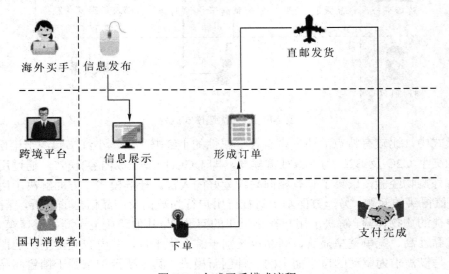

图 2-7　全球买手模式流程

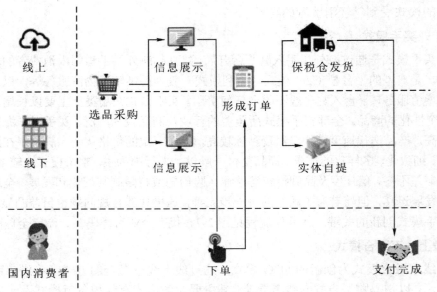

图 2-8　线上线下融合模式流程

本 章 小 结

本章首先介绍了跨境电子商务的主要模式。跨境电子商务，从买卖双方主体的属性上来说包括 B2B、B2C 和 C2C；依照进出口方向分为跨境出口和跨境进口；依照服务类型分为信息服务平台和在线交易平台；按照平台经营的范围分为水平平台和垂直平台；依照平台的性质为分第三方平台、自营平台以及自营与第三方结合平台。之后重点介绍跨境电子商务 B2B 出口模式、B2C 出口模式、B2C 进口模式三种最主要业务的流程，使大家对跨境电子商务的模式及各种模式的业务流程有一个全面的认识。

关 键 术 语

跨境电子商务 B2B 模式、跨境电子商务 B2C 模式、跨境电子商务 C2C 模式、跨境电子商务出口、跨境电子商务进口、第三方平台、自营平台。

配 套 实 训

1. 各选取一家跨境 B2B 平台和跨境电子商务 B2C 平台，比较 B2B 和 B2C 平台的主要差异，要特别关注其交易流程的不同。
2. 各选取一家跨境电子商务进口平台和出口平台，比较进口平台和出口平台的差异，要特别关注各平台的支付工具、支付币种、物流模式、到达时效的不同。

课 后 习 题

一、选择题

1. 交易磋商中最早提出交易需求的环节是(   )。
   A. 询盘   B. 发盘   C. 还盘   D. 接受
2. 交易磋商中如没有对之前的还盘全盘接受，则还处于(   )环节。
   A. 询盘   B. 发盘   C. 还盘   D. 接受
3. 市场容量虽然较小，但竞争也弱的市场称为(   )。
   A. 红海市场   B. 死海市场
   C. 蓝海市场   D. 长尾市场
4. 企业或个人通过购买服务器及域名自行搭建网站，并进行跨境电子商务活动的平台是(   )。
   A. 第三方平台   B. 自营平台
   C. 垂直平台   D. 水平平台

5. 不受行业限制，提供各类产品的网上经营的平台是(　　)。

A. 第三方平台　　　　　B. 自营平台

C. 垂直平台　　　　　　D. 水平平台

二、简答题

1. 一般对跨境电子商务选品中的产品进行评估，可以从哪些方面进行？

2. 跨境电子商务进口的保税仓模式的优缺点有哪些？

第二部分 业务环节部分

第三章　跨境电子商务平台

学习目标

▶知识目标

(1) 了解主流的跨境电子商务出口 B2B 平台。

(2) 了解主流的跨境电子商务出口 B2C 平台。

(3) 了解主流的跨境电子商务进口 B2C 平台。

▶技能目标

(1) 了解并熟悉各主流跨境电子商务出口 B2C 平台的网站结构、布局、功能和页面风格。建议重点学习亚马逊、速卖通、Shopee。

(2) 了解并熟悉主流跨境电子商务进口 B2C 平台的网站结构、布局、功能和页面风格。建议重点学习天猫国际、考拉海购、小红书。

第一节　主流跨境电子商务出口 B2B 平台

一、阿里巴巴国际站

阿里巴巴国际站成立于 1999 年，是阿里巴巴集团的第一个网站，也是阿里巴巴旗下的外贸出口 B2B 平台。其官方网站的每月平均流量超过 1 亿。它是中国乃至全球最大的 B2B 电子商务网站，拥有 30 多万付费会员，1200 多万注册购买者和 2900 多万注册用户。它是中国众多出口跨境电子商务销售商向世界销售其产品的"据点"。阿里巴巴国际站首页和商品详情页如图 3-1 和图 3-2 所示。

"阿里巴巴国际站"帮助中小企业拓展国际贸易的出口营销推广服务，它基于全球领先的企业间电子商务网站阿里巴巴国际站贸易平台，通过向海外买家展示、推广供应商的企业和产品，进而获得贸易商机和订单，是出口企业拓展国际贸易的首选网络平台之一。阿里巴巴国际站定位于全国中小企业的网上贸易市场，提供一站式的店铺装修、产品展示、营销推广、生意洽谈及店铺管理等全系列线上服务和工具，帮助企业降低成本、高效率地开拓外贸大市场。

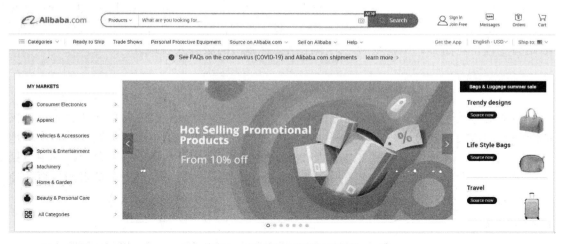

图 3-1　阿里巴巴国际站首页

图 3-2　阿里巴巴国际站商品详情页

国际站的业务走过了三个阶段：第一阶段，国际站的定位是"365 天永不落幕的广交会"，为大宗贸易做产品信息的展示；第二阶段，国际站收购一达通，为商家提供通关等方面的便利化服务，并在这个过程中开始沉淀数据；第三个阶段，国际站将此前沉淀的数据形成闭环，也就是国际站现在做的事情——数字化重构跨境贸易。

阿里巴巴国际站的商品已覆盖全球 200 多个国家和地区，5900 多个产品类别。在阿里巴巴国际站，超过 1000 万的活跃优质海外买家，平均每天会发送超过 30 万个订单采购需求，给外贸企业带来大量的商业机会。外贸企业想要利用阿里国际站平台拓展外贸业务，需要购买阿里巴巴的出口通服务成为阿里巴巴国际站付费会员。办理出口通会员以后就可以在国际站上开店、发布产品信息、联系海外买家、报价。

现在，购买阿里巴巴出口通服务的基础费用为 29 800 元，需要注意的是这是购买出口通会员的基础费用。想要出现在某些产品关键词的首页甚至前几页，就需要购买阿里国际站的 P4P(类似于百度推广的广告服务)。

　　阿里巴巴国际站的入驻条件是企业需是在国内工商局注册的做实体产品的企业(生产型和贸易型都可以，无需进出口权)，收费办理。在准备好资金的情况下，加入阿里巴巴国际站的流程相对简单。申请以后，阿里巴巴会有专门的服务人员跟进。

二、环球资源

　　环球资源是一家 B2B 线上线下平台，1971 年创立，至今已有 50 年的历史。公司的核心业务是通过贸易展览会、环球资源网站、贸易杂志及手机应用程序，促进亚洲与全球地区的贸易往来。环球资源于每年 4 月及 10 月在中国香港举办八场贸易展览会，其中包括世界领先的消费电子展及移动电子展，以及 Lifestyle 展、时尚产品展。环球资源首页和商品详情页如图 3-3 和图 3-4 所示。

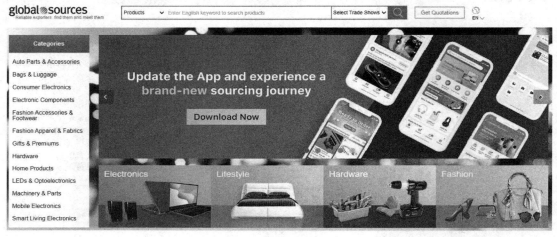

图 3-3　环球资源首页

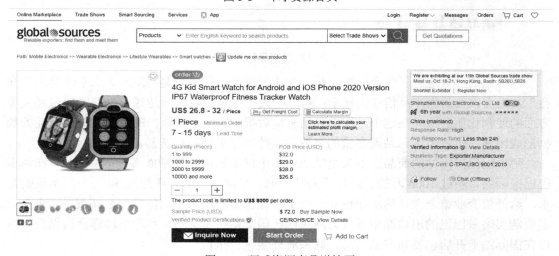

图 3-4　环球资源商品详情页

　　超过 150 万名国际买家(其中包括 95 家来自全球百强零售商)，使用环球资源的服务获取供应商及其产品的信息，帮助他们在复杂的供应市场进行高效采购。与此同时，供应商借助环球资源提供的整合出口推广服务，提升公司形象、获得销售查询，赢得来自逾240个国家及地区的订单和生意机会。环球资源同时也是中国华南地区最大的制造业盛会——"深圳国际机械制造工业展览会"的大股东。

三、中国制造

中国制造成立于1998年，是由焦点科技股份有限公司开发和运营的综合性第三方B2B电子商务平台，也是中国首个B2B电子商务平台。该平台提供27个类别和3600个子类别的产品信息，以11种语言显示网站信息，向全球买家提供优质的中国产品和高质量的服务。中国制造网分为国际站和内贸站。

中国制造首页和商品详情页如图3-5和图3-6所示。

图3-5 中国制造首页

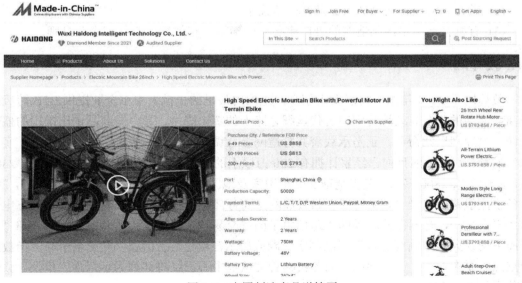

图3-6 中国制造商品详情页

中国制造注册用户需付会员费才能使用服务，该平台会对付费供应商进行全面审查，以保证用户的真实性。

作为采购商，可以享受以下服务：

(1) 通过中国制造网首页输入关键词搜索产品或通过中国产品目录查找产品，联系供应商；

(2) 在商情板搜索销售商情并联系供应商；

(3) 发布采购商情，将采购信息加入商情板；

(4) 采用收费的贸易服务，有效开展同中国产品供应商之间的贸易往来；

(5) 加入中国制造网后，可免费查阅信息和获得多种功能。

作为中国制造商、供应商、出口商，可以享受以下服务：

(1) 将产品和公司信息加入中国产品目录。

(2) 通过商情板，搜索全球买家及其采购信息。

(3) 采用推广服务——名列前茅，使产品脱颖而出，获取无限商机。

(4) 采用推广服务——产品展台，迅速提高产品曝光率，直观、形象地引起目标买家的关注。

(5) 采用推广服务——横幅，将产品和企业品牌刊登于页面显眼位置，有效推广产品和企业品牌。

(6) 采用中国制造网的高级会员服务——中国供应商，拥有更高级的网站功能和服务，全面提升公司形象和贸易机会。

(7) 采用中国制造网英文版实地认证服务——认证供应商，获得更多买家的关注和信任。

作为海外供应商，可以享受以下服务：

(1) 将产品和公司信息加入商情板。

(2) 通过商情板搜索全球买家及其采购需求。

(3) 有机会使用中国制造网的推广服务——横幅，有效推广产品和企业品牌。

四、敦煌网

敦煌网于 2004 年由王树彤女士创立，是国内最早的一批为中小企业提供 B2B 跨境电子商务交易的平台。敦煌是中国古代丝绸之路上的辉煌驿站，是中国商品走出国门的盛大之城。敦煌网以此命名，正是承载着其打造网上丝绸之路，帮助中小企业"买全球，卖全球"的梦想。敦煌网目前已经累计拥有 220 万以上的注册供应商，在线产品数量超过 2300 万，注册买家 2800 多万，覆盖全球 222 个国家及地区，拥有 50 多个国家的清关能力，200 多条物流线路，以及 17 个海外仓。敦煌网是商务部重点推荐的中国对外贸易第三方电子商务平台之一，是国家发改委的"跨境电子商务交易技术国家工程实验室"，科技部"电子商务交易风险控制与防范"标准制定课题应用示范单位，工信部"全国电子商务指数监测重点联系企业"，工信部电子商务机构管理认证中心已经将其列为示范推广单位。敦煌网首页如图 3-7 所示。

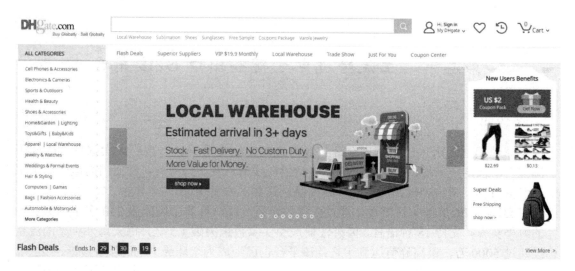

图 3-7　敦煌网首页

　　敦煌网采取佣金制，只在买卖双方交易成功后收取费用，但从 2019 年 2 月 20 日起，新卖家注册开始需要缴纳费用。作为中小额 B2B 海外电子商务的创新者，敦煌网采用 EDM(电子邮件营销)的营销模式低成本、高效率地拓展海外市场，自建的 DHgate 平台为海外用户提供了高质量的商品信息，用户可以自由订阅英文 EDM 商品信息，第一时间了解市场最新供应情况。

　　海外直发业务是敦煌网率先推出的全新销售模式。敦煌网利用海外的仓储及配送服务，使中国卖家可直接销售存储在海外仓库的产品，是一种从买家所在国家发货的销售模式。如此，就可以缩短订单周期，提升买家购买体验，帮助中国卖家在全世界范围内扩大销售、降低成本、提升服务。敦煌网商品详情页如图 3-8 所示。

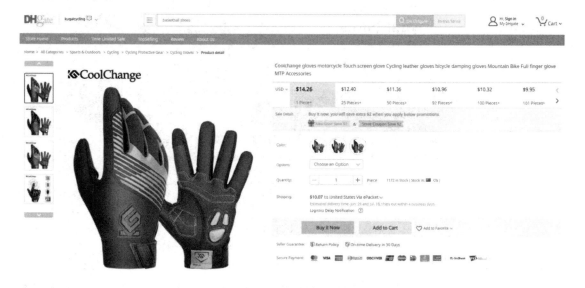

图 3-8　敦煌网商品详情页

第二节　主流跨境电子商务出口 B2C 平台

一、速卖通

　　全球速卖通是阿里巴巴面向全球市场打造的在线交易平台，被广大卖家称为国际版"淘宝"。像淘宝一样，该平台把商品编辑成在线信息发布到海外。类似国内电子商务平台的发货流程，平台通过国际快递，将商品运送到买家手中。

　　速卖通于 2010 年 4 月上线，经过多年的迅猛发展，目前已经覆盖 230 多个国家和地区的海外买家，支持 18 种语言，海外注册成交买家数量突破 1.5 亿，每天海外买家的流量已经超过 5000 万，最高峰值达到 1 亿；该平台也已经成为全球最大的跨境交易平台之一。2014 年双 11，速卖通订单达到 680 万单；2017 年双 11，速卖通订单最多的国家和地区包括俄罗斯、巴西、以色列、西班牙、白俄罗斯、美国、加拿大、乌克兰、法国、捷克共和国、英国，订单总量超 4500 万；2019 年双 11，19 小时 21 分总销售额超过 2018 年 48 小时的交易销售额，其中无线订单成交占比超过 62.3%，海外剁手党双 11 平均单价较 2018 年同期逆势增长 28.3%。全球速卖通首页如图 3-9 所示。

图 3-9　全球速卖通首页

(一) 速卖通行业分布

　　全球速卖通覆盖 3C、服装、家居、饰品等 30 个一级行业类目。其中优势行业主要有服装服饰、手机通讯、鞋包、美容健康、珠宝手表、消费电子、电脑网络、家居、汽车摩托车配件、灯具等。

(二) 速卖通适合产品

速卖通适合产品就是适宜通过网络销售并且适合通过航空快递运输的商品。这些商品基本符合下面的条件：

(1) 体积较小，方便以快递方式运输，可降低国际物流成本。

(2) 附加值较高，价值低过运费的单件商品不适合单件销售，可以打包出售。这样可降低物流成本占比。

(3) 具备独特性，在线交易业绩佳的商品需要独具特色，才能不断刺激买家的购买。

(4) 价格较合理，在线交易价格若高于产品在当地的市场价，就无法吸引买家在线下单。

根据以上条件，适宜在全球速卖通销售的商品主要包括服装服饰、美容健康、珠宝手表、灯具、消费电子、电脑网络、手机通讯、家居、汽车摩托车配件、首饰、工艺品、体育与户外用品等。全球速卖通商品详情页如图 3-10 所示。

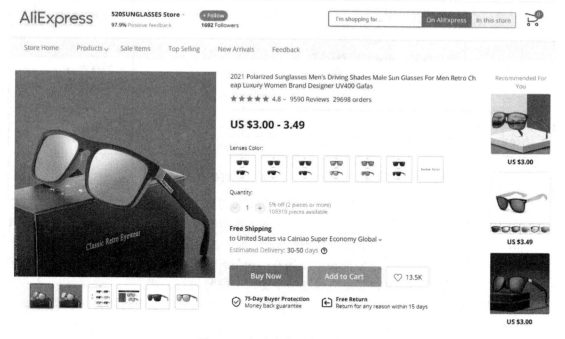

图 3-10　全球速卖通商品详情页

(三) 跨国快递

在全球速卖通上有三类物流服务，分别是邮政大小包、速卖通合作物流以及商业快递，其中 90% 的交易使用的是邮政大小包。

卖家发货时，可以根据不同的物流服务，选择在速卖通上线上发货，也可以联系各主要城市的货代公司上门收件进行发货。

(四) 速卖通注册

1. 开店所需资料

在速卖通注册开店需要以下资料:

(1) 企业营业执照。

(2) 法人支付宝或企业支付宝(二选一)。

(3) 注册商标(或商标授权)。

2. 可注册店铺类型

在经营品牌官方店、专卖店或者专营店时,一般选择专营店的比较多,因为专营店铺可以多个品牌经营,店铺更有成长机会。全球速卖通注册店铺类型如表 3-1 所示。

表 3-1　全球速卖通注册店铺类型比较

店铺类型	官 方 店	专 卖 店	专 营 店
介　绍	商家以自有品牌或由权利人独占性授权(商标为 R 标且非中文商标)入驻	商家以自有品牌(商标为 R 标或 TM 状态),或持他人品牌授权文件入驻	经营 1 个及以上他人或自有品牌(商标为 R 标或 TM 状态)
开店资质	企业认证需提供资料:企业营业执照、企业税收登记证、组织机构代码证、银行开户许可证、法人身份证	同官方店	同官方店
单店铺可申请品牌数量	仅 1 个	仅 1 个	可多个
平台允许的店铺数	同一品牌(商标)仅 1 个	同一品牌(商标)可多个	同一品牌(商标)可多个

速卖通 2020 年启动新政策,卖家不需要交纳技术服务年费,但应按照卖家规则提供保证金(一般是一万元),并且取消年费激励返还机制,实行保证金扣款规则。扣款规则于2020 年 1 月开始实行,当保证金金额一旦为 0 的时候,平台会操作商品下架。在出现保证金处罚后,卖家也应当按照卖家规则通过指定支付宝账号进行补缴。

每个速卖通账号仍然只能选取一个经营范围,在这个经营范围下可经营一级类目或者多个小类,根据平台发展战略,类目经营是不会改变的。

二、亚马逊

亚马逊公司(Amazon,简称亚马逊;NASDAQ:AMZN),是美国最大的一家网络电子商务公司,位于华盛顿州的西雅图。作为网络上最早开始经营电子商务的公司之一,亚马逊于 1995 年由杰夫·贝佐斯(Jeff Bezos)创立,一开始只经营书籍,现在已成为全球商品品种最多的网上零售商和全球第二大互联网企业。公司名下也包括 AlexaInternet、a9、lab126和互联网电影数据库(Internet Movie Database,IMDB)等子公司。

　　亚马逊及其它销售商为客户提供数百万种独特的全新、翻新及二手商品，如图书、影视、音乐和游戏、数码下载、电子和电脑、家居园艺用品、玩具、婴幼儿用品、食品、服饰、鞋类和珠宝、健康和个人护理用品、体育及户外用品、玩具、汽车及工业产品等。亚马逊首页如图 3-11 所示。

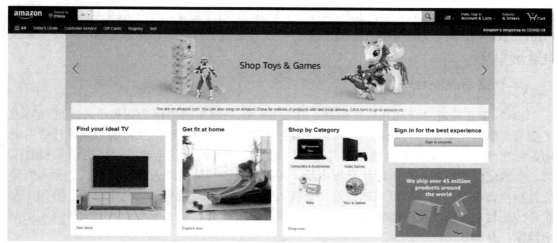

图 3-11　亚马逊首页

(一) 亚马逊发展历程

　　亚马逊的发展历程可以分为三个阶段。

　　第一阶段：成为"地球上最大的书店"(1994—1997 年)。

　　1994 年夏天，从金融服务公司 D.E.Shaw 辞职的贝佐斯决定创立一家网上书店，贝佐斯认为书籍是最常见的商品，标准化程度高；而且美国书籍市场规模大，十分适合创业。经过大约一年的准备，亚马逊网站于 1995 年 7 月正式上线。为了和线下图书巨头 Barnes&Noble、Borders 竞争，贝佐斯把亚马逊定位成"地球上最大的书店"。为实现此目标，亚马逊采取了大规模扩张策略，以巨额亏损换取营业规模。经过快跑，亚马逊从网站上线到公司上市仅用了不到两年时间。1997 年 5 月，Barnes&Noble 开展线上购物时，亚马逊已经在图书网络零售上建立了巨大优势。此后亚马逊经过和 Barnes&Noble 的几次交锋，最终完全确立了最大书店的地位。

　　第二阶段：成为最大的综合网络零售商(1997—2001 年)。

　　贝佐斯认为和实体店相比，网络零售很重要的一个优势在于能给消费者提供更为丰富的商品选择，因此扩充网站品类，打造综合电商以形成规模效益成为了亚马逊的战略考虑。1997 年 5 月甫一上市，尚未完全在图书网络零售市场中树立绝对优势地位的亚马逊就开始布局商品品类扩张。经过前期的供应和市场宣传，亚马逊的音乐商店 1998 年 6 月正式上线。仅一个季度，亚马逊音乐商店的销售额就已经超过了 CDnow，成为最大的网上音乐产品零售商。此后，亚马逊通过品类扩张和国际扩张，到 2000 年其宣传口号已经改为"最大的网络零售商"。

　　第三阶段：成为"最以客户为中心的企业"(2001 年至今)。

2001 年开始，除了宣传自己是最大的网络零售商外，亚马逊同时把"最以客户为中心的公司"确立为努力的目标。此后，打造以客户为中心的服务型企业成为了亚马逊的发展方向。为此，亚马逊从 2001 年开始大规模推广第三方开放平台(Marketplace)，2002 年推出网络服务(AWS)，2005 年推出 Prime 服务，2007 年开始向第三方卖家提供外包物流服务 Fulfillment by Amazon(FBA)，2010 年推出 KDP 的前身自助数字出版平台 Digital Text Platform(DTP)。亚马逊逐步推出的这些服务，使其超越了网络零售商的范畴，成为一家综合服务提供商。

(二) 亚马逊全球开店

2012 年亚马逊"全球开店"项目正式发布，越来越多的中国企业和个人通过亚马逊"全球开店"拓展国际市场，中国卖家业绩强势增长。目前，借助亚马逊"全球开店"走向国际市场的中国卖家数量增长了几十倍。通过亚马逊销售到全球的商品也由最初的服饰、电脑配件类不断扩充，诸如平板电脑、智能手机、扫地机器人、蓝牙耳机、无人机等更具科技含量的高端优质商品通过亚马逊打入国际市场。消费电子、无线设备、服饰、家居户外是目前中国卖家的畅销品类。目前，亚马逊全球开店站点主要分为七大板块，十七个国家，具体包括：

(1) 北美站(美国、加拿大、墨西哥)。

(2) 欧洲站(英国、法国、德国、意大利、西班牙、荷兰、瑞典、波兰)。

(3) 日本站(日本)。

(4) 澳洲站(澳大利亚)。

(5) 印度站(印度)。

(6) 中东站(阿联酋、沙特)。

(7) 新加坡站(新加坡)。

亚马逊是全球销售量最大的电子商务网站。通过亚马逊各平台可以直接将商品销售给亚马逊全球 3 亿多活跃用户，其中包括不断增长并具有较高消费力的 Prime 优质用户群体。

(三) 亚马逊运营特点

亚马逊的运营特点是"以产品为王，以顾客为中心，以物流为核心竞争力"。亚马逊运营重产品，轻店铺。其打击假货和侵权产品的严厉态度使在亚马逊上进行跨境电子商务活动的商家必须把产品要素放在第一位。亚马逊提供的专属物流服务(FBA)和 Prime 帮助中国卖家以更快的速度和更优惠的价格把商品送达消费者手中。

1. 重视商品推荐

不同于会推出很多广告形式的国内一些电商平台，亚马逊更加重视后台数据相关的推荐和排行推荐。一般情况下，客户的购买记录和好评率是亚马逊重点关注的推荐指标。

2. 重视商品详情

亚马逊还有一个很特别的设计，就是没有在线客服，客户必须要完全自助地进行购物，这就促使卖家重视商品的详情介绍。如果商品介绍能够囊括客户所关注的核心问题，客户就更容易做出最终的购买决策。亚马逊商品详情页如图 3-12 所示。

3. 重视商品本身

不熟悉亚马逊或者习惯其他平台的用户在使用亚马逊时往往会觉得有些别扭，这是因为亚马逊弱化了店铺的概念，将重点放在了商品本身上。客户在搜索关键词时，列出的都是商品信息。

4. 重视客户的反馈

使用亚马逊的商家和用户都了解 Review 的重要性，这也是亚马逊的特点之一。Review 包含了两个方面的评价：商品评论和卖家提供的服务质量评价。

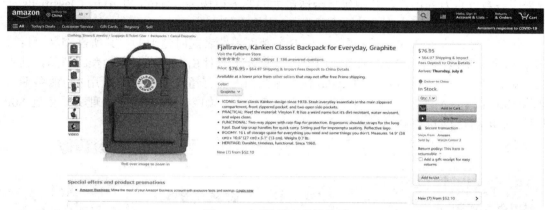

图 3-12　亚马逊商品详情页

(四) 亚马逊注册和规则

通过亚马逊平台进行跨境电子商务活动必须要了解亚马逊平台的规则。2017 年亚马逊在中国逐渐收紧注册条件，只接受企业入驻。注册账号需要的资料包括：

(1) 带有 Visa 或 MasterCard 标志的信用卡。

(2) 法人身份证，公司的营业执照。

(3) 信用卡的纸质账单。

(4) 用来收款的银行账号。

亚马逊开店分为两个类别，个人卖家和专业卖家。个人卖家在功能上少于专业卖家，没有月租，只在商品销售后收取每一个产品 0.99 美金(以美站以例)和一定比例的销售佣金；专业卖家功能完善，每个月交固定 39.99 美元的月租(以美站以例)和一定比例的销售佣金。一般情况下，申请成为专业卖家，才可以使功能限制没有太多。

在亚马逊注册时，最好联系招商经理，通过招商经理的注册链接进行注册。同时，注册时一定要注意避免账号关联。

亚马逊规定，一个卖家只能拥有一个店铺。亚马逊会也通过各种技术和信息，获取卖家相关信息，通过匹配关联因素，判断多个店铺账号是否属于同一卖家。因此，在注册亚马逊账号时，信用卡、公司信息、邮箱、手机号码、银行收款账号等信息都必须是没有在亚马逊注册过的。更重要的是，注册及之后登陆亚马逊后台的电脑、网络都要是全新的，保证一台电脑一个网络只登陆一个亚马逊账号。如果有交叉使用，不出意外会引发账号关联，而导致账号被封号。

三、eBay

eBay 集团(纳斯达克上市公司代码：EBAY)1995 年 9 月成立于美国加州硅谷，是全球商务与支付行业的领先者，是为不同规模的商家提供共同发展的商业平台。作为全球最大的在线交易平台之一，eBay 帮助人们在全球几乎任何一个国家进行买卖交易；PayPal 使个人和企业用户享受安全、简单、快捷的电子收付；通过 eBay Enterprise，平台为全球企业提供泛渠道商务、多渠道零售以及数字营销上的便利。同时，eBay 还有其他专门的交易平台来服务数以百万的用户，其中包括全球最大的票务市场 Stub Hub 和 eBay Classifieds 社区分类广告网站，这两个平台分布在全球 1000 多个城市。

作为全球最大的在线交易平台之一，eBay 帮助消费者随时随地购买其所需物品。目前，eBay 在全球范围内拥有 1.52 亿活跃用户，以及 8 亿多件由个人或商家刊登的商品，其中以全新的"一口价"商品为主。PayPal 在全球范围内拥有超过 1.57 亿活跃用户，服务遍及全球 193 个国家及地区，共支持 26 种货币付款交易。如今，PayPal 日处理交易量近 800 万笔。eBay 首页如图 3-13 所示。

图 3-13　eBay 首页

eBay 集团在中国致力于推动跨境电子商务零售出口产业的发展，为中国卖家开辟直接面向海外的销售渠道。通过 eBay 在线交易平台和 PayPal 支付解决方案，数以万计的中国企业和个人用户在 eBay 全球平台上每年将数十亿美元的产品和服务销售给世界各地的消费者。eBay 详情页如图 3-14 所示。

为了更好帮助中国卖家在 eBay 平台上进行销售，eBay 成立了专业的跨境交易服务团队，提供跨境交易认证、业务咨询、疑难解答、外贸专场培训及电话培训、外贸论坛热线、洽谈物流优惠等一系列服务，帮助中国卖家顺利开展全球业务。PayPal 则利用广阔的海外渠道和合作网络帮助中国企业迅速开拓全球市场，更好地建立品牌认知度和信任度。PayPal 针对中国市场，着力于为中小商户提供"一站式"在线外贸解决方案，帮助他们解决从网店搭建、网络推广、在线支付到跨境物流等的一系列难题。

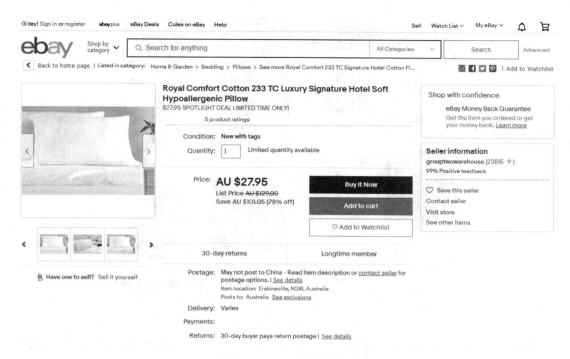

图 3-14　eBay 商品详情页

在 eBay 平台可以申请个人账户和企业账户，企业账户要求的资料如下：

(1) 工商税务信息，无异常的注册企业；

(2) 申请账号需通过 eBay 卖家账号认证且连接到已认证的 PayPal 账号；

(3) 一张双币信用卡(VISA、MasterCard)，信用卡开通网上银行方便日后操作；

(4) 最好在跨国认证之后，再进行销售；

(5) 跨国认证需要的资料：身份证资料、个人近照、地址证明资料(地址证明要和注册地址一致)；

(6) 使用 hotmail、gmail、163 等国际通用的邮箱作为注册邮箱，以确保顺利接受来自 eBay 及海外买家的邮件。

四、Wish

Wish 于 2011 年成立于美国旧金山，是一款基于移动端 App 的商业平台。起初，Wish 只是向用户推送信息，并不涉及商品交易，2013 年开始升级成为购物平台。Wish 的系统通过买家行为等数据的计算，判断买家的喜好、感兴趣的产品信息，并且选择相应的产品推送给买家。与多数电商平台不同，在 Wish 上的买家不太会通过关键词搜索来浏览商品，更倾向于无目的地浏览，这种浏览方式是美国人比较接受的。所以，Wish 平台超过六成的用户位于美国、加拿大以及一些欧洲国家。

Wish 作为新兴的基于 App 的跨境电子商务平台，主要靠价廉物美吸引客户，在美国市场有非常高的人气，核心品类包括服装、饰品、手机、礼品等，目前卖家大部分来自中国。Wish 移动端页面如图 3-15 所示。

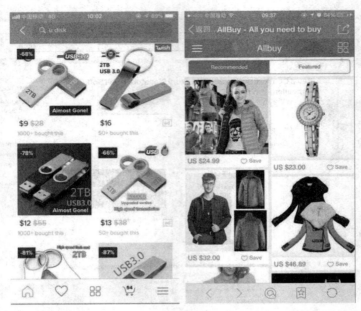

图 3-15　Wish 移动端首页

Wish 平台 97% 的订单量来自移动端，2019 年活跃用户超过 1000 万，平均每天有超过 200 万个订单。就目前的移动互联网优势来看，Wish 未来的潜力是非常巨大的。

Wish 开店不需要租金，卖出物品之后平台收取这件物品收入(售价+邮费)的 15% 作为佣金。不销售不产生佣金。最初允许个人卖家进驻，门槛较低，但 2018 年 10 月 1 日起 Wish 开始收取新开账户 2000 美元的保证金。

Wish 入驻需要公司的营业执照和法人身份证，个人注册需要个人身份证。如果是中国香港公司注册则需要营业执照、税务登记证等相关信息。企业账号认证则需要企业营业执照和法人身份证信息。

五、兰亭集势

兰亭集势成立于 2007 年，是目前国内排名第一的外贸销售网站。公司成立之初即获得美国硅谷和中国著名风险投资公司的注资，成立高新技术企业。兰亭集势目前总部设在上海，在北京、深圳、苏州、成都、中国香港、美国西雅图等地设有分公司。兰亭集势(NYSE：LITB)于 2013 年 6 月 6 日晚间在美国纽交所挂牌上市，成为中国跨境电子商务第一股。"One World One Market"——兰亭集势的使命是为全世界中小零售商提供一个基于互联网的全球整合供应链。2018 年 11 月 16 日，兰亭集势(LITB.US)全资收购面向东南亚市场的全品类购物平台 Ezbuy。Ezbuy 于 2010 年在新加坡成立，是东南亚市场领先的跨境电子商务平台之一。该公司目前在新加坡、马来西亚、印度尼西亚、泰国和巴基斯坦拥有超过 300 万客户。与东南亚电商品牌 Ezbuy 在供应链、物流、市场方面的深度融合，兰亭集势可以拓展更多、更好、更加完善的供应链系统。

兰亭集势旗下主营网站业务涵盖了包括服装鞋包、珠宝手表、电子及配件、运动户外、玩具宠物、家居假发、纹身美甲及婚纱礼服及配件等近百万种商品。同时，其支持遍布全球的 20 多种支付方式，如 Paypal、VISA、EBANX 等。经过几年的发展，兰亭集势在广东、上海、浙江、江苏、福建、山东和北京等省市均有大量供货商，积累了良好的声誉。许多品牌，包括纽曼、爱国者、方正科技、亚都、神舟电脑等也加入到兰亭集势销售平台，成为其合作伙伴或者供货商。兰亭集势首页如图 3-16 所示。

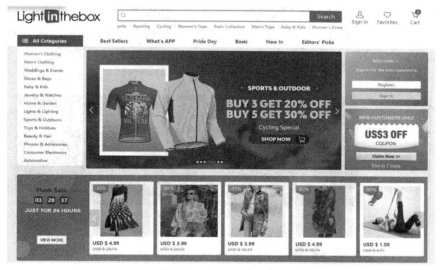

图 3-16　兰亭集势首页

兰亭集势将其目标用户主要定位于全世界中小零售商，包括线上零售商、线下零售商等。同时，由于大部分产品对订单没有最低数量限制，兰亭集势也可以批发价格向普通消费者提供商品零售。兰亭集势的商业模式颠覆了传统的出口模式，其 70% 的产品都是自己采购，直接对接工厂，也就是一端连接着中国这一"世界工厂"的众多制造企业，另一段连接着全球消费市场。它绕过了中间所有环节，如中国出口商、外国进口商、外国批发商、外国零售商，有自己的定价权，甚至很多产品还可以进行定制化。兰亭集势商品详情页如图 3-17 所示。

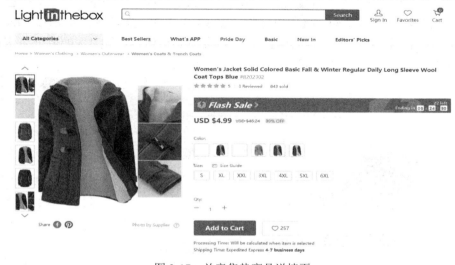

图 3-17　兰亭集势商品详情页

六、Lazada

作为"21世纪海上丝绸之路"建设的枢纽地区，且因地缘、人口、经济发展潜力等因素的叠加，东南亚日渐成为电商发展的蓝海市场及中国跨境商家开展出口电商的首选。

Lazada是东南亚地区最大的在线购物网站之一，2018年它以27%的访问额获得东南亚电商在线流量排名榜单第一位。Lazada目前共有6个站点，分别面对印度尼西亚、马来西亚、新加坡、菲律宾、越南以及泰国用户。Lazada首页如图3-18所示。

图 3-18　Lazada 首页

2016年阿里巴巴投资10亿美元实现控股Lazada，2017年投资10亿美元增持股权至83%，2018年再向Lazada追加20亿美元投资，用于该公司在东南亚地区的业务扩张。2020年8月19日，Lazada联合天猫发布"新国货出海计划"，为入驻品牌商城LazMall的天猫品牌设立快速入驻通道，入驻周期从一个月缩短到一周。Lazada商品详情页如图3-19所示。

Lazada有自己的自建物流网络，凭借平台端对端物流能力及对供应链的全面掌控在市场上占据一席之地。目前Lazada在东南亚17个城市拥有超过30个仓储中心，在各国建立自营仓库、分拣中心和电子科技设施，配合合作伙伴网络，以跨境及"最后一公里"物流能力提高自身优势。Lazada接入自有物流渠道——LGS全球物流方案(Lazada Global Shipping)，为商家解决第一公里和最后一公里的复杂货运流程，同时大幅降低东南亚部分地区因基础设施落后而产生的昂贵运费。

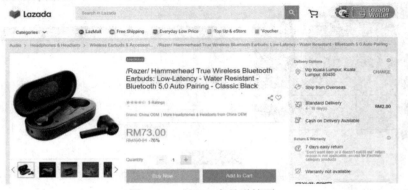

图 3-19　Lazada 商品详情页

七、Shopee

Shopee 是东南亚和中国台湾地区的电子商务平台。2015 年于新加坡成立并设立总部，随后拓展至马来西亚、泰国、中国台湾地区、印度尼西亚、越南及菲律宾共七大市场，2019 年开通了巴西市场。Shopee 拥有的商品种类包括电子消费品、家居、美容保健、母婴、服饰及健身器材等。Shopee 首页如图 3-20 所示。

图 3-20　Shopee 首页

Shopee 社群媒体粉丝数量超过 3000 万，拥有 700 万活跃卖家，其 8000 多员工遍布东南亚及中国，是东南亚发展最快的电商平台，也是国货出海东南亚的首选平台。

Shopee 自成立起，一直保持成长。2018 年，Shopee 的成交总额达 103 亿美元，同比增长 149.9%。2019 年第一季度，Shopee 季度 GMV 同比增长 81.8%，总订单数同比增长 82.7%，App 下载量超过 2 亿。Shopee 商品详情页如图 3-21 所示。

图 3-21　Shopee 商品详情页

App Annie《2019 移动市场》显示，2018 年 Shopee 在全球 C2C 购物类 App 中下载量排名第一；iPrice Group 2019 Q1 报告显示，Shopee 凭借 PC 端和移动端共发生 1.84 亿次访问，成为 2019 年第一季度东南亚地区访问量最大，且唯一流量呈正增长的电商平台。

Shopee 于 2016 年 1 月在深圳和香港设立办公室，开展跨境业务，为中国跨境卖家打造一站式跨境解决方案，提供流量、物流、孵化、语言、支付和 ERP 支持；2017 年 7 月设上海办公室，服务华东市场；2019 年 4 月，与厦门市战略合作，全国首个 Shopee 跨境孵化中心落成，增设福建转运仓；2019 年 6 月，与杭州跨境电子商务综试区签署合作备忘录，达成战略合作，发布区域基建、人才发展及产业集群构建等战略合作举措；2019 年 7 月，Shopee 上线 Shopee 一店通(Shopee International Platform，SIP)服务，为卖家提供东南亚跨境电子商务一站式解决方案。卖家开通 Shopee 七大站点中一个站点的店铺后，就可以同时开通其他站点的店铺。

第三节　主流跨境电子商务进口 B2C 平台

我国跨境电子商务电商进口起源于早期的海外个人代购和海淘，2014 年以来，伴随着利好政策的出台、资本的介入以及我国居民日益增长的消费需求，跨境电子商务进口进入发展的快车道，各类主体涌现。

一、京东国际

京东国际是京东集团旗下所属品牌，主营跨境进口商品业务，其前身为京东的"海囤全球"与"京东全球购"。作为国内首个全面专注于大进口业务的消费平台，京东国际通过在消费场景、营销生态、品质与服务、招商四个维度的全面升级，为消费者带来更加优质和丰富的进口商品购物体验。该平台已吸引近 2 万个品牌入驻，SKU 近千万，覆盖时尚、母婴、营养保健、个护美妆、3C、家居、进口食品、汽车用品等产品品类，这些产品来自美国、加拿大、韩国、日本、澳大利亚、新西兰、法国、德国等 70 多个国家和地区。京东国际的经营模式是自营 B2C 加非纯平台经营，它的商品进口模式是海外直邮加上保税进口。京东国际首页如图 3-22 所示。

图 3-22　京东国际首页

二、天猫国际

天猫国际(Tmall Global)是阿里巴巴旗下的跨境电子商务进口平台，天猫国际主要为国内消费者直供海外原装进口商品，同时也是帮助海外品牌直接触达中国消费者、建立品牌认知和消费者洞察的平台。自 2014 年 2 月成立后，天猫国际连续 6 年位居跨境电子商务市场第一位。天猫国际已有全球 84 个国家和地区 26 000 多个海外品牌入驻，覆盖 5300 多个品类，其中八成以上品牌是首次入华。

天猫国际的经营模式是第三方 B2C，它的商品进口模式是海外直邮加保税进口。天猫国际在跨境电子商务方面是直接与自贸区进行合作的，这样既规避了基本法律风险又获得了法律的保障，大大缩短了消费者从下单到到货的时间，及时满足了消费者的购物需求。天猫国际首页如图 3-23 所示。

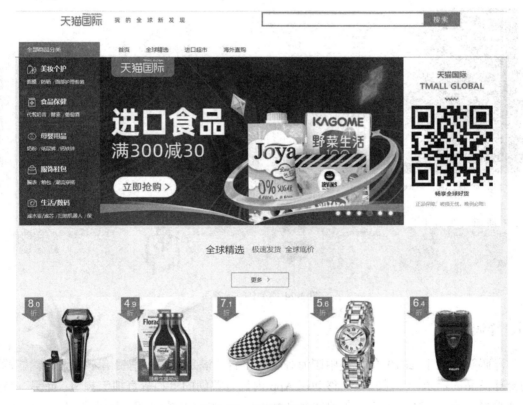

图 3-23　天猫国际首页

入驻天猫国际的商家均为中国大陆以外的公司实体，且具有海外零售资质；销售的商品均原产于或销售于海外，通过国际物流经中国海关正规入关。所有天猫国际入驻商家为其店铺配备旺旺中文咨询，并提供国内的售后服务，消费者可以像在淘宝购物一样使用支付宝买到海外进口商品。而在物流方面，天猫国际要求商家 120 小时内完成发货，14 个工作日内到达，并保证物流信息全程可跟踪。

三、苏宁国际

苏宁国际创立于 2014 年 2 月，是在苏宁易购网站上开设的为海外商家与有海外商品购物需求的境内买家提供涉外网络交易服务的第三方网络交易频道。它的经营模式是自营 B2C 加招商，其商品进口模式是海外直邮加上保税进口，主营的业务包括母婴、美妆、服装和 3C 家电等。苏宁在港澳台地区和日本等地拥有多家分公司，也拥有自己的采购和供应链等相关资源，使其业务的开展变得极为顺利。同时苏宁还通过全球招商来扩大自己的国际商用资源。苏宁国际首页如图 3-24 所示。

图 3-24 苏宁国际首页

四、洋码头

洋码头成立于 2010 年，是中国海外购物平台，满足了中国消费者不出国门就能购买到全球商品的需求。"洋码头"移动端 App 内拥有首创的"扫货直播"频道；而另一特色频道"聚洋货"，则汇集全球各地知名品牌供应商，提供团购项目，认证商家一站式购物，保证海外商品现货库存，全球物流护航直邮。洋码头首页如图 3-25 所示。

洋码头的经营模式是第三方 B2C，商品进口模式是直销、直购、直邮的三直模式。该平台上的卖家可以分为两类：一类是个人买手，模式是 C2C；另一类是商户，模式是 M2C。平台让国外零售产业与中国消费者对接，中国消费者可直接购买国外的商品。为保证海外商品能安全、快速地运送到中国消费者手上，洋码头自建立以来就打造跨境物流体系——贝海国际。洋码头全球化布局现在已经完成，其在海外已建成 10 大国际物流仓储中心(纽约、旧金山、洛杉矶、芝加哥、墨尔本、法兰克福、东京、伦敦、悉尼、巴黎)，并且与多家国际航空公司合作实施国际航班包机运输，每周40多驾全球班次航线入境，大大缩短了国内用户收到国际包裹的时间。

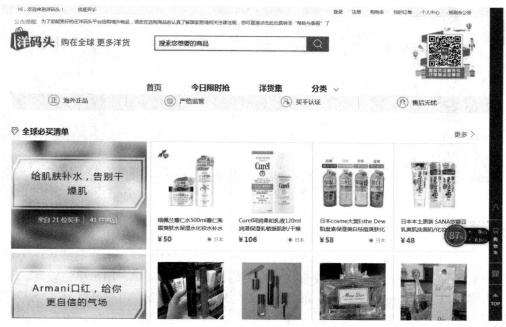

图3-25　洋码头首页

五、考拉海购

考拉海购是阿里旗下以跨境业务为主的会员电商，于2015年1月9日公测。2019年9月6日，阿里巴巴集团宣布20亿美元全资收购考拉海购，领投网易云音乐7亿美元融资。2020年8月21日考拉海购正式宣布战略升级，全面聚焦"会员电商"。其销售品类涵盖母婴、美容彩妆、家居生活、营养保健、环球美食、服饰箱包、数码家电等。考拉海购以"100%正品，天天低价，30天无忧退货，快捷配送"的优势，为消费者提供海量海外商品购买渠道，帮助用户"用更少的钱，过更好的生活"，助推消费和生活的双重升级。考拉海购首页如图3-26所示。

考拉海购主打自营直采的理念，在美国、德国、意大利、日本、韩国、澳大利亚、中国香港、中国台湾设有分公司或办事处，深入产品原产地直采高品质、适合中国市场的商品，从源头杜绝假货，保障商品品质的同时省去诸多中间环节，直接从原产地运抵国内，在海关和国检的监控下，储存在保税区仓库。除此之外，考拉上线蚂蚁区块链溯源系统，严格把控产品质量。

作为"杭州跨境电子商务综试区首批试点企业"，考拉海购在经营模式、营销方式、诚信自律等方面取得了不少建树，获得由中国质量认证中心认证的"B2C商品类电子商务交易服务认证证书"，认证级别四颗星，是国内首家获此认证的跨境电子商务平台，也是目前国内首家获得最高级别认证的跨境电子商务平台之一。

图 3-26　考拉海购首页

六、小红书

小红书最早是导购类的进口跨境平台。和其他电商平台不同，小红书是从社区起家。其优势是延续了社交互动的口碑效应，同时粉丝效应强化了品牌，用户忠诚较高。

小红书以"Inspire Lives 分享和发现世界的精彩"为使命，用户可以通过短视频、图文等形式记录生活点滴，分享生活方式，并基于兴趣形成互动。一开始，用户注重于在社区里分享海外购物经验，到后来，除了美妆、个护，小红书上出现了关于运动、旅游、家居、旅行、酒店、餐馆的信息分享，触及了消费经验和生活方式的方方面面。小红书商业模式是运用社区分析机制将社区口碑营销做到极致，通过笔记攻略、经验分享等用户原创内容吸引女性用户不断涌入，在平台内部完成一站式购物，进而引导用户产生口碑内容增强用户黏性。

小红书福利社于 2014 年 10 月上线，开辟了小红书跨境电子商务。小红书已累积的海外购物数据，分析出最受欢迎的商品及全球购物趋势，并在此基础上把全世界的优质商品，以最短的路径、最简洁的方式提供给用户。小红书电商的独特性有两点。第一，口碑营销。没有任何方法比真实用户口碑更能提高转化率，就如用户在淘宝上买东西前一定会去看用户评论。小红书有一个真实用户口碑分享的社区，整个社区就是一个巨大的用户口碑库。第二，结构化数据下的选品。小红书的社区中积累了大量的消费类口碑，几千万用户在这个平台上发现、分享全世界的优质商品。此外，用户的浏览、点赞和收藏等行为，会产生大量底层数据。通过这些数据，小红书可以精准地分析出用户的需求，保证采购的商品是深受用户推崇的。小红书启动电商模式的 5 个月时间里，销售额已达到 2 亿多人民币；截至 2017 年 5 月，小红书营收近 100 亿。小红书移动端页面如图 3-27 所示。

小红书在 29 个国家建立了专业的海外仓库，在国内建立多个保税仓。2017 年，小红书建成 REDelivery 国际物流系统，确保国际物流的每一步都可以被追溯，用户甚至可以在物流信息里查找到商品是从哪一列航班来到中国的。

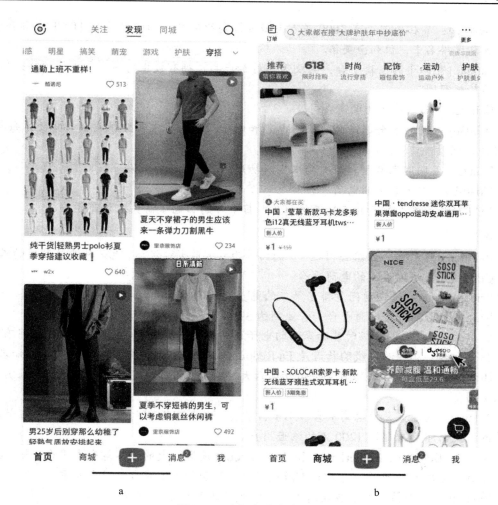

图 3-27　小红书移动端页面

【资料】

全球各地主流电商平台

北美

Amazon：当之无愧的全球电子商务的老大。亚马逊目前在世界 14 个国家设立了站点，分别是中国、美国、加拿大、巴西、墨西哥、英国、德国、法国、西班牙、意大利、荷兰、日本、印度、澳大利亚。辐射范围遍及全球各个区域。

eBay：全球最大的网络交易平台之一。

Wish：北美和欧洲最大的移动电商平台。

Walmart：电商平台领域一颗上升的新星，有其强大的线下渠道资源及电商物流优势。

Overstock：美国当地非常知名的网上购物平台和品牌折扣销售平台。女性消费群体占76%，常客年平均消费达 5000 美金。

Tophatter：世界销售速度最快的移动端折扣购物平台，与其他电商平台的区别在于它是一个在线的电商拍卖平台。

Newegg：其在美国拥有 3000 多万忠诚度极高的用户，2015 年全美 IT/CE 零售商消费者满意度排名中，位列全美第二。

Tanga：全品类的电商平台，主攻优惠打折产品，拥有极强的用户黏性，被公认为"购物狂的梦想家园"。

Rakuten：日本最大的电商公司。

BestBuy：隶属于全球最大的家用电器和电子产品的零售和分销及服务集团，每年有 10 亿的访问量。

Houzz：互联网家装平台，美国本土成功后，迅速向全球扩张。

Opensky：美国本土的电商平台。

J.C.Penny：美国最大的连锁百货商店、目录邮购和电子商务零售商之一。

欧洲

Rakuten.de：德国的网络公司之一。德国作为欧洲最大经济体，也是网购最频繁的国家。

Cdiscount：法国最大的电商平台。

PriceMinister：法国访问量排名第二的电子商务网站。

Fnac：法国第三大电商平台，营业额达 39 亿欧元，独立访客 1000 万人。

La Redoute：法国顶级时装和家居的电子商务网站，有 1100 万发过客户，每月有 900 万名独立访客。35% 的在线购物者是 La Redoute 的客户，在法国享有 99% 的品牌知名度。

Brandalley：法国第一家百货公司和第六大时装店，拥有超过 1200 万名会员，每月 550 万次访问量。

Allegro：波兰最大的电商平台，几乎占了波兰电商市场 80% 的份额。欧洲第五大访问量的网上交易市场，超过 1200 万的注册用户。

Bol：是 Belgium、Netherlands 和 Luxembourg 地区最大的在线综合类平台。每天拥有超过 100 万多次的访问量，有 650 万活跃客户，深受荷兰消费者喜爱和尊重。

Rakuten：英国第三大在线电商平台，紧随亚马逊和 eBay 之后。

TESCO：英国排名第一的日用杂货和普通商品零售商转型线上，发展迅猛。

Fruugo：芬兰的一个国际性在线市场，非常鼓励国际销售。

Zalando：欧洲最大的网上时装零售商。

Yandex：俄罗斯重要网络服务门户之一，也是俄罗斯网络拥有用户最多的网站。

Umka：俄语地区最大的中国商品在线购物网站之一。

Joom：俄罗斯与独联体国家的快速增长的移动端购物平台。

亚洲

Aliexpress：国际版淘宝，全球第三大英文在线购物网站。

Gmarket：韩国最大的电商平台，支持在线拍卖。

11Street：交易额韩国排第二，它的网站覆盖了超过三分之一的韩国人，移动用户数也在韩国电商平台中位居前三甲。

Qoo10：经营范围广，覆盖国家多，已在日本和新加坡等 5 个国家运营了 7 个购物网站平台，还在继续向其他亚洲国家和地区扩充和发展。

Lazada：东南亚最大的电子商务网站，有马来西亚、新加坡、菲律宾、泰国。

Shopee：东南亚及中国台湾最大的电商平台。

Zalora：东南亚的一个网上时装及美容产品购物平台。

Flipkart：印度最大电商。

Paytm：印度最大移动支付和商务平台。

Soup：中东地区最大的电商平台。

JollyChic：中东地区排名第一的移动电商平台。

Daraz：巴基斯坦最大的 B2C 电商平台。

非洲

Jumia：非洲的电商巨头，也是非洲第一个独角兽公司。

Kilimall：非洲电商平台，2014 年 7 月由中国人在肯尼亚创办。

Konga：非洲尼日利亚电商巨头。

南美洲

Linio：拉美地区最大的电商平台。

MercadoLibre：拉美地区电商平台，亚马逊在南美强有力的对手，覆盖了南美洲 18 个国家，其中包括巴西、墨西哥、智利、哥伦比亚、阿根廷等。

大洋洲

GraysOnline：大洋洲最大的工业和商业在线拍卖公司。

Trademe：新西兰最大的电商平台。

本 章 小 结

本章主要从 B2B 出口模式、B2C 出口模式、B2C 进口模式介绍主流的跨境电子商务平台，以及其历史、发展和主要特征，让大家对各平台的特点有所了解。

关 键 术 语

B2B 出口模式、B2C 出口模式、B2C 进口模式、阿里巴巴国际站、中国制造、环球资源、亚马逊、eBay、速卖通、Wish、Lazada、Shopee、兰亭集势。

配 套 实 训

分别进入亚马逊平台和速卖通平台，比较两个平台的主页、搜索页、详情页的差异，分析是什么使两个网站呈现不同的经营风格。

课后习题

一、选择题

1. 下列属于 B2B 跨境电子商务出口平台的是(　　)。

A. 速卖通　　　　　B. 阿里巴巴国际站　　　　C. eBay　　　　　D. Wish

2.下列属于 B2C 跨境电子商务出口平台的是(　　)。

A. 中国制造　　　B. 亚马逊　　　　C. 小红书　　　D. 阿里巴巴国际站

3. 下列属于 B2C 跨境电子商务进口平台的是(　　)。

A. 中国制造　　　B. 亚马逊　　　　C. 小红书　　　D. 阿里巴巴国际站

4. 下列不是速卖通账号注册条件的是(　　)。

A. 企业营业执照　　　B. 信用卡　　C. 支付宝　　　D. 注册商标(或商标授权)

5. 下列平台中基于移动端建立的平台是(　　)。

A. 亚马逊　　　　B. 速卖通　　　　　C. eBay　　　D. Wish

二、简答题

亚马逊平台是跨境电子商务平台中最典型的平台,你如何理解亚马逊平台的"重商品,重推荐"的特色。

第四章　跨境电子商务物流

学习目标

▶知识目标
(1) 掌握跨境电子商务物流的主要概念。
(2) 掌握跨境电子商务物流的主要解决方案。
(3) 掌握跨境电子商务主要的物流模式特点。
(4) 了解如何规划跨境电子商务物流。

▶技能目标
(1) 学会国际邮政小包的成本核算和包装要求。
(2) 学会邮政小包和国际快递体积重量的计算。

第一节　跨境电子商务物流概述

一、基本概念

跨境电子商务物流是指把跨境电子商务交易的货物从一个国家通过海运、空运或陆运的方式运输到另外一个国家或地区。其实质是按国际分工协作的原则，依照国际惯例和标准，利用国际化的物流网络、物流设施和物流技术，实现货物在国际间的流动与交换，以促进区域经济的协调发展和世界资源的优化配置。

跨境电子商务物流是国际物流的一种，与国际物流相同，具有国际性、复杂性和风险性的特点。

(1) 国际性是指跨境电子商务物流跨越多个国家或地区，货物往往要对接不同国家的物流系统。

(2) 复杂性是指跨境电子商务物流要跨越多个国家的过境，双边都要对货物进行检验检疫，而且往往使用多种交通工具。

(3) 风险性包括政治风险、经济风险和自然风险。政治风险包括国家动荡、罢工、战争等因素对货物可能造成的损害或影响；经济风险包括因价格或汇率变动，在运输途中货物出现贬值的风险；自然风险包括如海上暴风雨、地上泥石流等自然灾害给货物运输带来的风险。

总之，跨境电子商务物流的一个非常重要的特点就是各国物流环境的差异，尤其是物流软环境的差异。不同国家的物流适用的法律不同，使国际物流的复杂性远高于单一国家的国内物流，有时甚至因此而阻断国际物流；不同国家的经济和科技发展水平不同，造成国际物流处于不同科技条件的支撑下，甚至因有些地区无法应用某些技术而导致国际物流全系统水平的下降；不同国家的标准不同，也会造成国际间"接轨"的困难，因而使国际物流系统难以建立；不同国家的风俗习惯也使国际物流受到很大局限。

国际物流运输是国家与国家、国家与地区之间的运输。国际物流是国内物流的延伸，具有国内物流的某些属性，但也有很多不同之处。与国内物流相比，国际物流具有以下几个主要特点：

(1) 国际物流运输涉及国际关系问题，是一项政策性很强的涉外活动。国际物流运输是国际贸易的一个组成部分，在组织货物运输的过程中，需要经常同国外发生直接或间接的、广泛的业务联系。这种联系不仅是经济上的，也常常会涉及国际间的政治问题，是一项政策性很强的涉外活动。因此，国际物流运输既是一项经济活动，也是一项重要的外事活动，这就要求我们不仅要用经济观点去办理各项业务，而且要有政策观念，按照中国对外政策的要求从事国际运输业务。

(2) 国际物流运输是中间环节很多的长途运输。国际物流运输是国家与国家、国家与地区之间的运输，一般来说，运输的距离都比较长，往往需要使用多种运输工具，通过多次装卸搬运，经过许多中间环节，如转船、变换运输方式等，经由不同的地区和国家，要适应各国不同的法规和规定。如果其中任何一个环节发生问题，就会影响整个运输过程，这就要求我们做好计划，环环紧扣，避免在某环节上出现脱节现象，给运输带来损失。

(3) 国际物流运输涉及面广，情况复杂多变。国际物流运输涉及国内外许多部门，需要与不同国家和地区的货主、交通运输机构、商检机构、保险公司、银行或其他金融机构、海关、港口以及各种中间代理商等打交道。同时，由于各个国家和地区的法律、政策规定不一，贸易、运输习惯和经营做法不同，金融货币制度有差异，加之政治、经济和自然条件不同，都会对国际物流运输产生较大的影响。

(4) 国际物流运输的时间性强。按时装运进出口货物，及时将货物运至目的地，对履行进出口贸易合同、满足商品竞争市场的需求、提高市场竞争能力、及时结汇，都有着重大意义。特别是鲜活商品、季节性商品和敏感性强的商品，更要求迅速运输，及时地组织供应，才有利于提高出口商品的竞争能力，巩固和扩大销售市场。因此，国际物流运输必须加强时间观念，争时间、抢速度，以快取胜。

(5) 国际物流运输的风险较大。由于国际物流运输中环节多，运输距离长，涉及面广，情况复杂多变，加之时间性又很强，在运输沿途国家的形势可能有变化，各种自然灾害和意外事故可能发生，以及战乱、封锁禁运或海盗活动等，都可能直接或间接地影响到国际物流运输，造成严重后果。为了降低运输过程中的风险损失，各种进出口货物和运输工具，都需要办理运输保险。

(6) 国际物流运输相比于商业快递速度偏慢。查询网站信息滞后，通达国家较少，一旦出现问题，只能做书面查询且时间较长。

二、跨境电子商务物流的主要运输工具

(一) 海洋运输

海洋运输(海运)是国际货物运输的主要方式，每年约 80%以上的国际贸易货运量是通过海洋运输完成的。

其主要优点有：

(1) 通过能力大。海洋运输可以利用四通八达的天然航道，不用受到道路、轨道的限制，具有较强的通行能力，且可以根据情况随时调整和改变航线以完成运输任务。

(2) 运量大。海洋运输船舶的运载能力，远远大于铁路运输车辆和公路运输车辆。目前的远洋货轮从几百吨到三四十万吨都有。

(3) 运费低。因为运量大、航程远，可分摊于每吨货物的运输成本就少，因此运价相对低廉。

其缺点有：

(1) 受自然气象条件因素影响大。由于季节、气候、水位等的影响，水运受制约的程度较大，因而一年中中断运输的时间较长。

(2) 航行风险大，安全性差。由于船舶在海上航行受自然气候和季节性影响较大，海洋环境复杂，气象多变，随时都有可能遇上狂风、巨浪、暴风、雷电、海啸等人力难以抗衡的海洋自然灾害，遇险的可能性比陆地、沿海要大。同时，海上运输还存在着社会风险，如战争、罢工、贸易禁运等因素的影响。为降低损失，海上运输的货物、船舶保险尤其应引起重视。

(3) 运送速度慢，准时性差。海运相对速率慢，时间较长，途中不确定因素较多，导致到达时间不确定，准时性较差。

(4) 搬运成本与装卸费用高。这是因为运能最大，所以导致了装卸作业量大，花费时间较长。

(二) 航空运输

航空运输常被看作是其他运输方式失效时，可用于紧急服务的一种极为保险的方式。它快速及时，价格昂贵。但对致力于全球市场的厂商来说，考虑到库存和顾客服务问题，空运也许是成本最为节约的运输模式。

其主要优点有：

(1) 运送速度快。线路不受地面条件限制，一般可在两点间直线飞行，航程短。

(2) 安全准确。航空运输管理制度比较完善，货物破损率低。

其缺点有：

(1) 运量小。

(2) 运价高。

(3) 可能受气候条件的影响，影响航空运输的准确性。

因此，航空运输一般适用于高价值、小体积的物品。

(三) 铁路运输

铁路运输是现代化运输业的主要运输方式之一,它能提供长距离范围内的大宗商品的低成本、低能源运输。

铁路运输的优点有:

(1) 铁路运输的准确性和连续性强。它几乎不受气候影响,一年四季可以不分昼夜地进行定期的、有规律的、准确的运转。

(2) 铁路运输速度比较快。铁路货运速度一般可达 100 公里/小时左右,远高于海运。

(3) 运输量比较大。铁路一列货车一般能运送 5000 吨货物,远高于航空运输和公路运输。

(4) 运输成本比较低。铁路运输费用仅为汽车运输费用的几分之一到十几分之一。

(5) 铁路运输安全性比较高。其风险比海上运输小得多,比汽车运输的风险也小。

(6) 通用性较好。铁路运输可以运送各类不同的货物,包括各种带电、带磁、化学危险品等。

其缺点是:

(1) 铁路建设成本高,周期长。

(2) 铁路运输路线固定,非铁路覆盖城市只能通过公路转运,增加了成本和损耗。

(3) 跨洲运输有限制,目前铁路运输只能在亚洲及亚欧之间进行。

它主要适用于以下作业:

(1) 大宗低值货物的中长距离运输,也较适合运输散装、罐装货物。

(2) 适于大量货物的一次性高效率运输。

(3) 对于运费负担能力小、货物批量大、运输距离长的货物来说,铁路运输的运费比较便宜。

(四) 公路运输

在国际贸易运输中,公路运输是不可缺少的一个重要组成部分。

其优点主要表现为:

(1) 机动灵活、简捷方便、应急性强。公路运输可以采取"门到门"运输形式,即从发货者门口到收货者门口,而不需转运或反复装卸搬运。

(2) 适应性强,可作为其他运输方式的衔接手段。公路运输易于衔接铁路、海洋运输以及航空运输,有利于疏通商品,是综合运输体系的重要组成部分,是物资集散的有效工具。

其缺点有:

(1) 不太适合长距离。公路运输在有陆路边境相连的国家间可以进行,跨洲运输即使有陆路相连,往往距离也不能太长。

(2) 变动成本相对较高。公路的建设和维修费经常是以税和过路费的形式向承运人征收的。

(3) 载重量小,受容积限制,不能像铁路运输一样运输大量不同品种和大件的货物。

(4) 能耗高，环境污染比其他运输方式严重得多，劳动生产率低。

公路运输主要适用于以下作业：

(1) 近距离的独立运输作业。

(2) 补充和衔接其他运输方式，当其他运输方式担负主要运输时，由汽车担负起点和终点处的短途集散运输，完成其他运输方式到达不了的地区的运输任务。因此在跨境物流中，公路运输往往是海运、航空运输和铁路运输的必不可少的补充手段。

三、跨境电子商务物流的主要解决方案

目前跨境电子商务的主要物流模式有国际邮政、国际快递、国际专线、海外仓四种基本解决方案。除此之外，还有平台推出的物流专属服务，以及最近很流行的空派和海派的解决方式和集货模式。不同的平台也会推出自己的物流服务方案，如亚马逊平台的 FBA 模式。这些方案将在第二节进行详细介绍。

四、国际物流应注意事项

(一) 重量和长度要求

不同的国际物流方案或不同的运输公司对单件货件外包装长度和重量有不同的要求。

国际邮政包裹(邮政小包)要求单件包裹重量不得超过 2 kg，外包装长宽高的和(周长)小于 90 cm，最长边小于 60 cm。国际快递包裹单件货物的最大重量为 70 kg，每个包裹最大长度为 270 cm，最长边与其他两边的长度之和的两倍不能超过 330 cm(各快递公司要求的规格不尽相同)。

对于不符合基本要求的货件，快递公司或者拒收，或者按另外标准进行收件和计费。

此外，不同的运输方式或不同的运输公司对货物包裹的货物首重、续重也有不同的标准。例如，速递包裹不足 0.5 kg 的，一般按 0.5 kg 计费；国际快递公司对 21 kg(46.3 lb)以下货物按照小货计费，按首重、续重计费，计费单位为 0.5 kg(1.1 lb)，21 kg 及 21 kg 以上货物按大货计费。

(二) 重量的计算方式

国际快递包裹重量分实际重量和体积重量(也称材积重量)两种。快递公司一般取两者中重量大的一项为计费依据(即计费重量)。

对于体积重量计算，不同的运输方式或不同的运输公司计算方式不同，常见的计算方式如下：

(1) 四大国际快递 DHL、UPS、TNT、Fed、Ex 对于包裹体积重量的计算方法为：(长×宽×高)(cm)÷5000。长、宽、高的单位是厘米，重量的单位是公斤(下同)。

(2) EMS 邮政速递，对长、宽、高三边中任一单边达到 60 cm 或以上的包裹按照体积重量计算，其公式为：体积重量(kg)=长×宽×高(cm)÷8000。

(3) 空派或海派对于货件体积重量的计算方法为：(长×宽×高)(cm)÷6000。

如果体积重量大于实际重量，则取体积重量作为计费依据，一般称其为"抛货"；反之按实际重量作为计费依据，一般称其为"重货"。

可以发现，计算体积重量时，分母越大，得到的数值越小，对客户越有利。例如，一箱货的实际重量是 15 kg，箱子的长宽高分别是 50cm、40cm、40cm，"长×宽×高"得到的值为 80 000，除以 5000 得 16 kg，除以 6000 得 13.33 kg。如果除以 5000，体积重量是 16 kg，体积重量大于实际重量，结算时按体积重量 16 kg 计算运费；如果除以 6000，体积重量是 13.33，体积重量小于实际重量，结算时按实际重量 15 kg 计算运费。

(三) 品种要求

国际快递行业一般将寄运的物品分为三大类：普货、敏感货物、违禁品。顾名思义，普货就是普通的货物，违禁品就是法律禁止的物品，而敏感物品是介于普通货物与违禁品之间的货物。

1. 违禁品

违禁品通常指禁止进出口的物品，也是国际上诸多国家明令禁止运输的一些物品，凡是运输此类物品均属于违法行为。违禁品通常是需要保护的濒危动植物、有毒有害物品、涉及安全或环保健康的物品以及一部分稀缺资源等。

以下是在国际快递中常见的一些违禁品：

(1) 爆炸性、易燃性、腐蚀性、毒性、强酸碱性和放射性的各种危险物品，如雷管、火药、爆竹、汽油、酒精、煤油、桐油、生漆、火柴、农药等所有列入化学工业出版社出版的《化学危险品实用手册》中的化工产品。

(2) 麻醉药物和精神物品，如鸦片、吗啡、可卡因(高根)等；国家法令禁止流通或寄递的物品，如军火武器、本国或外国货币等。

(3) 容易腐烂的物品、各种活的动物(如鲜鱼、鲜肉等)。

(4) 妨碍公共卫生的物品，如尸骨(包括已焚化的尸骨)、未经硝制的兽皮、未经药制的兽骨等。

(5) 反动报刊、书籍、图片或者色情淫秽物品等。

(6) 动物、植物以及它们的标本与相关制品。

(7) 难以辨认成分的白色粉末。

以上所列举的一些物品或带有上述性质的物品均属于违禁物品，此类物品是绝对不能被承接运输的。

2. 普货

普货，就是普通货物、一般货物(General Cargo)，不属于危险品、冷冻\冷藏品、违禁品、仿牌货、敏感货的货物。

普货的一般定义为：不含有国际名牌及仿牌仿产地、原木、烟、粉末、膏状物、液体、食品、药品、电池、有磁性物品、光盘、敏感书本、真金白银、易燃易爆，武器等违禁物品的货物。

从海关和出入境检验检疫的角度看，"普货"通常指没有任何海关监管条件或检验检疫类别的货物。这些货物不需要特殊监管，不需要提供诸如出境货物通关单、出口许可证、濒危物种允许出口证明书、精神药物进(出)口准许证、合法捕捞产品通关证明、关税配额证明、3C 认证等监管证件或批文。

3. 敏感货物

敏感货物一般指法定检验(法检)的货品，如动植物及动植物制品、食品、饮料和酒、某些矿产品和化工品(尤其是危险品)、化妆品、烟花爆竹及打火机、原木及木制品等。

敏感货物具体包括且不限于如下 7 类物品：

(1) 各类食物、药物等。此类物品涉及生物入侵，国际运输需要经过检疫证明，如不经检疫证明则可能属于敏感货物。

(2) 液体、膏体、粉末等不稳定物品。此类物品在航空过程中极易汽化、发热，从而产生物理爆炸，也是属于航空限制运输物品(此类物品化妆品居多)。

(3) 电池类货物。在一定程度上，电池会影响磁场电信号，干扰航空安全，属于航空限制运输物品；但其又不是违禁品，需要经过特别的流程运输。

(4) 各类名牌物品、奢侈品。此类物品多涉及侵权等法律纠纷。仿产地写有 Made in xx 的物品以及仿造名牌都属于法律侵权物品。

(5) 磁性物品。带有磁性的物品在高速的飞行中很容易产生电磁波，或其本身产生的磁场会干扰航空信号，属于航空安全物品。

(6) 光盘、CD 等。此类物品包含对目的国家政治、经济、文化、道德有害或涉及国家机密的印刷品、胶卷、照片、唱片、影片、录音带、激光视盘、计算机存储介质及其他物品。

(7) 金银、贵重艺术品等，贵重物品容易造成失窃、偷盗、抢劫等。

敏感货物中带电带磁货物是跨境电子商务经常涉及的商品类型，这些敏感产品并不是不能通过快递进行运输，而是因为比较敏感，所以线路往往有限制。

很多公司会开发一些可接收敏感产品的国际物流线路，或者要求必须经过特殊处理，或者必须事先提交相关文件(如检疫证书)后才可正常发货。如果想寄送的物品包含上面提及的敏感货物(或者某类违禁品)，一定要与承担国际物流的公司确认后再做决定。

五、目前我国跨境电子商务物流呈现的特点

我国的跨境电子商务物流近几年发展迅速，但由于我国跨境电子商务发展时间还比较短，对应的物流模式还存在一些不完善的地方。目前物流因素依然是跨境电子商务发展的一个瓶颈，其中存在的许多问题仍制约着跨境电商的发展壮大。

(1) 跨境物流周期长。邮政小包目前是跨境电子商务物流的主要解决方案，但通过邮政小包往往需要十几天到二十几天的时间，高峰期更是要超过一个月的时间；运往俄罗斯、巴西等新兴市场的物流时效往往更长，严重影响了跨境电子商务客户的购物体验。

(2) 成本占比高。目前物流成本在跨境电子商务 B2C 业务中的占比还比较高，甚至出现物流成本高于商品售价的现象。一些低价商品更为明显，在总成本中国际物流成本往往占到 30%～40%，降低了跨境电子商务商品的竞争优势。

(3) 流程复杂。跨境电子商务物流涉及国内头程交货、缴费、海关出关清关及当地入关清关、派送；如果是海外仓形式的物流渠道还涉及海外仓库操作和分拣等。如果遇到退货问题，流程更加复杂或难以解决。

(4) 信息跟踪不畅。跨境电子商务的物流因为要跨越国境，涉及多个部门和企业的相互配合，物流信息的跟踪经常会出现断档、滞后等现象。例如，在国内部分还可以正常跟踪物流信息，当进入目标国后常出现信息消失，无法跟踪的情况，使得物流管理和客户服务的难度加大。

第二节　国际邮政

一、国际邮政小包

邮政小包又叫邮政航空小包，是中国邮政开展的一项国际、国内邮政小包业务服务，属于邮政航空小包的范畴，是一项经济实惠的国际快件服务项目。依托于万国邮联体系，邮政小包可寄达全球 230 多个国家和地区的各个邮政网点。

中国邮政网点遍及全国各个乡镇，覆盖面广，可以为任何地方的国内卖家服务，对于卖家而言十分便捷。同时，卖家在投递后的报关报检等手续皆由邮政代办，因此国际邮政小包受到生产和销售电子产品、饰品、配件、服装、工艺品等一些易包装轻工业产品的中小企业的青睐。邮政小包有平邮(Normal Air Mail)和挂号(Registered Air Mail)两种服务。平邮也叫普通空邮，费率较低，不提供跟踪查询服务；挂号费率稍高，但可提供网上跟踪查询服务。

1. 国际邮政小包的优点

(1) 交寄方便，价格相对较低。

(2) 邮政网点遍布全球，覆盖面广，可以寄达全球各地，只要有邮局的地方都可以送到(极少数国家地区除外)。

2. 国际邮政小包的劣势

(1) 投递时间长，用户体验差。例如，从中国到亚洲邻国需 5～10 天，到欧美主要国家需 7～15 天，到其他地区和国家则需要 7～30 天。

(2) 寄送过程中易掉件，丢包率高。不同地区丢包率不同，有些国家和地区丢包率较高，如南美洲国家有时丢包率达到 20%。

(3) 退换货困难。如果买家收到货后需要退货或换货，邮政小包不支持国际退货，使得国际退货难以实现。

(4) 受商品体积、重量限制。

3. 国际邮政小包的寄送要求

(1) 邮政小包重量限制：邮政小包限重 2 kg，个别地区除外。

(2) 邮政小包体积限制：

① 非圆筒货物：长+宽+高≤90 cm，单边最长为 60 cm，最小尺寸单边长度≥17 cm，宽度≥10 cm。

② 圆筒形货物：直径的两倍+长度≤104 cm，单边长度≤90 cm，直径的两倍+长度≥17 cm，长度≥10 cm。

4. 禁运物品

(1) 危险品：因货物本身具有的物理、化学性质，在运输过程中会对运输人身安全造成威胁的物品，如酸性物质、生化制品、毒性物质、麻醉品、化肥、汽油类、液体类、油漆、放射性物质等。

(2) 运输风险大的物品：因货物本身的物理、化学性质对运输人身安全不造成任何威胁，但由于快递运输的方式会造成货物本身的危险，如丢失、损坏，而给委托人或承运人造成重大损失的物品，如空白发票、现金、贵重物品、珠宝、邮票、股票证券等。

(3) 国家明令禁止运输的物品，如色情物品，武器等。

(4) 仿牌、侵权产品。

(5) 动物、植物等生物。

跨境电子商务可以使用的国际邮政小包常见的有中国邮政小包、中国邮政 e 邮宝、新加坡邮政小包、中国香港邮政小包、比利时邮政、俄罗斯邮政等。不同的邮政小包优势不同。中国香港邮政小包价格优势明显，送速快，而且丢包率低；新加坡邮政小包在东南亚地区有优势，而且接收带电产品包裹；比利时邮政小包和荷兰邮政小包在欧洲国家有优势，也都支持带电产品配送，荷兰邮政小包甚至能走移动电源。使用其他国家邮政小包需要进行转运，虽然更复杂一些，但对于优势地区可能时效更快。

二、国际邮政大包

中国邮政航空大包俗称"航空大包"或"中邮大包"，除了包括航空大包外，还包括水陆运输大包。中邮大包可寄达全球 200 多个国家，价格低廉，清关能力强。对时效性要求不高而重量稍重(超过 2kg)且体积较大的包裹，可选择使用此方式发货。

邮政大包的优缺点与邮政小包的比较相似。

中国邮政航空大包寄件要求具体如下：

(1) 重量限制：0.1kg≤重量≤30kg(部分国家不超过 20kg，每票快件不能超过 1 件)。

(2) 体积限制：

① 单边≤1.5m，长度+长度以外的最大横周≤3m；

② 单边≤1.05m，长度+长度以外的最大横周≤2m。

中国邮政大包最小尺寸限制为：最小边长≥0.24m、宽≥0.16m。

(3) 中国邮政航空大包时效为：

① 亚洲邻近国家：4～10 天；

② 欧美主要国家：7～20 天；

③ 其他地区和国家：7～30 天。

三、 国际 e 邮宝

国际 e 邮宝是中国邮政速递物流股份有限公司为适应跨境电子商务轻小件物品寄递的需要而推出的经济型国际速递业务，利用邮政渠道清关，进入小件网络投递。单件限重 2kg，送达时间更短，价格实惠。同时，中国邮政速递物流还推出了 e 特快、e 速宝等专门面向跨境电子商务的服务项目。e 邮宝比邮政小包的时效性要强，价格也有较强的优势，目前其已开通欧美、日韩及部分东南亚国家业务。

国际 e 邮宝的优势主要表现为：

(1) 经济实惠，支持按总重计费，50g 首重，续重按照每克计算，免收挂号费。

(2) 时效快，7~15 个工作日即可妥投，帮助卖家提高物流得分。

(3) 服务优良，提供包裹跟踪号，国际 e 邮宝为每件包裹提供挂号及在途追踪服务，并可自动提交包裹发货信息，方便买家自动查询包裹状态。

第三节　国际快递

国际快递是中小型企业跨境电子商务另一种常用的物流模式，是在两个或两个以上的国家(或地区)进行的物流业务，是由国际快递公司将货物从一个国家(或地区)寄送到另一个国家(或地区)的服务。常见的国际快递公司有包括中国的 EMS(国家邮局国际特快专递，由到达国的邮局派送)以及 DHL(敦豪国际快递有限公司，德国邮政控股)、TNT(天地快件有限公司，荷兰邮政控股)、FedEx(美国联邦快递有限公司)、UPS(联合包裹国际快递有限公司)，如图 4-1 所示。国内快递还有顺丰快递、申通快递等。

图 4-1　国际四大快递公司

国际快递的特点是可以根据不同的客户群体在不同的国家(或地区)对任何合规商品，不论其种类区别、体积、重量大小，都可以实现全球范围内 3~5 天的物流速递。其优点是时效性强，货物安全性较高，丢包率低，可以实时进行网上物流追踪。它唯一的劣势是物流费用高。对比国际上主要的快递公司可以发现，不同的国家、地区对各个国际快递公司的市场反应程度不同，进行跨境电子商务活动的国内中小型企业，在选择合作物流快递时，应该了解各自货物销往国家及地区的快递公司的竞争优势和派送优势，方便节约快递配送成本。

一、UPS

UPS 快递 (United Parcel Service，联合包裹国际快递有限公司)在 1907 年作为一家信使公司成立于美国华盛顿州西雅图，是一家全球性的公司，其商标是世界知名商标之一。作为世界上最大的快递承运商与包裹递送公司，UPS 快递同时也是运输、物流、资本与电子商务服务的行业领导者。

UPS 拥有高度整合的全球服务运输网络，覆盖 220 多个国家和地区，支持多种不同运输方式的立体综合物流网络体系，可实现海陆空多式联运之间的"无缝连接"运作，可帮助客户的货件畅达全球市场。

强大的物流网络背后是 UPS 运营多年积累的庞大底蕴。UPS 拥有超过 250 架自营飞机和 290 多架租赁飞机，每日有 1180 个国际航段在 400 多个国际机场间提供服务。UPS 在全球有 123 000 多辆包括货车和摩托车在内的运输车辆，1800 多个运营设施，30 000 多个 UPS Access Points 快递取寄件服务点和 800 多个现场库存点用于保证货物顺利送达。UPS 还有 500 多个供应链设施，遍及 125 个国家和地区。如今，日均 2190 万件包裹正通过 UPS 全球智慧物流网络在全世界流转。

UPS 国际快递中的红单和蓝单都是在邮寄包裹时填写的一种面单标记，根据快递服务的不同，提供的面单标记不同，共有四类快递服务：

(1) UPS Worldwide Express Plus(1-3 business days by 9AM，1～3 个工作日，9 点前送达)：全球特快加急，最适用于那些必须在营业日开始时送达的货件，大多数欧美大城市都有此项服务，价格最高。

(2) UPS Worldwide Express(1-3 business days by 12PM/Noon，1～3 个工作日，12 点前送达)：全球特快，适用于紧急的货件。在欧洲和亚洲的主要城市以及美洲的选定地区有此项服务。

(3) UPS Worldwide Saver(1-3 business days，1～3 个工作日)：全球速快，即通常所谓的红单，快捷可靠，相对特快件要便宜一些，在世界上 200 多个国家都有此项服务，标准运费。

(4) UPS Worldwide Expedited(3-5 business days，3～5 个工作日)：全球快捷，即通常所谓的蓝单，是对时间要求不太紧迫的货件最为经济的选择。世界上超过 200 多个国家都有此项服务，价格最便宜。

UPS 国际快递的体积重量限制要求具体如下：

(1) 单票计费重量在 20kg 以内(含 20kg)，不足 0.5kg 按 0.5kg 计费；20kg 以上不足 1kg 按 1kg 计费。

(2) 体积重量计算方式为：长×宽×高/5000。

(3) 一票多件货物的总计费重量依据运单内每个包裹的实际重量和体积重量中较大者计算。

(4) UPS 国际快递将对超过体积重量限制的物品加收附加费(详见 UPS 官网)。

二、FedEx

FedEx，美国联邦快递有限公司，总部位于美国田纳西州孟菲斯，隶属于美国联邦快递集团(FedEx Corp)并在全球各地建有多个分公司。FedEx 是一家国际性速递集团，提供隔夜快递、地面快递、重型货物运送、文件复印及物流服务。

与 UPS 类似，FedEx 的业务最大来源是美国本地，占比近 80%；区别于 UPS 的是，其快递方式主要占比是空运部分，占比约 85%。FedEx 从 1971 年创立至今，拥有 654 架飞机，大致有 44 000 辆专用货车，每个工作日处理约 330 万件包裹。

FedEx 于 1984 年进入中国，业务发展迅速。现在每周有 11 个班机进出中国，是拥有直飞中国航班数目最多的国际快递公司，快递服务城市现在发展到 220 个城市。1999 年，FedEx 与天津大田集团在北京成立合资企业大田-联邦快递有限公司。FedEx 是第一个在中国设立洲际转运中心的跨国货运巨头，其设立在广州花都区花东镇的联邦快递亚太转运中心于 2008 年 10 月投入运营。2012 年 9 月 6 日，国家邮政局官方网站公布，批准联邦快递(中国)有限公司(简称联邦快递)和优比速包裹运送(广东)有限公司(简称联合包裹/UPS)经营国内快递业务。

(一) FedEx 国际快递服务类型

(1) FedEx 国际特早快递服务：在全球主要市场提供特早快递(包含清关、门到门服务)，确保在清晨便能收到货件。

(2) FedEx 国际优先快递服务：亚洲区内以及亚洲发往美国的货件可于下一个工作日上门送达；亚洲发往欧洲及其他目的地的货件一般于 2 个或 2 个以上工作日上门送达。

(3) FedEx 国际经济快递服务：交付大重量且时效性偏低的货件不仅更加实惠，而且仍能享受可靠的门到门和清关服务。

(4) FedEx 国际优先快递——重货服务：将超过 68kg 的重货，在 1 到 3 个工作日内送到世界各地。

(5) FedEx 国际经济快递——重货服务：无重量限制且经济划算，既方便又实惠。

(二) 体积重量限制

FedEx 单件最长边不能超过 274cm，(最长边+其他两边的长度)×2≤330cm；一票多件(其中每件都不超过 68kg)，单票的总重量不能超过 300kg，超过 300kg 需提前预约；单件或者一票多件中单件包裹若超过 68kg，需要提前预约。

三、DHL

DHL，敦豪国际快递有限公司，是在美国设立的运输公司，现在由德国邮政集团所有，总部在德国，是现在世界性的运输公司之一。 DHL 国际快递提供专业的运输、物流服务，在五大洲拥有将近 34 个销售办事处以及 44 个邮件处理中心。其运输网络覆盖全球 220 多个国家和地区的 120 000 多个目的地。敦豪航空货运公司的机队大约有 420 架飞机，76 200 部作业车辆。2018 年 12 月，DHL 入围 2018 世界品牌 500 强。

　　中外运敦豪国际航空快件有限公司于 1986 年 12 月 1 日在北京正式成立，合资双方为中国对外贸易运输(集团)总公司和敦豪国际航空快递公司，双方各占一半股权。1993 年经中国对外贸易经济合作部批准，中外运敦豪开始向中国各主要城市提供国内快递服务，成为第一家获得此类服务执照的国际航空快递公司，也是第一家在我国提供国际航空速递服务的公司。

　　DHL 时效快且稳定，小货价格有优势，在欧美和东南亚都有较大的优势。

　　DHL 对寄往大部分国家的包裹要求为：单件包裹的重量不超 70kg，单件包裹的最长边不超过 1.2m。超长超重将收取附加费。

四、TNT

　　TNT Post Group(TNT)，天地快件有限公司，是总部位于荷兰的国际知名物流企业，在全球 200 多个国家提供邮政、快递和服务。其物流业务主要集中在汽车运输上，还提供快递发货服务。目前该公司在全世界拥有数百个仓库，其业务市场主要是欧洲市场和亚洲市场。TNT 快递有超过 26 610 辆货车和 40 架飞机，以及欧洲最大空陆联运快递网络，可实现门到门的递送服务。

　　TNT 于 1988 年进入中国市场，为客户提供从定时的门到门快递服务和供应链管理，到直邮服务的整合业务解决方案。TNT 在中国拥有 25 个直属运营分支机构，3 个全功能国际口岸和近 3000 名员工，服务范围覆盖中国 500 多个城市。

　　TNT 快递对包裹的重量和体积均限制为：单件包裹不能超过 70kg，三条边分别不超过 2.40m、1.50m、1.20m，体积重量超过实际重量需按照体积重量计费。体积重量的算法为长×宽×高/5000(单位：cm)。

五、国内快递国际化

　　国内快递主要指 EMS、顺丰和"四通一达"。在跨境物流方面，这些公司纷纷布局全球业务。

　　EMS 的国际化业务是最完善的。依托邮政渠道，EMS 可以直达全球 60 多个国家，费用比四大快递巨头要低，在中国境内的出关能力很强，到达亚洲国家要 2～3 天，到欧美则需 5～7 天。

　　顺丰的国际化业务相对较成熟。顺丰国际提供包括国际标快、国际特惠、国际小包、国际重货、保税仓储、海外仓储、转运等不同类型及时效标准的进出口服务，并可根据客户需求量身定制包括市场准入、运输、清关、派送在内的一体化的进出口解决方案。目前其国际快递业务已经覆盖新加坡、韩国、马来西亚、日本、泰国、越南、蒙古、印度尼西亚、印度、柬埔寨、缅甸、文莱、阿联酋、斯里兰卡、孟加拉国、巴基斯坦、菲律宾、美国、加拿大、墨西哥、巴西、澳大利亚、新西兰、俄罗斯及欧盟各国等。其国际小包覆盖全球 200 多个国家及地区。

　　"四通一达"中的申通、圆通布局较早，近期则发力拓展。申通国际业务已经拓展至美国、俄罗斯、澳大利亚、加拿大、韩国、日本、新西兰、印度尼西亚、尼泊尔、英国、荷兰、欧洲、马来西亚、泰国、孟加拉等国家。圆通、中通、汇通、韵达也启动了跨境物流业务。

第四节　国际物流专线

一、国际物流专线

国际物流专线是针对特定目的国(或地区)而定制的跨境物流路线。其特点是"四个固定",即固定的起止点、固定的运输路线、固定的运输工具、固定的运输时间。国际物流专线有利于各企业解决因为运输时间和运输量不足导致的货物延迟运送的问题,为有固定路线的企业从事跨境电子商务活动带来很多优惠与便利,是解决物流问题的较好方案。国际物流专线的运送时效性相较于邮政小包而言更有优势,物流成本比国际快递更有优势。目前很多物流公司,如顺丰物流、福建领航国际物流公司等,都开辟了专门为客户定制国际物流专线的服务。

二、国际物流专线的优劣势

1. 国际物流专线的优势

国际物流专线集中大批量货物发往目的地,通过规模效应降低成本,价格比商业快递低。

国际物流专线的时效性较高,速度快于邮政小包,丢包率也比较低。

2. 国际物流专线的劣势

(1) 国际物流专线的发展区域性特征十分明显,目前设立的专线只有欧美等发达地区专线和最新开发的俄罗斯专线。

(2) 国际物流专线受自身条件的约束,在到达目的国后仍需与当地邮政或者民营物流企业合作,存在货物的交接环节,影响运送时间。

(3) 通常情况下国际物流专线不受理退换货服务。

三、主要国际物流专线介绍

业内使用最普遍的国际物流专线包括美国专线、欧洲专线、澳洲专线、俄罗斯专线等。本书主要介绍基于中欧班列的中欧专线。

中欧班列是指中国开往欧洲的快速货物班列,适合装运集装箱的货运编组列车。它包含西、中、东 3 条中欧班列通道:西部通道由我国中西部经阿拉山口(霍尔果斯)出境,中部通道由我国华北地区经二连浩特出境,东部通道由我国东南部沿海地区经满洲里(绥芬河)出境。

自 2011 年 3 月 19 日首列中欧班列(重庆至杜伊斯堡)成功开行以来,成都、郑州、武汉、苏州、长沙等城市也陆续开通了去往欧洲的集装箱班列。基于中欧班列的货运代理行业,服务范围从传统铁路业务开始,逐渐扩大至涉及进出口报关代理、国外清关、国外派送等的服务。2013 年随着国家"一带一路"的构想逐渐实现,中国实现了中欧班列的常态化；2016 年统一品牌为"中欧班列"。随着越来越多的班列开通运行，被誉为"铁轨上的丝绸之路"的中欧班列为中欧经贸合作插上了腾飞的翅膀。

中欧班列铁路综合价格是空运的四分之一，价格优势非常明显。时效性方面，中欧班列 15 天可到达汉堡，12 天可达波兰。通过快速交付货物不但提高了客户满意度，还提高了资金周转率。汉堡处于欧洲腹地，是欧洲最大的港口之一，物流体系完善，可以即时配送至欧洲各国，欧洲境内基本可以做到 1～3 天到达，较海运时间可以缩减一半，可以与空运部分中转航线媲美。与海运相比，尽管铁路运输成本相对要高，但基于速度优势，铁运正成为越来越多高附加值产品出口的首选。同样一批货，从深圳出发运往德国杜伊斯堡，走海运全程大约要耗时近两个月，走铁运只要 16～18 天就能抵达目的地。

较为典型的中欧班列的线路覆盖情况具体如下：

(1) 中欧班列(重庆—杜伊斯堡)，从重庆团结村站始发，由阿拉山口岸出境，途经哈萨克斯坦、俄罗斯、白俄罗斯、波兰至德国杜伊斯堡站，全程约 11 000km，运行时间约 15 天。货源主要是本地生产的 IT 产品，2014 年已开始吸引周边地区出口至欧洲的其他货源。首列于 2011 年 3 月 19 日开行，截至 2018 年 6 月 28 日，累计开行 2000 列。

(2) 中欧班列(成都—罗兹)，从成都城厢站始发，由阿拉山口岸出境，途经哈萨克斯坦、俄罗斯、白俄罗斯，至波兰罗兹站，全程 9965km，运行时间约 14 天。货源主要是本地生产的 IT 产品及其他出口货物。首列于 2013 年 4 月 26 日开行，截至 2018 年 12 月 31 日，共开行 3088 列。

(3) 中欧班列(郑州—汉堡)，从郑州圃田站始发，由阿拉山口岸出境，途经哈萨克斯坦、俄罗斯、白俄罗斯、波兰至德国汉堡站，全程 10 245km，运行时间约 15 天。货源主要来自河南、山东、浙江、福建等中东部省市。货品种类包括轮胎、高档服装、文体用品、工艺品等。首列于 2013 年 7 月 18 日开行。

(4) 中欧班列(苏州—华沙)，从苏州始发，由满洲里出境，途经俄罗斯、白俄罗斯至波兰华沙站，全程 11 200km，运行时间约 15 天。货源为苏州本地及周边的笔记本电脑、平板电脑、液晶显示屏、硬盘、芯片等 IT 产品。首列于 2013 年 9 月 29 日开行。

(5) 中欧班列(武汉—捷克、波兰)，从武汉吴家山站始发，由阿拉山口岸出境，途经哈萨克斯坦、俄罗斯、白俄罗斯到达波兰、捷克斯洛伐克等国家的相关城市，全程 10 700km 左右，运行时间约 15 天。货源主要是武汉生产的笔记本电脑等消费电子产品，以及周边地区的其他货物。首列于 2012 年 10 月 24 日开行。

(6) 中欧班列(长沙—杜伊斯堡)，始发站在长沙霞凝货场，具体实行"一主两辅"运行路线。"一主"为长沙至德国杜伊斯堡，通过新疆阿拉山口岸出境，途经哈萨克斯坦、俄罗斯、白俄罗斯、波兰、德国，全程 11 808km，运行时间 18 天，2012 年 10 月 30 日首发。"两辅"一条经新疆霍尔果斯口岸出境，最终抵达乌兹别克斯坦的塔什干，全程 6146km，运行时间 11 天；"两辅"另一条由二连浩特(或满洲里)出境后，到达俄罗斯的莫斯科，全程 8047km(或 10 090km)，运行时间 13 天(或 15 天)。

(7) 中欧班列(义乌—马德里)，自义乌铁路西站始发，贯穿新丝绸之路经济带，通过新疆阿拉山口岸出境，途经哈萨克斯坦、俄罗斯、白俄罗斯、波兰、德国、法国，最终到达西班牙的马德里，全程 13 052km，运行时间 21 天。首趟中欧班列(义乌—马德里)有 41

节列车，运载 82 个标准集装箱，于 2014 年 11 月 18 日上午 11 点多首发，是中国历史上行程最长、途经城市和国家最多、境外铁路换轨次数最多的火车专列。

以上为部分中欧班列。截止 2021 年 6 月，中欧班列开行总量已超过 4 万列，累计货值超过 2000 亿美元，73 条运行线路通达欧洲 22 个国家的 160 个城市，构建了一条全天候、大运量、绿色低碳的陆上运输新通道。中欧班列是"一带一路"的重要组成部分，开创了亚欧陆路运输新篇章。

第五节　其他跨境电子商务物流模式

一、海外仓概念

海外仓是目前跨境电子商务物流新型解决方案。2015 年 5 月，商务部《"互联网+流通"行动计划》推出，不少电商平台和出口企业在国家政策的推动下试图通过建设"海外仓"布局境外物流体系。海外仓的建设可以让出口企业将货物批量发送至国外仓库，实现该国本地销售、本地配送。

海外仓是指从事出口跨境电子商务的企业根据货物流通方向，在销售目的国建立或者租用仓库，提前将货物分批量运往国外仓库，当国外买家下单后，卖家可以直接通知仓库准备货物，让国外物流进行派送，做到国外销售、国外配送的物流形式。海外仓的出现大大加快了货物配送速度，减少了物流时间，同时买家要求退换货的问题也可以得到很好的解决，因退换货问题产生的经济损失也可以降到最低，还满足了用户体验的需求。在国外建设海外仓要对当地的政策法律、物流发展现状、物流管理人才等条件进行相当专业的研究。目前各个主要国家，如美国及欧洲国家等都有第三方海外仓向跨境电子商务企业提供海外仓服务，企业只是将商品寄存在他们的海外仓库中，由他们完成商品的存储、运输、配送以及退货服务等一系列服务内容。

通过海外仓，可以在销售前储存跨境电子商务货物，一旦有买家下订单，产品就从海外仓发出，进行本地配送服务，提高"最后一公里"的运输时效，从而满足客户的时效性需求。海外仓是解决跨境电子商务物流成本高昂、配送周期漫长等问题的有效途径。准确来说，海外仓储一般包括头程运输、仓储管理和尾程运输(即本地配送)三个部分。

1. 海外仓的操作流程

海外仓的具体操作流程如下：

(1) 头程运输：跨境卖家通过海陆空等运输方式将货物运往海外仓。

(2) 仓储管理：跨境企业远程操控、实时管理仓库货物。

(3) 尾程运输(本地配送)：海外仓根据买家订单使用当地配送服务将商品配送到客户手上。

2. 海外仓的模式

海外仓的发展可以分为自建海外仓、第三方海外仓和共享海外仓三个模式。

自建海外仓模式是指由我国跨境电子商务企业或平台独自在海外建仓运营，仅为满足自身仓储、配送和库存管理等需求，如速卖通、兰亭集势等企业采用的就是自建海外仓模式。

第三方海外仓模式是指由专业的跨境物流企业建仓运营，可满足其他跨境卖家仓储、配送和库存管理等需求，如出口易和万邑通等就是专业提供这类服务的企业。

共享海外仓模式是指由我国的企业或平台在当地建仓运营，除满足自身仓储、配送和库存管理等需求外，还为其他企业提供服务的物流模式，如"共享仓"平台、唯品会等采取的就是这种模式。

3. 海外仓的优点

海外仓库最大的优势在于能够缩短交货时间，并且保证商品质量，服务水平更好，从而提高当地消费者对跨境电子商务的满意度，最后形成跨境电子商务公司的主要竞争力。其优点具体表现在以下几个方面：

(1) 提升买家购物体验。海外仓直接本地发货，大大缩短了配送时间。使用本地物流，一般都能在线查询货物配送状态，从而实现包裹的全程跟踪，同时从物流跟踪信息上来看是从本地发出的，而非中国。海外仓的头程采用的是传统的外贸物流方式，按照正常清关流程进口，大大降低了清关障碍。本地发货配送，减少了转运流程，大大降低了破损丢包率。海外仓中存有各类商品存货，因此也能轻松实现退换货。这些因素都会为买家带来良好的购物体验，降低因物流产生的各种纠纷，有利于培养回头客和提高店铺、商品的复购率。

(2) 节省物流成本。邮政大小包和国际物流专线对运输物品的重量、体积以及价值有一定限制，导致很多大件物品和贵重物品都只能通过国际快递运送。海外仓的出现，不仅突破了物品重量、体积、价值的限制，而且整体物流价格更有优势，与小包的价格相当，比国际快递便宜 20%～50%。

(3) 避免物流旺季排仓爆仓的问题。物流旺季各种渠道不仅价格上涨严重，还常常会出现排仓爆仓的问题，这是令跨境电子商务卖家非常头疼的问题，而海外仓就能很好地避免这些问题。淡季备货，旺季销售，不用再担心旺季排仓爆仓。

(4) 扩充产品品类。有些产品使用周期长，不属于快消品，但是市场需求量大，放在海外仓销售更容易实现利润。海外仓对产品没有特别限制，有些体积较大的家具、折叠床等产品，通过其他物流模式较难解决，因此经营的企业较少，市场竞争也弱。通过海外仓解决物流问题后，可以提升这些品类的销售机会。

(5) 提升店铺销售，更有利于市场拓展。买家网购时都会优先选择物流快及本地发货的商家，海外仓模式物流快，售后退换货方便，大大提升了店铺好评率，提升了产品复购率，增加了店铺商品曝光度，有利于卖家积累更多的资源去拓展市场。

4. 海外仓的劣势

(1) 仓储成本高。虽然海外仓通过错峰集发的方式降低了物流成本，但是从货物到达海外仓起就会产生仓储费用，一般是按天收费。

(2) 库存压力大。一旦因选品或市场把握稍有差池造成货物滞销，大批量货物积压在仓库中，会增加仓储成本。

（3）资金周转不便。批量备货至海外仓，备货、物流、仓储等都会占用大量的资金，资金回流周期长，导致卖家资金周转不便，容易造成资金链断裂。

（4）海外可控性差。海外仓受当地政策、社会因素、风土人情、自然因素等不可控因素影响较大。例如，货物进口时被查扣，货物在当地仓库被查扣、没收等，对卖家的影响巨大。

（5）受海外仓服务商运营能力影响大。海外仓服务商某个环节出问题就可能造成货物派送延误、仓库被查、货物被没收等情况。无论发生哪一种情况，对卖家造成的损失都是不可挽回的。

（6）对卖家的经营能力要求更高。首先，使用海外仓发货的产品，对质量和销售预测的要求都较高，如果卖家选品不当，很容易造成损失。其次，卖家需要实时监控海外仓商品出入仓、上下架的详细数据，否则就容易造成货物丢失或货物数据对不上的情况。

二、FBA

FBA(Fulfillment By Amazon)是亚马逊于 2007 年推出的一种物流服务，是由亚马逊提供的高标准的，包括仓储、拣货、包装、配送、收款、客服和退货在内的所有物流服务，并收取一定的服务费用。亚马逊卖家把自己在亚马逊上销售的产品库存直接送到亚马逊当地市场的仓库中，客户下订单后就由亚马逊系统自动完成后续的发货和物流服务。FBA 相当于是亚马逊为国外卖家提供的一种专属海外仓服务。

亚马逊卖家选择亚马逊物流，无需投入仓储、物流等耗资巨大的基础设施建设，无需投入人力进行库存管理、订单分拣、配送和客服等繁杂的日常工作。卖家可以将更多的时间、人力、资金去拓展和优化产品线，专注于产品经营，更好地提升自己的销量。

选择 FBA 服务，卖家需要将自己的货物发送到亚马逊指定的仓库，这个过程称为 FBA 头程。FBA 头程服务包括运输流程中的清关、预付关税等服务。FBA 头程，主要有三种发货方式：

（1）直发快递：DHL、UPS、Fedex 之类的快递，一般 20kg 以上货品的运输价格比较经济实惠，时效快，适合紧急补货，而且快递都是免预约入库的，但是需要注意亚马逊不作为清关主体，不负责清关和缴税，因此都要由物流服务商做好入关申报和关税预付等工作。

（2）FBA 空派：货物先空运到当地，再使用当地快递派送至亚马逊仓库，时效快，略比直发快递慢一些，免预约入库，非常方便。现在市面上的空派一般是双清包税的，也不需要支付关税预付费用等，费用也很便宜，大概 20～35 元/kg。

（3）FBA 海派：货物先海运到当地，再使用当地快递派送至亚马逊仓库，时效慢，一般要一个多月，一般需要入库预约，操作比快递麻烦，但是价格便宜，大概 10～20 元/kg。如果可以做好销售的规划，则可以更好地利用海派的价格优势。

三、空派和海派

空派和海派是由国内从事国际物流服务的企业基于现有的国际物流线路开发的国际物流服务新模式，是为了配合亚马逊 FBA 服务而推出的一种 FBA 头程服务。

（1）空派即"空运+派送"，先利用航空公司的航班将货物空运到当地，再对接当地快递派送至指定的仓库，如海外仓或亚马逊仓库。空派比四大国际快递公司要慢一些，但费用较低，因此有较强的竞争力。空派是国际快递的重要补充，也形成了对国际快递公司的挑战。

(2) 海派即"海运+派送"，先通过海运公司的线路，将货物海运到当地，之后再通过卡车派送和快递公司派送，送达指定的仓库，如海外仓或亚马逊仓库。这种海运头程时效长，一般要一个多月，但是价格便宜。

第六节　跨境物流模式选择

根据上述多种常用的物流模式的分析，可以发现每种物流模式都有其优势和劣势，表现为：在物流成本上占优势的是国际邮政小包，国际物流专线、国际快递的单位成本比较高，海外仓因前期建仓和运营的成本很高，导致物流费用也相对较高；在配送时间方面，除了国际邮政小包外，另外四种明显改善了这一缺点；在运输风险方面，国际邮政小包最高，国际物流专线和国内快递国际化次之，国际快递和海外仓的风险最低，最安全；在运送货物种类方面，只有国际物流专线和海外仓缩小了运送货物种类的局限；在用户体验方面，国际快递、海外仓的用户体验反馈良好；在物流信息跟踪方面，国际快递和海外仓表现较好。几种物流模式对比如表 4-2 所示。

表 4-2　不同跨境电子商务物流模式对比

物流模式	物流成本	配送时间	运输风险	运送货物种类	用户体验	物流信息跟踪
国际邮政小包	较低	较长	较高	较少	较差	一般
国际快递	较高	较短	较低	较少	较好	较好
国际物流专线	较高	较短	一般	较多	一般	一般
海外仓	较高	最短	较低	较多	较好	较好

一、跨境电子商务物流解决方案的影响因素

由于跨境电子商务物流的复杂性及对时间成本的更高要求，在解决方案的选择和优化上，要综合考虑多个因素。一般而言，影响方案选择的因素主要有五个方面。

1. 运输时间

跨境电子商务产品从一国运输到另一国所需的物流配送时间相对较长，不同的运输工具和运输方式差异也很大。

从运输工具的选择来看，海运的时间较长，空运的时间最短，海运从出发地到目的地的时间远远长于空运。例如，海运到北美洲如果转变为空运，时间可以从 20 天直接减少到 2 天。对一些时间要求紧迫的货物，选择空运是必须的。一些中小型跨境企业为了降低跨境成本，一般会选择费用较低的国际邮政小包和国际物流专线。调查发现，通过国际邮

政小包寄往欧美国家的商品大多数都要超过 20 天，有的甚至超过 1 个月。到达巴西、俄罗斯等物流欠发达的边远地区所需的时间则更长。

运输时间的长短对企业进行跨境电子商务业务影响很大。一方面快速的配送更好地满足了消费者的需求，提升了购物体验；另一方面运输时间越短，意味着货物周转越快，资金积压越少，市场应变能力越强。

2. 成本

在选择国际运输方式时，成本是企业需要考虑的另一个重要因素。物流成本包括运输配送费用、跨境商品的清关费用及各种税费。因为跨境电子商务物流过程复杂，可能还涉及存储、分拣、二次打包等费用等。一方面，不同物流模式的物流成本存在较大差别。例如：国际邮政小包一般为国营，且有国家税收补贴，对于小件物品，物流成本相对较低；国际快递成本相对较高，但对于几十千克的大件货物而言，国际快递成本比较划算；国际物流专线适合大批量货物集中运输，利用规模效应降低了物流运输成本；海外仓的前期建设投入较大，但开始运营后其物流成本有条件降到比较低。另一方面，物流成本在跨境电子商务经营成本中所占比例较大。如果物流成本太高，不仅降低了商品的利润，同时也会使一些价格较低的商品缺少价格竞争力，甚至无法采用跨境电子商务模式进行销售。

3. 物流信息跟踪

跨境物流分为境内运输段和境外运输段。境内外的物流信息化程度发展不一致，且不同国家物流渠道的信息系统无对接等原因，导致并非所有的物流模式都可以通过系统进行信息跟踪。例如，四大国际物流公司运营的快递都可以实时查询到物流运态；国际邮政小包在有些国家可以查询到包裹信息，在有些国家查询不到或信息不准确。出现无法跟踪物流信息，或查询的物流信息与实际物流信息不相符的情况，会导致国外用户购物体验变差，降低客户的满意度和忠诚度。

4. 可预测性

无论是海运还是空运，都会因受到自然因素的影响而导致延误，特别是海运，受不确定因素的影响更明显。准确的预测有利于为顾客提供一个准确的产品到货时间，以便更合理地进行物流规划。做跨境电子商务，经常会遇到由于海运延误出现缺货风险而不得不发送国际快递来紧急补货的情况。

5. 非经济因素

非经济因素通常也会对国际物流产生影响。例如，政府参与在协助运输业发展的同时也会对企业造成一定的困扰。一些物流企业或被政府收购，或依赖政府补助。因此，其他企业不得不服从政府施加的压力，即使有更好的选择也必须使用指定的运输公司。若目标国出现邮政公司罢工、海关罢工等现象，也会影响正常的清关和投递。

以上因素中，成本和时间无疑是最重要的两个因素，也是相互矛盾的因素。绝大多数情况下，时间越短的方案成本就越高，时间越长成本就越低。因此，根据自身的需求，在多个因素之间寻求平衡是制定物流方案的关键。对物流进行合理的规划往往可以更好地降低成本，提高时效性。例如，使用海外仓的手段，将货物大批量运输到海外仓，由海外仓根据客户订单进行当地配送；或利用海运和快递配合，通过数据分析预测销售前景，之后通过海运来运输大批量货物，可以大幅度降低成本；如果出现销售波动产生的缺货风险，通过快递来弥补。多家公司可以结成物流联盟，使原来分散的、小批量的货物，经过集货中心处理，形成批量运输的起点，从而实现大批量、高效率、低成本和快速的国际运输。

二、选择跨境物流模式应考虑的自身因素

1. 货物类型

每个行业的产品在包装、规格、材料、质量等方面各有不同，因此在选择物流模式时会根据各自的产品属性，选择合适的物流模式以节约物流成本，增加企业利润。例如，鞋和服装等利润空间小、本身轻薄柔软的产品可以选择国际邮政小包，产品不怕挤压，不用担心货物在运输过程中发生损害，运费较低；而家具等体积大的商品，往往只能通过海运的方式，配合海外仓进行当地配送。再如，国际物流对带电产品(带磁制品类似)有严格的限制，因此在物流模式或线路的选择上，只能选择支持带电产品的线路或模式。

2. 交易量规模

跨境电子商务企业根据国外客户的订单准备出口货物，每个订单的订单量大小成为跨境电子商务企业选择何种物流模式的重要因素之一，即根据交易量的规模选择价格最实惠的物流模式。对于交易量规模较大的订单，跨境电子商务企业可以选择国际物流专线或者国际快递。特别是国际快递采取的是折扣式定价机制，对订单量大、能集中发货的客户有较大的折扣。如果订单都是小件商品，而且交易量不稳定，往往只能选择邮政小包的方式。对于销售量比较稳定的地区，如果交易量规模较大，还可以采用海运的运输方式，大大降低物流成本。

3. 覆盖范围

跨境电子商务企业在选择物流模式时，首先应该根据客户所在地区的各物流企业发展成熟度进行市场研究和对比，从而选择在当地发展状况良好、配送范围广泛、能够满足跨境企业需求的跨境物流模式。例如，在偏远的地区很多快递无法直接到达，这时就是国际邮政发挥作用的时候，利用其遍布全球的邮政网点，可以将商品送到世界的每个角落。如果目标市场范围内有专线支持，采用专线可以在物流时间和成本上获得优势。巴西近年来成为我国跨境电子商务企业出口的重要国家之一，但是由于其清关政策缩紧，建仓成本巨大，国内电商企业直接在巴西境内设立海外仓的难度大，跨境电子商务企业可以在巴西邻国阿根廷等国建立边境仓，以缓解在巴西无海外仓带来的不利影响。

4. 企业实力

企业实力的强弱也直接影响跨境物流的选择。实力雄厚的企业可以建立自己的物流系统，制定合适的物流需求计划，保证物流服务的质量。当然海外仓也是一种较好的选择。除去前期的运营成本，海外仓不论在运输费用、配送时效性、运送安全性、货物多样性、客户体验及满意程度上都占有很大优势。实力有限的中小型跨境电子商务企业在选择物流模式时就存在诸多限制条件，只能在现有的物流模式中选择相对适合企业的物流。

5. 客户要求

在商界秉持着"顾客就是上帝"的真理，一切以顾客为先。顾客的要求对跨境企业的物流模式选择起着关键的作用。如果客户对于货物时效性要求较高，通过国际快递可以在

3～7 天内将货物送到客户手中，满足客户的需求；如果客户可以接受较长的到货时间，采用邮政小包的方式则可以降低成本，最终降低客户的购买成本。海外仓模式利用自身优势，在客户所在地发货，在当地直接发国内快递，享受国内快递的快速服务，省去大量花费在运输、转运、清关过程的时间，提高了客户的体验感和满足度。

本 章 小 结

本章首先介绍了跨境电子商务物流的主要运输工具和主要的物流模式概念，以及进行跨境电子商务物流时需要注意的事项。之后重点介绍了国际邮政、国际快递、国际物流专线和海外仓四种最主要的物流模式，以及它们各自的特点和服务方式。最后介绍跨境电子商务物流模式的影响因素和跨境电子商务企业在进行物流规划时如何结合各方面因素进行综合考虑。

关 键 术 语

跨境电子商务物流、国际邮政小包、国际邮政大包、国际快递、国际物流专线、海外仓、FBA、空派和海派。

配 套 实 训

1. 通过百度搜索国际邮政小包的报价清单，计算 2kg 以内包裹分别到美国、日本、德国、南非、巴西、澳大利亚等国的价格。

2. 分别进入 UPS 和 FedEx(联邦快递)的中国官网，比较不同重量(如 21kg、401kg、701kg、1101kg)货物运输的单价的差异。

课 后 习 题

一、选择题

1. 适合于个人卖家寄送小件商品的国际物流方式有(　　)。
A. 国际邮政小包　　　　B. 国际快递　　　　C. 国际物流专线　　　　D. 海外仓

2. 邮政小包的重量限制是不高于(　　)。
A. 21kg　　　　　　　B. 101kg　　　　　　C. 201kg　　　　　　D. 301kg

3. 一个快递箱子，长、宽、高分别是 50cm、40cm 和 40cm，实重是 151kg，最后结算重量是(　　)(以 5000 为标准计算体积重量)。
　　A. 151kg　　　　　　B. 161kg　　　　　　C. 211kg　　　　　　D. 311kg

4. 一个快递箱子，长、宽、高分别是 50cm、40cm 和 40cm，实重是 181kg，这箱货属于(　　) (以 6000 为标准计算体积重量)。

A. 重货　　　　　　　B. 抛货　　　　　　C.无法判断　　　　D. 都不是

5.下列货物(　　)属于敏感货品(可多选)。

A. 口红　　　　　　　B. 冰箱磁贴　　　　C. 手电(带电池)　　D. 杀虫剂

二、简答题

1. 跨境电子商务的物流有哪些解决方案？请进行比较。

2. 海外仓是目前跨境电子商务物流中新的解决方案，你觉得海外仓适合于哪些企业？

3. FBA 服务的推出对亚马逊提高竞争力有什么帮助？

第五章　跨境电子商务支付与结汇

 学习目标

知识目标

(1) 掌握跨境电子商务支付的相关概念。

(2) 了解跨境电子商务支付的主要方式。

(3) 了解跨境电子商务结汇的主要方式。

技能目标

学会如何注册第三方跨境结汇账号，并完成与跨境电子商务平台的绑定，实现跨境平台收入结汇。

第一节　跨境电子商务支付概述

一、跨境电子商务支付的概念

电子商务的本质就是对三流(信息流、资金流、物流)的管理，因此跨境电子商务的资金流管理和控制是核心问题之一。如果做国内电商，资金流的问题可以通过支付宝、财付通、银行卡等方式进行管理，而且基本不用担心手续费、安全性和即时性的问题。但如果是做跨境电子商务，就要涉及境内和境外两个方面，收汇款方式就变得不那么简单了，需要考虑不同币种、不同收付方式以及汇率等一系列问题。因此，跨境电子商务的资金流更复杂。

跨境电子商务支付是由银行或第三方支付平台为电子商务交易双方提供跨境支付所涉及的外汇资金集中收付及相关结售汇服务。B2C 业务一般交易金额较小，跨境电子商务支付通过网络在线直接完成。B2B 业务中的样品或小额业务一般与跨境出口 B2C 相同；B2B 业务中的大额交易，资金流一般还是通过信用证、电汇等传统外贸业务的资金结算方式进行。传统外贸结算方式可参阅国际贸易教材相关章节，本书不做过多说明。

一个完整的支付流程应该分为支付(买家)＋结算(卖家)两步。按照这个思路，根据买家和卖家所处地域(境内、境外)和货币种类两个维度把电商分为三类，具体如表 5-1 所示。

表 5-1　电子商务支付类型

类型	买家所属地	支付币种	卖家所属地	结算币种	典型网站
国内电商	境内	人民币	境内	人民币	淘宝、京东
跨境进口	境内	人民币	境外	外币	天猫国际
跨境出口	境外	外币	境内	人民币	Amazon、速卖通

跨境电子商务进口和出口由于支付与结算涉及不同的币种，流程不同。我们将其称之为进口购付汇和出口收结汇。

进口购付汇(资金出境)指先购汇，再付汇给境外商家。对于跨境电子商务 B2C 进口业务，国内消费者使用人民币支付，一般通过平台购汇后与境外卖家进行结算。

出口收结汇(资金入境)指收外汇(外币)，然后结算(人民币)给境内商家。对于跨境电子商务 B2C 出口业务，国外消费者使用当地支付工具支付，境内卖家最终以收到人民币完成交易。我们把卖家收取人民币的过程称为跨境收款或结汇。

对跨境电子商务来说，支付是非常重要的一个闭环。但是在不同的国家和地区，人们的支付习惯并不相同，交易平台也不同。因此，应根据交易双方所在国家和平台提供的服务，选择相应的支付方式和结算方式。在跨境电子商务中，境内外买卖双方无需见面，通过跨境平台完成交易。由此产生的支付及信用问题需要通过第三方支付机构或跨境电子商务平台的参与来解决。

二、跨境电子商务 B2C 业务的支付工具及特点

跨境电子商务 B2C 出口业务中，境外消费者使用境外支付工具支付，境内卖家最终以收到人民币完成交易。在此过程中，跨境电商平台、第三方支付公司和境内境外银行都会参与到跨境电子商务的支付和结算过程中，其流程如图 5-1 所示。

图 5-1　跨境电子商务支付流程图

(一) 跨境支付方式

按买卖付款工具来分，消费者支付方式基本有如下几种类型：

(1) 国际信用卡：Visa、Master Card、American Express、JCB 等；

(2) 第三方：PayPal、Alipay、Aircash、FPX、Netpay、Payoneer 等；

(3) 网银：Maybank、Hong Leong、CIMB、RHB 等；

(4) 线下付款：柜台转账、ATM 转账、货到付款等。

(二) 跨境收款风险

境内卖家跨境收款的过程存在两种类型，一种是卖家付外币，国内买家直接收款并结汇，以人民币结算。另一种是卖家付外币，由跨境电子商务平台收款(如亚马逊)，之后再与国内买家以人民币结算。

跨境电子商务平台与卖家的结算一般要通过第三方跨境支付公司，如 PayPal、连连支付、WorldFirst、Payoneer、PingPong 等。

跨境电子商务中，商户方的风险一般有如下几种：

(1) 汇率波动，人民币结算受损。

(2) 结算周期的时长。

(3) 手续费高低。

针对汇率波动，第三方跨境支付公司会采用实时汇率(卖家付款成功时)，锁定中行的实时汇率，实现 0 汇损。

针对结算周期，第三方跨境支付公司会提供 T+0 实时到账服务。

针对手续费，第三方跨境支付公司一般会有手续费封顶，比如 0.7%封顶，或者针对新商户指定金额内免手续费服务。

第二节　跨境电子商务支付方式

跨境支付有两大类：一是网上支付，包括国际信用卡支付和利用第三方支付工具支付，适用零售小金额；二是线下银行汇款模式，适用大金额。信用卡和 Paypal 目前在全球范围内使用比较广泛，还有一些其他支付方式在部分国家或地区使用比较普及，如 WebMoney、Qiwi Wallet、CashU 对于俄罗斯、中东、北非等地区的贸易有不可或缺的作用。随着 B2C 跨境电子商务的发展，通过第三方平台支付工具的支付方式逐渐成为主要的支付手段。

一、线下支付方式

(一) 电汇

电汇(Telegraphic Transfer，T/T)，指通过电报办理汇兑。电汇是付款人将一定款项交存汇款银行，汇款银行通过电报或电话传给目的地的分行或代理行(汇入行)，指示汇入行向收款人支付一定金额的一种交款方式。电汇是卖家在实际外贸中运用最多的支付方式，大额的交易基本上选择电汇方式。但实际上，低于 1 万美金高于 1000 美金的交易采用电汇也是一种不错的选择。

电汇银行手续费一般分三部分：第一部分是付款人付款银行产生的手续费，可以由付款人单独支付，也可以在付款金额中扣取；第二部分为中转行的手续费，一般在汇款金额中扣取；第三部分为收款人收款行的手续费，从汇款金额中扣取。

而电汇时间，根据各个银行的不同区别很大，从三个工作日到一周不等，主要看汇款路线，中间经过的银行少就快，多则慢些。

(二) 西联汇款

西联汇款是国际汇款公司(Western Union)的简称，该公司是世界上领先的特快汇款公司，迄今已有 150 年的历史。它拥有全球最大、最先进的电子汇兑金融网络，代理网点遍布全球近 200 个国家和地区。该公司也是美国财富五百强之一的第一数据公司(FDC)的子公司。

目前，中国农业银行、中国光大银行、中国邮政储蓄银行 、中国建设银行、浙江稠州商业银行、吉林银行、哈尔滨银行、福建海峡银行、烟台银行、龙江银行、温州银行、徽商银行、浦发银行等多家银行是西联汇款的中国合作伙伴。使用这种方式支付大概要花费 15 分钟的时间。

使用西联汇款具体的操作步骤如下：

(1) 卖家只需要告诉汇款人其联系方式(名字、地址、电话)，无需银行账号。而汇款人汇款之后会给卖家如下信息：

① Sender：即汇款人的名字。

② Receiver：即收款人名字。

③ MTCN：是一串号码，即汇款监控号。

(2) 汇款前：卖家提供给汇款人其身份证上的名字(拼音)：

① First name：卖家的名；

② Last name：卖家的姓。

(3) 汇款人提供给卖家的信息有：

① 汇款人的姓名：First name，Last name；

② 汇款人的国家；

③ 汇款的币种和金额；

④ MTCN(汇款监控号)。

具备这些信息，卖家就可以携带身份证去农行或者邮局，或者可以办理西联业务的银行去取钱了。

关于费用，西联是付款方承担手续费，不同国家付款费用不一样。目前，西联在欧洲和美国客户中接受度较高，一般是小额美金汇款比较方便。

(三) 速汇金

速汇金(Money Gram)是类似于西联的国际汇款方式之一，业务模式与西联一样。目前，其在全球同类业务中排名第二。这种方式下，汇款不走银行通道，而是速汇金的汇款通道。速汇金在国内的合作伙伴有：中国银行、工商银行、交通银行和中信银行。

速汇金汇款简要流程如下：

(1) 准备外汇管理要求的有关证明文件(如需)，到"速汇金"办理柜台填写申请表；

(2) 持经柜台处理后的表格到现金区缴款；

(3) 持表回"速汇金"办理柜台办理汇出，并自留一联底单；

(4) 通知收款人。

速汇金取款简要流程如下：

(1) 收款人本人持速汇金业务参考号码和有效身份证明到"速汇金"柜台；

(2) 根据金额大小，按"速汇金"柜台要求提供相关资料；

(3) 核对无误后，办理取款，自留一联底单。

速汇金汇款速度快，汇款在汇出后十几分钟收款人即可收款。速汇金的手续费比西联的相对较低。

二、在线支付方式

(一) 信用卡

在欧洲和美国等发达国家，主流的付款方式还是信用卡。在欧洲和美国，信用卡链接个人信用资料，所以信用卡方式也是非常安全的付款方式。

现在的跨境电子商务平台，通过 VISA 和 MASTERCARD 合作，都可以通过信用卡支付。

信用卡付款的风险核心点就是客户的退单和小部分的信用卡诈骗行为。如果发生消费者退单或者悔单，由于国际小额贸易前期物流等其他费用的投入，就会给卖家带来不少损失。而且，现在很多主流的跨境电子商务平台也更倾向于照顾到买家的利益。一般支付公司在提供支付服务时都提供了比较安全的各种验证加密措施。比如，跟 VISA 和 MASTER CARD 等信用卡组织的黑卡库等信息共享，一旦碰到黑卡或者盗卡，就会被系统拒绝付款，导致订单失败。

(二) PayPal

PayPal 是一个国际第三方在线支付工具，目前是小额支付的首选，也是全球电子商务平台最主要的在线支付工具。PayPal 在线付款更为方便，可即时支付、即时到账，另外可以解除买家付款却收不到货的担忧。这种方式在国外买家中的使用率在 80% 以上，买家只需要一个邮箱便能注册，且开户免费。

PayPal 于 1998 年 12 月由 Peter Thiel 和 Max Levchin 建立，总部在美国加利福尼亚州。2002 年，PayPal 被 eBay 收购，成为 eBay 的在线支付工具。2015 年 PayPal 从 eBay 分拆，

并在美国纳斯达克独立上市。2019 年，PayPal 获得中国人民银行的批准，能够购买国内支付公司的控股权，PayPal 因此也成为首家进入中国支付服务市场的外资机构。

跟其他支付手段相比较，PayPal 的优点是：

第一：资金安全。

第二：快速，基本上跟国内支付宝一样，买家付款后，立刻显示 PayPal 余额。

第三：方便，可以使用各种工具管理交易提高效率。

第四：全球市场接受度，目前是 190 个市场和 6 种货币使用，是小额跨境贸易工具中最主流的付款方式。

通过 PayPal 付款的流程如下：

(1) 只要有一个电子邮件地址，付款人就可以登录并开设 PayPal 账户，通过验证成为其用户，在此过程中需提供信用卡或者相关银行资料，增加账户金额，将一定数额的款项从其开户时登记的账户(如信用卡)转移至 PayPal 帐户下。

(2) 当付款人启动向第三人付款程序时，必须先进入 PayPal 账户，指定特定的汇出金额，并提供收款人的电子邮件账号给 PayPal。

(3) 接着 PayPal 向商家或者收款人发出电子邮件，通知其有等待领取或转账的款项。

(4) 如商家或者收款人也是 PayPal 用户，其决定接受后，付款人所指定之款项即移转至收款人。

(5) 若商家或者收款人没有 PayPal 账户，收款人得依照 PayPal 电子邮件的内容指示，进入网站注册取得一个 PayPal 账户，收款人可以选择将取得的款项转换成支票寄到指定的处所、转入其个人的信用卡账户或者转入另一个银行账户。

PayPal 有国际版和国内版，国内版的中文名为贝宝，类似于支付宝的国内版和国际版，PayPal 国际版允许用户向 55 个国家和地区发送和接受付款。国内版只能向中国用户发送和接受付款。

(三) 支付宝(国际版)

国际版支付宝(ESCROW SERVICE)是阿里巴巴国际站和支付宝联合为国际买卖双方全新建立的在线支付解决方案。

国际版支付宝与国内支付宝的功能相似，除了可以在电子商务平台支付外，同样具有担保交易的功能。阿里巴巴的国际版支付宝是比较新的支付方式，目前国际市场的占有率还不高，但随着阿里巴巴推出的速卖通平台在国际上占有率越来越大，国际版支付宝的国际影响力也将随之提高。

(四) Qiwi Wallet

Qiwi 是俄罗斯领先的支付服务提供商，它运营着俄罗斯最大规模的自助购物终端设备，提供在线支付和手机支付服务。Qiwi Wallet 是俄罗斯占有率最高的的第三方支付工具，其服务类似于支付宝。其用户可以使用 Qiwi Wallet 进行在线购物支付，也可用来交水电费等各种费用。Qiwi Wallet 的使用目前并不仅限于俄罗斯，在其他独联体国家，如乌克兰，哈萨克斯坦、乌兹别克斯坦等国都比较流行，在欧洲、美洲和非洲部分国家也有开展业务。

Qiwi Wallet 的优势在于，其拥有较完善的风险保障机制。不同于 PayPal 或者信用卡有180 天的"风险观察期"，Qiwi 不存在撤款风险。卖家收到客户的 Qiwi 款项后，不需要进行订单审核和风险控制就可以直接安排发货了。

第三节　跨境电子商务结汇方式

跨境支付公司必须要取得相应的许可证才能从事相关业务。许可证一般包括《中华人民共和国支付业务许可证》《跨境人民币结算业务许可证》和《跨境外汇支付业务许可证》。

目前，在我国提供跨境收款结汇的公司有 World First、Payoneer、Pingpong 和连连支付。

一、World First

World First(World First Markets Pty Limited，WF 卡)，中文为万里汇，2004 年于英国注册成立，英国金融服务局(FSA)会员，是全球顶级国际汇款公司。迄今为止，其已为全球500,000 客户处理逾 700 亿英镑的资金交易。World First 网站首页如图 5-2 所示。

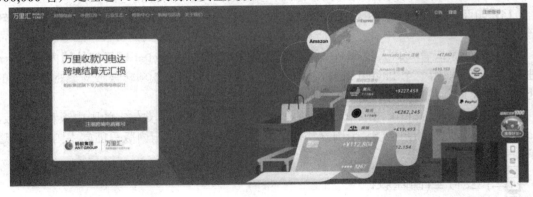

万里汇（WorldFirst），超额实现您的预期

图 5-2　World First 网站首页

作为全球著名的外汇兑换公司，World First 是亚马逊官方战略合作伙伴，也是亚马逊官方推荐的收款方式，也可用于 eBay、速卖通、Lazada 等跨境平台的收款。WF 卡没有实体卡，只有虚拟账户，就像国内的支付宝一样。不同于支付宝的是，支付宝可以存款，而WF 卡不可以。目前 World First 已支持开通的虚拟账户有美元账户、欧元账户、英镑账户、加元账户、日元账户等。

2010 年，World First 进入中国，并提供国际电商平台收款及结汇服务，为电商卖家提供美元、欧元、英镑、日元、加元和澳元收款服务。2019 年 2 月 14 日，World First 加入蚂蚁集团，成为旗下全资子公司。对于开展跨境电子商务业务的中国卖家，WF 可以提供免费的美国、英国、加拿大和欧元账户。将跨境电子商务平台上(如 Amazon，eBay)的销售收入汇入这个 WF 账户中，然后按要求转换为其他币种(如人民币)，汇入中国卖家的收款账户。其资金流向为：跨境电子商务平台收款账号(如亚马逊)→WF 海外账户→中国收款账户。

WF 卡开户无年费，交易安全，满足一定的条件可享受 1%封顶的 WF 费率，甚至可以达到只收取 0.3%的费率，可实时到账。

二、Payoneer 卡(P 卡)

Payoneer(派安盈)成立于 2005 年，总部设在美国纽约，是一家在线支付公司。其主要业务是帮助其合作伙伴，将资金下发到全球；同时它也为全球客户提供美国银行/欧洲银行收款账户，用于接收欧美电商平台和企业的贸易款项。用户可通过 Payoneer 的全球支付服务(Global Payment Service)开通各类币种的收款账号，直接接收来自全球各大企业和平台的款项。目前其服务覆盖全球超过 200 国家。Payoneer 网站首页如图 5-3 所示。

图 5-3　Payoneer 网站首页

中国企业和个人都可以免费申请 P 卡，个人只需身份证即可完成 Payoneer 账户在线注册，并自动绑定美国银行账户和欧洲银行账户。用户可以像欧美企业一样接收欧美公司的汇款，并通过 Payoneer 和中国支付公司的合作，完成线上的外汇申报和结汇。Payoneer 是万事达卡组织授权的具有发卡资格的机构，可申请万事达预付卡和万事达虚拟卡。Payoneer 预付万事达卡可在全球任何接受万事达卡的(MasterCard)刷卡机(POS)刷卡、在线购物或者自动取款机机取出当地货币。

Payoneer 卡的跨境收款流程与 WF 卡相似，在跨境电子商务平台上(如 Amazon，eBay)选择 Payoneer 作为收款方式。如果申请的是虚拟 P 卡，则不能在国内外网站上购物，也不能在 ATM 机刷卡，但可以提现到国内银行。

三、PingPong 卡

PingPong 成立于 2015 年，隶属于杭州呼嘭智能技术有限公司，是一家中国本土的跨多区域收款品牌。PingPong 致力于为中国跨境电子商务卖家提供低成本的海外收款服务，"为中国跨境电子商务而生"是其口号，PingPong 网站首页如图 5-4 所示。

图 5-4　PingPong 网站首页

PingPong 与国内跨境出口企业建立了紧密合作关系，是中国(杭州)跨境电子商务综试区管委会官方合作伙伴及上海自贸区跨境电子商务服务平台的战略合作伙伴。目前，PingPong 跨境收款覆盖 Amazon、Wish、Newegg 等 13 个主流平台，支持美元、英镑、欧元、日元、澳元、加元、新加坡币等，可实现中国境内最快 5 分钟提现到账。目前 PingPong 手续费在 1%以内。

四、连连支付

连连银通电子支付有限公司(简称"连连支付")是专业的第三方支付机构，中国的行业支付解决方案提供商。连连支付于 2003 年在杭州高新区成立，注册资本 3.25 亿元，是连连集团旗下全资子公司。连连支付是中国(杭州)综试区首批战略合作伙伴，其网站首页如图 5-5 所示。

连连支付于 2011 年 8 月 29 日获得中国人民银行颁发的《支付业务许可证》，业务类型为互联网支付、移动电话支付，覆盖范围为全国；于 2016 年 8 月 29 日完成支付业务许可证续展；于 2015 年 1 月 12 日获得了中国人民银行杭州中心支行许可开展电子商务跨境人民币结算业务；2015 年 2 月 13 日，获得国家外汇管理局浙江省分局许可开展跨境外汇支付业务；2015 年 7 月 30 日，获得中国证券监督管理委员会许可同意公司为基金销售支付结算机构。2017 年，连连支付正式上线跨境收款产品，为跨境出口电商卖家提供收款、付款、多店铺统一管理、VAT 缴纳等一站式跨境金融服务，支持全球 Amazon、eBay 等 20 多个主流跨境平台，多币种的结算。目前连连支付的结汇手续费可降至 0.7%。

图 5-5　连连支付网站首页

基于跨境贸易及移动支付高速发展的现状，为满足各企业商家在交易环节中不断提高的收/付款需求，连连支付打造了以"跨境支付、移动支付、O2O 支付、大数据风控"为业务核心的"全球化支付解决方案"。其针对国内外商家垂直领域，提供定制化支付解决方案，解决了互联网交易中"支付转化率、O2O 交互、风险交易"等多项问题，极大缩短了跨境贸易商家的资金汇兑周期，提升了全球贸易企业的货币处理效率，助推了互联网交易产业的进一步完善。

五、跨境电子商务收款流程

国内跨境电子商务卖家通过跨境平台进行跨境电子商务经营，跨境收款的流程一般为：
(1) 注册第三方跨境收款公司账号，申请跨境收款服务；
(2) 平台为商家开通外币账户；
(3) 绑定收款银行账户(境内)；
(4) 绑定电商平台商家。

外币账户包括英镑、美元、加元、日元、欧元、新西兰元、新加坡元、澳元、港元等。目前由于境内商家众多，跨境支付公司都提供一站式跨境收款方案。境内商家只需要注册一个账号，即可开通多种外币账户，并且可以同时绑定多个境外电商平台账号。最后，商户需要结算时，支付公司可以实现多平台、多账户统一结算。

现以亚马逊平台通过连连支付收款为例，说明整个流程。

1. 注册连连支付账号

进入连连支付网站，点击注册，填写相应信息，完成注册，如图 5-6 所示。

图 5-6　连连支付注册页面

2. 申请收款账户

注册登录后，点击申请境外收款账号，选择要申请开设的跨境电子商务平台，如图 5-7 所示。

图 5-7　选择要申请开设的跨境电子商务平台

假设要选择亚马逊平台。根据实际情况填写境外收款账户相关信息并提交，其中，带 "*" 为必填项，如图 5-8 所示。

图 5-8　填写境外收款账户信息

提交后，连连支付给出境外收款账户及相关信息，包括收款"银行账号"及"9 位收款路线号码"。这两个信息在亚马逊平台绑定连连支付时将用到，如图 5-9 所示。

图 5-9　获得境外收款账户

在店铺详情，点击"绑定店铺"，进入"补充美元收款账户信息"页面。在该页面，可以查看到连连支付提供的"开发商名称"和"开发者 ID"，这两个信息在亚马逊平台绑定收款账号时会用。同时，还需要补充填写"卖家编号"和"MWS 授权令牌"两个内容，这两个项目要进入亚马逊卖家后台才能获得，即在连连支付获得的"银行账号""9 位收款路线号码""开发商名称"和"开发者 ID"四项内容，在进入亚马逊后台，绑定收款账号时使用；而"卖家编号"和"MWS 授权令牌"两项信息需要在亚马逊平台查询后，再补充到连连支付。具体页面如图 5-10 所示。

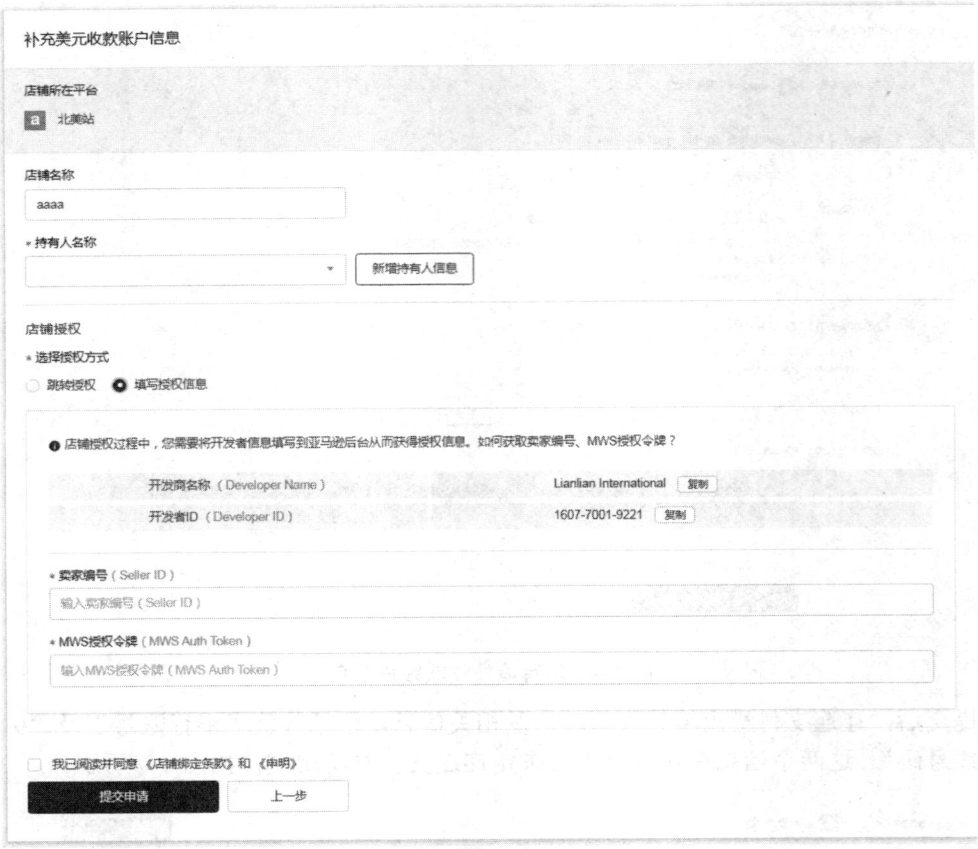

补充美元收款账户信息
店铺所在平台
北美站
店铺名称
aaaa
* 持有人名称
新增持有人信息
店铺授权
* 选择授权方式
跳转授权　填写授权信息
店铺授权过程中，您需要将开发者信息填写到亚马逊后台从而获得授权信息。如何获取卖家编号、MWS授权令牌？
开发商名称（Developer Name）　Lianlian International　复制
开发者ID（Developer ID）　1607-7001-9221　复制
* 卖家编号（Seller ID）
输入卖家编号（Seller ID）
* MWS授权令牌（MWS Auth Token）
输入MWS授权令牌（MWS Auth Token）
我已阅读并同意《店铺绑定条款》和《申明》
提交申请
上一步

图 5-10　获得境外收款账户

3. 绑定跨境平台账号

此时，登录亚马逊卖家后台，在亚马逊卖家后台“设置”—“账户信息”中，找到“卖家信息”并点击。在卖家账户信息栏，可以找到“卖家记号”，如图 5-11 所示。

amazon seller central
卖家账户信息
付款信息
存款方式
付款方式
业务信息
办公地址
公司名称
正式注册地址
卖家记号
显示名称
发货和退货信息
退货信息
配送设置
税务信息
VAT 信息
RFC ID
账户管理

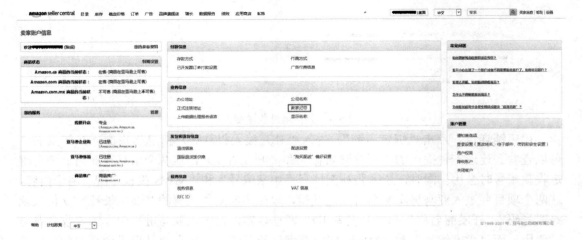

图 5-11　进入亚马逊后台卖家账号信息

点击卖家记号，即可以获得卖家标志字符串，填入连连支付店铺详情页面的"卖家编号"，如图 5-12 所示。

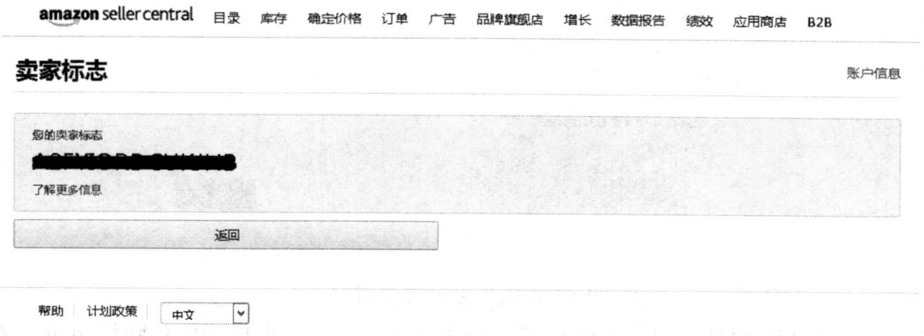

图 5-12 获得亚马逊卖家标志编号

在亚马逊卖家后台点击"设置"，找到"用户权限"。在该页面可以找到"第三方开发人员和应用程序"，如图 5-13 所示。

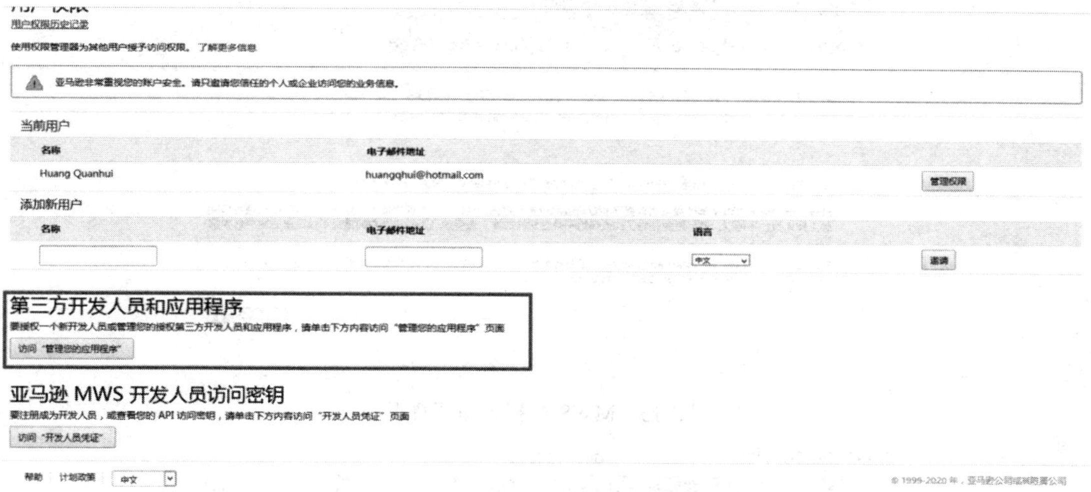

图 5-13 进入亚马逊后台用户权限

点击"第三方开发人员和应用程序"下方的"访问管理您的应用程序"按钮。在新的页面点击"为新开发者授权"。在"为新开发者授权"页面，填写"开发商名称"和"开发者 ID"两项内容。将在连连支付后台获得的"开发商名称：Lianlian International"和"开发者 ID：1607-7001-9221"输入。其具体如图 5-13 和图 5-14 所示。

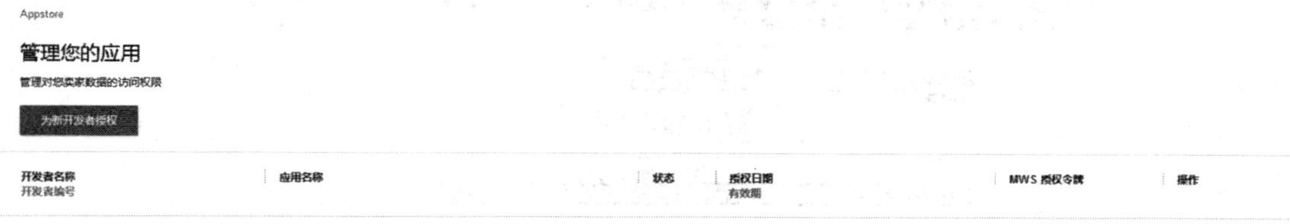

图 5-13 进入管理您的应用程序页面

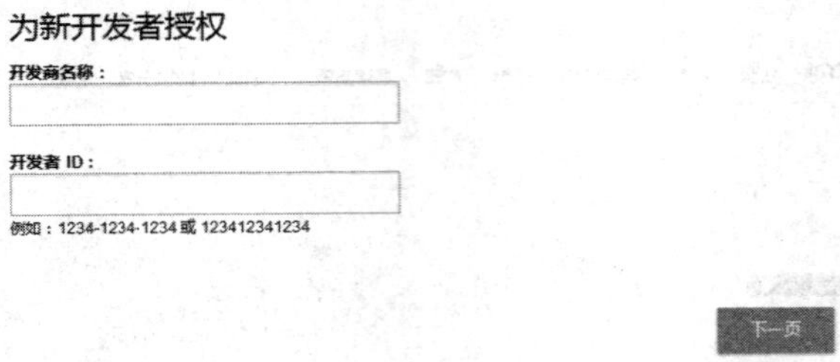

为新开发者授权

开发商名称：

开发者 ID：

例如：1234-1234-1234 或 123412341234

下一页

图 5-14　进入为新开发者授权页面

　　填写开发商名称和开发者 ID 信息后，点击"下一页"，进入 MWS 授权页面。在 MWS 授权页面，勾选同意协议后进入"下一页"，可以查看到"MWS 授权令牌"，复制后填入连连支付店铺详情页面的"MWS 授权令牌"，如图 5-15 和图 5-16 所示。

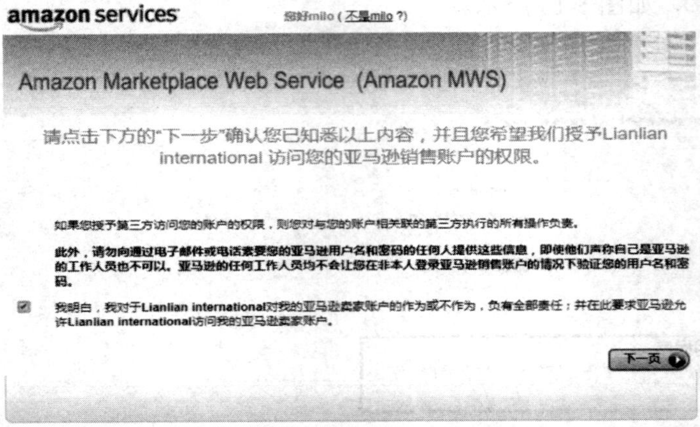

amazon services　　　　　您好milo（不是milo ?）

Amazon Marketplace Web Service（Amazon MWS）

请点击下方的"下一步"确认您已知悉以上内容，并且您希望我们授予Lianlian international 访问您的亚马逊销售账户的权限。

如果您授予第三方访问您的账户的权限，则您对与您的账户相关联的第三方执行的所有操作负责。

此外，请勿向通过电子邮件或电话索要您的亚马逊用户名和密码的任何人提供这些信息，即使他们声称自己是亚马逊的工作人员也不可以。亚马逊的任何工作人员均不会让您在非本人登录亚马逊销售账户的情况下验证您的用户名和密码。

☑ 我明白，我对于Lianlian international对我的亚马逊卖家账户的作为或不作为，负有全部责任；并在此要求亚马逊允许Lianlian international访问我的亚马逊卖家账户。

下一页 ▶

图 5-15　MWS 授权页面同意页

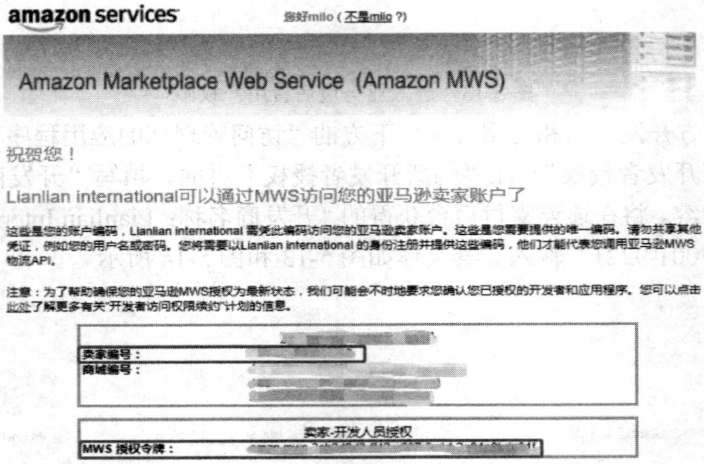

amazon services　　　　　您好milo（不是milo ?）

Amazon Marketplace Web Service（Amazon MWS）

祝贺您！

Lianlian international可以通过MWS访问您的亚马逊卖家账户了

这些是您的账户编码，Lianlian international 需凭此编码访问您的亚马逊卖家账户。这些是您需要提供的唯一编码，请勿共享其他凭证，例如您的用户名或密码。您将需要以Lianlian international 的身份注册并提供这些编码，他们才能代表您调用亚马逊MWS物流API。

注意：为了帮助确保您的亚马逊MWS授权为最新状态，我们可能会不时地要求您确认您已授权的开发者和应用程序。您可以点击此处了解更多有关开发者访问权限续约计划的信息。

卖家编号	
商城编号	

卖家-开发人员授权	
MWS 授权令牌：	

图 5-16　MWS 授权页面

再次回到亚马逊卖家后台"设置"—"账户信息"中，找到"存款方式"并点击，如图 5-17 所示。

图 5-17　亚马逊后台存款方式

在添加银行账号页面将在连连支付申请的账户信息填入，需要填写机构编号、转账编号和银行账号信息。要注意，在连连支付获得的"9 位收款路线号码"要分成 4 位数的"机构编号"和 5 位数的"转账编号"分别填入，如图 5-18 所示。

图 5-18　填写存款方式信息

至此，亚马逊后台已绑定连连支付的收款账号，连连支付也已获得亚马逊的授权可以进行收款。亚马逊会将用户在亚马逊上的销售收入按其放款政策直接打入用户的连连支付收款账号。

4. 绑定国内银行账号

在连连支付的后台"个人中心"，找到"银行卡管理"，点击"添加新的银行卡"，如图 5-19 所示。

图 5-19　添加新的银行卡

在添加新的提现银行卡页面，按要求填写中国的收款银行账号信息，确定后即绑定国内的银行账号，如图 5-20 所示。

图 5-20　添加新的提现银行卡

添加中国提现银行卡后，如果亚马逊销售收入入账到连连支付，即连连支付"账户余额"有余额，可以点击"立即提现"随时将余额提现到国内的银行卡内，如图 5-21 所示。

图 5-21　连连支付提现

本 章 小 结

本章主要介绍跨境电子商务支付的解决方式，分别从买家支付和卖家结汇两个角度介绍了常用方式和工具。跨境电子商务买家支付基本采用线上支付的方式，常用工具有国际信用卡、PayPal、国际支付宝等。跨境电子商务卖家收款结汇可以申请跨境收款账户，常用的有 World First(WF 卡)、Payoneer(P 卡)、PingPong(PP 卡)和连连支付等。收款结汇将申请的跨境收款账号与跨境平台绑定，跨境收款账号与国内账号绑定，即可实现跨境电子商务平台的销售收入的国内收款。

关 键 术 语

跨境电子商务支付、进口购付汇、出口收结汇、World First(WF 卡)、Payoneer(P 卡)、PingPong(PP 卡)、连连支付。

配 套 实 训

申请一个跨境电子商务收款账号，并熟悉申请和账号绑定的操作。

课 后 习 题

一、选择题

1. 常用的跨境电子商务支付工具有 (　　)。

A. 信用卡　　　　　　　B. PayPal　　　　　　　C. WF 卡　　　　　　　D. 电汇

2. 常用的跨境电子商务卖家收款工具有?(　　)。

A. WF 卡　　　　　　　B. 信用卡　　　　　　　C. 连连支付　　　　　　D. P 卡

3. 亚马逊平台支持的收款工具有(　　)。

A. 支付宝　　　　　　　B. 信用卡　　　　　　　C. 连连支付　　　　　　D. P 卡

4. 跨境电商 B2B 大宗交易一般资金结算采用(　　)。

A. 信用证和电汇　　　　B. 信用卡　　　　　　　C. PayPal　　　　　　　D. WF 卡

二、简答题

1. 跨境电子商务收款过程中，什么情况下会产生汇损？

2. 如何理解不同跨境电子商务平台要采取不同的收款方案？

第六章　跨境电子商务网络营销

学习目标

▶知识目标

(1) 掌握跨境电子商务网络营销的基本概念。
(2) 掌握网络广告的概念和运作模式。
(3) 掌握跨境电子商务搜索引擎营销和电子邮件营销的原理和过程。
(4) 了解跨境电子商务站外引流的常用策略。

▶技能目标

学会跨境电子商务经营核心公式的原理和计算。

第一节　跨境电子商务网络营销概述

一、跨境电子商务网络营销概念

(一) 网络营销的定义

跨境电子商务网络营销与网络营销概念基本一致，是跨境电子商务企业整体营销战略的一个组成部分，是为实现企业总体经营目标所进行的，以互联网为基本手段营造网上经营环境的各种活动的总称。因为跨境电子商务的目标市场是国外市场，所以跨境电子商务网络营销可以定义为是以满足国外顾客需求为中心，利用各种网络资源实现跨境电子商务业务目标的各种网络活动。

跨境电子商务网络营销是一种跨越国界的网络营销活动。

(二) 理解跨境电子商务网络营销概念必须注意的问题

1. 跨境电子商务网络营销不是网上销售

网络营销是企业为增加销售而采用的一系列活动，而网上销售只是网络营销发展到一定阶段的结果。塑造品牌、客户沟通等都属于网络营销，但这些过程不一定会直接体现为产品的销售结果。

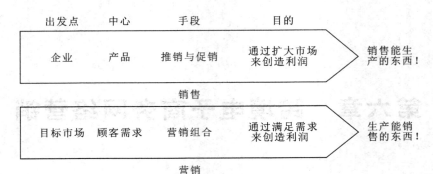

图 6-1　销售与营销的区别

销售与营销不同，如图 6-1 所示，销售(Sales)的出发点为企业，以产品为中心，以推销和促销为手段，通过扩大市场来创造利润；营销(Marketing)的出发点为目标市场，以顾客需求为中心，以营销组合为手段，通过满足需求来创造利润。

2. 跨境电子商务网络营销不等于跨境电子商务

电子商务强调的是交易方式和交易过程的各个环节，而网络营销本身并不是一个完整的商业交易过程，而是为促进交易提供支持，尤其在售前发挥信息传递作用。网上支付和商品配送是电子商务的重要组成部分，但都不属于网络营销的活动范畴。

3. 跨境电子商务网络营销不局限于网络

跨境电子商务网络营销并非都只能在网上进行。虽然目前跨境电子商务营销大多是通过网络完成，但也可以与线下相结合。一种情况是跨境电子商务企业将营销活动延伸到线下进行，开设实体店继续开发当地市场，采用线上线下相结合(O2O)的方式进行营销活动。另一种情况是企业通过传统外贸已经打入国外市场，在当时已有营销活动，跨境电子商务作为新的渠道方式；此时，将网络营销作为企业营销活动的一个有益而必要的组成部分，整合已有的线下营销资源采用线上线下相结合的方式进行营销活动。

4. 跨境电子商务网络营销不等于网站推广

网络营销不仅要做好网站推广，还要制定系统的、周密的网络营销计划才能切实看到效果。如果不能赋予网站充分的营销职能，就算网站推广很成功也没有意义。同时，网络营销不仅要做好网站推广，还要借助除网站之外的其他互联网工具进行营销活动，实现营销目标。

二、跨境电子商务网络营销的任务和层次

(一) 跨境电子商务网络营销的任务

跨境电子商务网络营销有三大任务：发布信息、开发顾客群、为顾客服务。

1. 发布信息

企业可以在网络上发布企业及产品相关信息，拓宽宣传渠道，提升宣传效果。

2. 开发顾客群

企业可以在网络上向客户进行信息传递，为客户提供咨询服务，解决客户存在的问题，

将潜在客户开发为现实客户。

3. 为顾客服务

网络营销基于互联网，可以充分发挥互联网优势，采用多种客户服务工具，为客户及时、高效地提供服务，降低客户服务成本，从而提升客户体验。

(二) 跨境电子商务网络营销的层次

企业开展跨境电子商务网络营销的层次，由初级到高级可以分为企业上网宣传、网上市场调研、网上直接销售及网络营销集成。

1. 企业上网宣传

企业上网宣传是网络营销的初级层次。此时，企业通过在网络上发布企业及产品信息，丰富宣传渠道，提升宣传效果。

2. 网上市场调研

企业通过网上市场调研，收集消费者的信息、意见和建议，寻找市场机会预测市场前景，进而为决策提供依据。

3. 网上直接销售

在此阶段，企业的主要目标是建立网上销售渠道，直接销售，提升销售效果。

4. 网络营销集成

在网络营销集成阶段，企业依靠网络与供应商、制造商、消费者建立密切联系，并通过网络收集、传递信息，从而根据消费者的需求，整合各种资源和能力完成产品设计、制造及销售服务的过程。

三、跨境电子商务网络消费者的购买行为类型

以购买行为发生前购买目标确定的程度分类，跨境电子商务网络消费者的购买行为可分为特定购买、计划购买和提醒购买。

(一) 特定购买

在购买前，对要购买的商品，目标十分明确。例如，TOM 决定要在亚马逊购买 iPhone 12 手机，他会直接搜索 "iPhone 12"。

(二) 计划购买

在购买前，要购买某类商品已经确定，但具体购买什么品牌和型号的商品需要到网上查询。比如，TOM 想要购买一台新手机，但是尚不确定购买何种品牌的手机，他会搜索 "Phone"，或者再加其他的辅助关键词，如 "128G" 等。

(三) 提醒购买

没有购买目标，进入网上商店后，看到网上广告和促销活动，就引发了购买欲望。比

如，亚马逊 PRIMD DAY 当天，在亚马逊浏览促销产品，看到极具吸引力的促销活动，从而产生了购买行为。

四、跨境电子商务网络消费者的购买动机

跨境电子商务购买行为与其他场合的购买行为相同，都是受一定的购买动机驱动。每个消费者的购买行为都是由其购买动机引发的，而动机又是由人的需要而产生的。购买动机包括需求动机和心理动机。

(一) 需求动机

需求动机是指人们由于各种需求，包括低级的和高级的需求而引起的购买动机。

关于人类的需求动机，最典型的研究是马斯洛需求层次理论。马斯洛需求层次理论由美国心理学家亚伯拉罕·马斯洛在 1943 年提出。马斯洛将人类需求像阶梯一样从低到高按层次分为五种，分别是：生理需求、安全需求、社交需求、尊重需求和自我实现需求，如图 6-2 所示。人的购买动机是由对应的需求决定的，而且人在每一个时期，都会有一种需求占主导地位，而其他需求处于从属地位。在满足不同层次需求时，都需要购买相应的物品，因此形成了购买动机。一般情况下，只有当低层次的需求满足之后，才会产生高一层次的需求。

图 6-2　马斯洛需求层次理论

从消费者满意度的角度来看，每一个需求层次上的消费者对产品的要求都不一样，即不同的产品满足不同的需求层次。因此要将具体的营销策略建立在消费者需求的基础之上考虑，用不同的营销策略满足不同的需求。经济学上，消费者愿意支付的价格与消费者获得的满意度正相关。也就是说，满足消费者需求层次越高，消费者能接受的产品定价也越高。市场的竞争，总是越低端越激烈，价格竞争显然是将"需求层次"降到最低，消费者感觉不到其他层次的"满意"，愿意支付的价格当然也低。

(二) 心理动机

心理动机是指由于人们的认识、感情、意志等心理过程而引起的购买动机。网络消费者购买行为的心理动机主要体现在理智动机、感情动机和惠顾动机三个方面。

1. 理智动机

理智动机是建立在人们对在线交易市场或网上商城推销的商品的理性认识的基础上

的动机。比如，某消费者想要网购图书，最终在亚马逊、EBAY、WISH 三个电商平台中选择了亚马逊，因为他考虑到亚马逊的质量更有保障。

2. 感情动机

感情动机是指由于人的情绪和感情所引发的购买动机。感情动机是指由于人的喜、怒、哀、乐等情绪和道德、情操、群体、观念等情感所引起的购买动机。比如最近很流行的"盲盒"，就是利用了消费者的好奇心理，只有打开才会知道自己抽到了什么，这种不确定的刺激会加强重复决策，因此一时间盲盒成了让人上瘾的存在。又比如购买高档化、名贵化、复古化的产品，迎合和满足了部分消费者的炫耀心理。

3. 惠顾动机

惠顾动机是指基于理智经验和感情之上，对特定的网站、网络广告、商品产生特殊的信任与偏好而重复地、习惯性地前往访问并购买的一种动机。比如，某消费者平日网购只去 WISH，不考虑其他电商平台，这就是惠顾动机的表现。

五、网络消费需求的特点

(一) 个性消费的回归

每个消费者都有自己的个性化需求，心理的认同感已经成为消费者做出购买品牌和产品决策的先决条件，每一个人都希望自己与众不同，不希望被复制。通过网络更容易满足消费者个性化的需求，特别是网络定制营销，有条件满足每一个消费者独特的需求。从长尾理论来说，网络营销企业不应该仅仅关注那些有大批客户的商品，还应该关注那些只有小众消费者的产品或者服务。

(二) 需求具有明显的差异性

网络消费者来自世界各地，由于国别、民族、信仰以及生活习惯的不同，产生了明显的需求差异性。不同的网络消费者因所处的时间、环境不同而产生不同的需求，不同的网络消费者在同一需求层次上的需求也会有所不同。这种差异性远远大于实体营销活动的差异。所以，企业开展网络营销要想取得成功，必须在整个生产过程中，从产品的构思、设计、制造到产品的包装、运输、销售，认真思考这种差异性，并针对不同消费者的特点，采取有针对性的方法和措施。

(三) 消费主动性增强

如今，网络消费者为了满足自己的个性化需求并避免购物风险，会主动通过网络及各种渠道搜集有关产品、服务及物流的各类信息，并乐于与网友沟通交流，分享心得体会，主动性较线下购物相比明显增强。

(四) 对购买追求方便性和乐趣性并存

在网上购物突破了时间和空间的限制，可以在全球范围内寻找和购买适合自己的商品，购买快速，成本低。消费者除了能够满足实际的购物需求之外，还可以同时在多个购物网站进行比价，并借助各种技术和活动(如视频、VR、游戏等)，获得购物乐趣。

(五) 价格仍然是影响消费者心理的重要因素

由于互联网天生具有免费和共享的基因，人们习惯于在网络上浏览免费的新闻资讯，使用免费的邮箱，因此低价更加符合网络消费者的习惯性认知；同时，由于网络购物需要承担更多的购物风险，并耗费一定的等待时间，也决定着人们更易接受低价商品。当然，网络营销由于省掉了多个中间环节和中间成本，也使价格降低成为可能。

(六) 网络消费具有层次性

网络消费本身是一种高级的消费形式，但就其消费内容来说，仍然可以分为由低级到高级的不同层次。在传统消费中，人们的需求一般是由低层次向高层次逐步延伸发展的，只有当低层次的需求满足之后，才会产生高一层次的需求。而在网络消费中，人们的需求却是由高层次向低层次扩展的。在网络消费的初期，消费者侧重于精神产品的消费，如通过网络书店购书。而到了网络消费的成熟阶段，消费者在完全掌握了网络消费的规律和操作并对网络购物有了较强的信任感后，才会从侧重于对精神产品的购买转向对日用消费品的购买。

(七) 需求具有交叉性、超前性和可诱导性

在网络消费中，各个层次的消费不是相互排斥，而是具有紧密联系的，需求之间广泛存在交叉的现象。例如，在同一个订单里，消费者可以同时购买最普通的生活用品和昂贵的饰品，以满足生理的需求和尊重的需求。这种情况的出现是因为网络消费者可以在网络平台一站式购齐所需物品，可以在较短的时间里浏览、比较多种商品，从而产生交叉性的购买需求。网络冲浪者大都是具有超前意识的年轻人，他们对新事物反应灵敏，接受速度很快。因此，开展网络营销的企业应充分发挥自身优势，采用多种促销方法，启发、刺激网络消费的新需求，激发他们的购买欲望，诱导网络消费者将潜在的需求转变为现实的需求，付诸购买行动。

六、跨境电子商务网络消费者的购买过程

网络消费者的购买过程可以分为五个阶段：引发需求、收集信息、比较选择、购买决策、购后评价。

(一) 引发需求

消费者需求的引发包括内在与外在两方面的影响。从内在来说，消费者自身缺乏某个物品，需要购买；从外在来说，消费者受到外界信息的刺激，产生购买需求。此时，消费者产生了心理学层面上的"缺乏"痛苦。有时，内在因素和外在因素共同作用，引发消费者产生更为强烈的购买需求。

(二) 收集信息

消费者明确自己的购买需求后，开始通过各种网络渠道全方位收集信息，列出多种购买方案，圈定选择范围。消费者可通过内部渠道和外部渠道收集信息。内部渠道是指消费者个人所储存、保留的市场信息，包括购买商品的实际经验、对市场的观察以及个人购买的记忆等。外部渠道是指消费者可以从外界收集信息的通道，包括个人渠道、商业渠道和公共渠道等。

(三) 比较选择

在收集市场信息后，列出一些指标，对其进行比较选择，以确定出最佳选择，并尽量降低购买风险。

(四) 购买决策

消费者在确定购买方案后，需要针对"5W1H"做出决策，包括 Who(何人)、When(何时)、Where(何地)、What(何物)、Why(为什么)、How(如何)，即决定谁在什么时间什么地点购买何物，并明确购物的动机及购物的方式。网络消费者在决策购买某种商品时，一般具备三个条件，即对厂商有信任感、对支付有安全感和对产品有好感。

(五) 购后评价

在跨境电子商务平台购物，消费者确认收货后，可以对卖家进行评分。跨境平台都有自己的卖家服务评级系统(Detail Seller Rating，DSR)。DSR 一般有三个方面的指标，即商品描述、服务和物流(发货速度)。买家或按单项评分，或综合评分，最高 5 分。每个商品累计的评分会作为其他买家购物时重要的参考信息。

七、影响网络消费者购买行为的因素

(一) 商品的性价比

商品是否具有令人满意的性能和具有竞争力的价格，是消费者选购时商品时更为看重的因素。

(二) 网络购物的便捷性

网络购物的便捷性体现在时空上的方便性及获得商品的快捷性两个方面。换言之，网络购物让消费者没有时间和空间的限制，可以全天候在全球范围内挑选商品，并且可以通过物流快速得到商品。

(三) 网络购物的安全性和可靠性

网络购物由于买卖双方互不见面，并且付款方式以电子支付为主，因此网络购物的安全性和可靠性问题成为消费者担忧的焦点。消费者往往担心钱款的安全性、个人隐私的保密性和网购商品维权难等问题。

八、跨境电子商务营销的几个核心概念

(一) 跨境电子商务经营核心公式及概念

1. 跨境电子商务经营核心公式

跨境电子商务活动的营收受到曝光率、点击率和转化率等因素的影响，其计算的具体公式为：

$$营收=曝光率×点击率×转化率×客单价$$

跨境电子商务本质是商业活动，商业活动的目标是盈利，手段是赚取差价。但跨境电子商务与传统商业或与传统外贸都不同，它是通过网络来实现的商务活动，因此经营要遵循网络营销的理论和特征。

2. 曝光率或曝光次数

曝光率或曝光次数指商品展示的页面在单位时间内展示的次数或展示的比率。曝光次数越多，意味着有更多的机会被消费者看到和关注到。跨境电子商务平台商品页面的曝光的主要来源有自然流量、搜索引擎、站内广告和站外导流等。

自然流量是指消费者在对某个信息有需求的时候，主动地找寻到自己想要的信息，这种用户就属于自然流量。消费者通过搜索引擎、分类目录、菜单等方式查找到商品页面都属于自然流量。

消费者在跨境电子商务平台查找商品信息时，最常采用的方式是搜索引擎。通过搜索引擎输入关键字来进行信息查找时，有关商品的信息页面的出现也是一种自然流量，因为它是消费者主动搜索信息的行为。

当利用搜索引擎搜索信息时，往往出现大量的商品信息，如果商品信息无法出现在搜索结果较前的位置，被关注到的机会并不高。站内广告是通过付费的方式，使自己的商品信息出现在尽量靠前的位置，以提高商品页面的曝光。

通过在商品销售平台之外的网络媒体做广告或发布信息链接，如其他网站、社交软件等，将网站的流量引入跨境平台商品页面，也是增加曝光的途径之一。

【资料】

衡量网站某页面访问次数或被展示次数的指标一般有三个：PV、UV 和 IP。

1. PV

PV(Page View)访问量，即页面浏览量或点击量，衡量网站用户访问的网页数量；在一定统计周期内用户每打开或刷新一个页面就记录 1 次，多次打开或刷新同一页面则浏览量累计。

PV 是网站分析的一个术语，用以衡量网站用户访问的网页的数量。一般来说，PV 与来访者的数量成正比，但是 PV 并不直接决定页面的真实来访者数量，如同一个来访者通过不断的刷新页面，也可以制造出非常高的 PV。

2. UV

UV(Unique Visitor)即独立访客数，指访问某个站点或点击某个网页的不同 IP 地址的人数。在同一天内，UV 只记录第一次进入网站的具有独立 IP 的访问者，在同一天内再次

访问该网站则不计数。UV 提供了一定时间内不同观众数量的统计指标，而没有反应出网站的全面活动。

当客户端第一次访问某个网站服务器的时候，网站服务器会给这个客户端的电脑发出一个 Cookie，通常放在这个客户端电脑的 C 盘当中。在这个 Cookie 中会分配一个独一无二的编号，这其中会记录一些访问服务器的信息，如访问时间，访问了哪些页面等。当下次再访问这个服务器的时候，服务器就可以直接从电脑中找到上一次放进去的 Cookie 文件，并且对其进行一些更新，但那个独一无二的编号是不会变的。

3. IP

IP 可以理解为独立 IP 的访问用户，指 1 天内使用不同 IP 地址的用户访问网站的数量，同一 IP 无论访问了几个页面，独立 IP 数均为 1。但是假如说两台机器访问而使用的是同一个 IP，那么只能算是一个 IP 的访问。

IP 和 UV 之间的数据不会有太大的差异，通常 UV 量和比 IP 量高出一点，每个 UV 相对于每个 IP 更准确地对应一个实际的浏览者。

(1) UV 大于 IP。这种情况是在网吧、学校、公司等，公用相同 IP 的场所中，不同的用户，或者多种不同浏览器访问同一个网站，那么 UV 数会大于 IP 数。

(2) UV 小于 IP。在家庭中大多数电脑使用 ADSL 拨号上网，所以同一个用户在家里不同时间访问网站时，IP 可能会不同，因为它会根据时间变动 IP，即动态的 IP 地址，但是实际访客数唯一，便会出现 UV 数小于 IP 数。

3. 点击次数或点击率

曝光次数是商品页面有机会被消费者关注到，但这只是理论上的关注。由于页面上商品数量较多，目标商品信息很可能被淹没在众多的商品信息中而没有被真正关注到。商品信息链接被点击"一般"意味着该商品信息不仅出现在页面上，而且被消费者关注，会进一步被了解；说"一般"是因为点击也存在误点的可能，即不小心点击了链接，并且迅速关闭该页面。只有被点击，商品才有可能会被购买；因此在商品曝光的基础上，要提高商品信息链接被点击的次数。

点击率，又称点进率(Click-through Rate 或 Clicks Ratio)，是指网站页面上某一内容被点击的次数与被显示次数之比，即 Clicks/Views，是一个百分比。它反映了网页上某一内容的受关注程度，经常用来衡量广告的吸引程度。

跨境电子商务平台商品页面的点击率受到商品信息展示内容的影响。如通过搜索引擎搜索到的商品信息一般只有主图、标题、价格、销售量等，而商品详细信息(详情页)只有被点击后才能被看到。因此，主图、标题、价格等因素是影响点击率的最主要因素。

4. 转化率

当消费者通过点击进入商品详情页面后，并不意味着会购买商品。只有最终购买才表示交易的达成。因此在商品信息链接点击的基础上，要提高商品被购买的比例。

转化率，就是所有到达商品详情页面并产生购买行为的人数和所有到达商品详情页面人数的比率。其计算方法为：

转化率=(产生购买行为的客户人数/所有到达页面的人数)×100%

跨境电子商务平台商品页面的转化率受到商品各方面因素的影响。主图、标题、价格等因素依然还会影响消费者的购买,但敏感度在下降。商品的其他信息发挥作用,如商品的全面视觉信息展示,商品评分和评价内容、交易量指标、客服等。转化率是真正考验商品质量的环节,当然电商模式的商品质量是通过交易量、评分和评论内容、商品全面信息(如图片、视频、描述等)体现出来的。

5. 客单价和利润

当消费者购买了商品,商家获取了销售额,但销售额并不意味着赚钱。商家的目标是盈利,盈利与否是由商品利润率决定的。只有利润率为正值,才能保证销售后有利润。

利润、利润率、成本及销售成本的计算方法分别为:

$$利润=销售单价×利润率$$
$$利润率=(销售单价-成本)/销售单价$$
$$成本=采购成本+销售成本$$
$$销售成本=平台佣金+国际物流成本+广告推广费+税收+损耗$$

要注意,这里计算的利润率依然是毛利润率,即商品利润率。站在公司运营的角度,公司经营跨境电子商务业务,还要支出人力成本、办公成本、财务成本等。因此要保证商品毛利润率足够高,才能弥补公司的各项开支。

(二) 几个跨境电子商务核心思维

跨境电子商务经营是个复杂的系统,除了要遵循商业活动的本质,还要有电子商务的理念和思维,如图 6-3 所示。首先是要做好产品,在能满足消费者需求的同时,把产品做到极致,要有打造爆款意识和能力。其次,要做好流量管理,把消费者吸引到自己的平台上来,这是电子商务经营的基础。此外,还要做好客户服务,通过大数据分析、了解客户的需求和趋势。电子商务最常需要的互联网思维包括流量思维、用户思维、极致思维、竞争对手思维、大数据思维等。

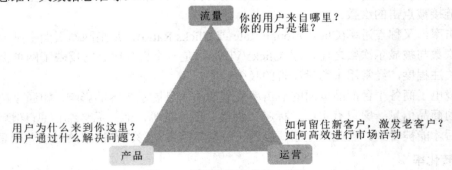

图 6-3　跨境电子商务核心理念

1. 流量思维

不论是互联网的电商还是传统的零售,其中最核心的商业逻辑都是流量思维。商家开店的时候都知道选一个好的位置,所以就有了"金角银边"的说法,好的位置意味着大的人流量,然后大量的人流中会有一部分去店里消费。到了互联网上,这个逻辑依然成立,更甚者流量成为了互联网的血液。

互联网的流量可以理解为用户访问量或浏览量。有了流量，才可能通过转化达到盈利的目的。

2. 用户思维

用户思维指了解用户的痛点、心理感受、意见和建议，并将这些不断融入到自己的产品设计、产品营销活动中。

传统企业的产品思维时代，消费完成之后，企业与用户的关系，其实已经终止了。而在互联网时代，企业与用户是双向沟通的，提供更多的互动机会。过去用户黏性比较低，现在的商家则希望和用户绑定，提高用户黏性，将更多"消费者"转化为"用户"，加强与用户的联系，提高用户忠诚度，进而为企业长期、可持续发展的提供助力。

移动互联网的出现，为企业与用户互动提供了更好的环境，企业与用户可以随时随地进行沟通、服务、销售，用户思维的应用更加重要。

3. 极致思维

把每一个产品的质量做到极致，把服务的质量也提高到制高点，提高用户体验，力求把每个产品打造成爆款。极致思维的核心是聚焦和简单。如果想把一个产品做到极致，首先必须要聚焦一个点去做，不能这个也做，那个也做，这样就无法聚焦，就做不到极致。通过极致思维，将产品的优势集中体现在一个点上，在这个点体现出超高的性价比和超级独特性。

4. 竞争对手思维

对于跨境电子商务卖家来说，竞争对手是最好的老师。通过向竞争对手学习，了解市场的热点、产品开发的思路、市场的趋势以及营销的策略。

对于竞争对手的学习，可以采用三种基本策略：研究、模仿、超越。

5. 大数据思维

跨境电子商务企业使用大数据技术采集有关客户的各类数据，并通过大数据分析建立"用户画像"来抽象地描述一个用户的信息全貌，依据这些数据能够快速了解消费者的需求，从而对用户进行个性化推荐、精准营销和广告投放等。

九、跨境电子商务网络营销的理论基础

有很多重要的营销理论在网络营销环境中得到更加充分的发挥，在跨境电子商务网络营销中同样适用。

(一) 网络直复营销理论

网络直复营销即任何与消费者或企业直接进行沟通，企图直接产生回应的营销方式。

直复营销的"直"即"Direct"，直接的意思，是指不通过中间环节而直接通过媒体连接企业和消费者；直复营销中的"复"即"Response"，回复的意思。直复营销是指企业与顾客之间直接的交互，顾客能够对企业的活动产生直接回复；企业对顾客的回复进行即时的响应，并且根据回复数据，进行营销效果评估。消费者对企业营销活动的回复表现各有

不同，在线咨询、注册、直接订购、与企业客服人员联系、到特定地方参观等都属于直复营销的表现。

互联网作为一种交互式的、可以双向沟通的渠道和媒体，为企业与客户架起了方便的双向互动的桥梁。通过互联网，顾客可以方便、直接地向企业提出建议，表达购买需求，可以直接获得售后服务，可以直接参与产品设计、定价、订货、付款、生产和交易的全过程。

通过互联网，企业可以直接得到顾客的建议、需求和服务要求，发现企业的不足之处，按照顾客的需求进行营销活动，而且营销费用更低；可以直接获得市场需求，依据需求进行产品开发、接收订单、安排生产并直接将产品送达顾客，并且提供服务。

(二) 网络关系营销理论

网络关系营销是一种与关键对象(顾客、供应商、分销商)建立长期满意关系的活动，以便维持各方之间长期的优先权和业务。

关系营销理论强调企业应该与供应商、分销商、顾客建立长期稳定的关系，以保证企业的生产、经营活动能够顺利进行。企业如能与供应商建立长期稳定的关系，就可以保证原材料供应及时、稳定，缩短生产周期；企业如能与分销商建立长期稳定的关系，就可以保证流通渠道畅通，保持市场占有率；而企业如能与顾客建立长期关系，就可以不断加深对客户的了解，把握客户的个性化需求，拉近彼此的情感距离，更好地为客户提供个性化服务，满足客户的个性化需求。在网络营销环境下，企业与供应商、分销商、顾客可以更加有效率地保持紧密的合作关系。

互联网为关系营销提供了实现的新环境，通过网络企业可以与关键对象实施直接、高效的信息互动和信息共享机制，保持长期稳定的关系。

网络关系营销的核心是保持顾客，为顾客提供高满意度的产品和服务，在与顾客保持长期关系的基础上开展营销活动，实现企业的营销目标。

(三) 网络软营销理论

网络软营销强调企业进行市场营销活动的同时必须尊重消费者的感受和体验，让消费者主动接受和参与企业的营销活动。

与软营销相反的是强势营销，传统营销是强势营销。强势营销最主要的两种促销手段是：传统广告和人员推销，实施时是企业主动地、单方面地将信息传递给消费者，消费者相对被动地接受。

可见，软营销的主动方是消费者，而强势营销的主动方是企业。强势营销忽视了消费者的感受和体验，不仅无法达到预期的营销效果，还可能招致消费者的反感。软营销强调消费者的感受和体验，并且提供消费者主动参与的机会，达到更好的营销效果。

(四) 网络整合营销理论

网络整合营销是指为了建立、维护和传播品牌，以及加强客户关系，而对品牌进行计划、实施和监督的一系列营销工作。网络整合营销把各个独立的工作综合成一个整体，以产生协同效应。

简而言之，网络整合营销是指企业的所有部门彼此协调为顾客服务，强调关系的建立是公司全体员工的共同责任。

网络整合营销具体有三个层次。第一层次是将原来相对独立的营销工作通过网络整合起来，相互配合，共同实现营销目标，如网络广告、在线销售、网络销售促进、在线客户服务等营销活动集成到一个网络平台统一实现。第二层次是将企业各个职能整合起来，共同实现企业的目标，如生产、人力资源、财务和营销活动保持协调一致。第三层次是基于供应链的整合，企业通过网络将上下游企业的资源整合，信息共享，协调一致。例如，新产品开发过程中，就需要上游供应链及时生产、按时供货，下游经销商配合促销。

(五) 长尾理论

2004 年 10 月，美国《连线》杂志主编克里斯·安德森在他的文章中第一次提出长尾 (Long Tail)理论，他告诉读者：商业和文化的未来不在热门产品，不在传统需求曲线的头部，而在于需求曲线中那条无穷长的尾巴。克里斯·安德森举例：在互联网的音乐与歌曲、新书甚至旧书等的销售中，尽管单项的热门商品畅销，高居营业额的前列，但同时在仓储和联邦快递的配合下，那些看上去不太热门的商品也在创造着出乎意料的营业额，成为这些新媒体销售收入的主要部分。图 6-4 为"长尾理论"模型示意图。

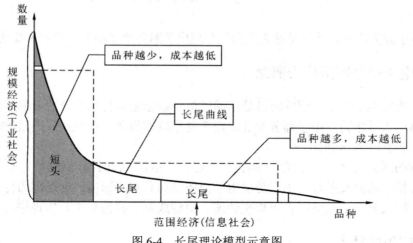

图 6-4　长尾理论模型示意图

简而言之，长尾理论指只要产品的存储和流通的渠道足够大，需求不旺或销量不佳的产品所共同占据的市场份额可以和那些少数热销产品所占据的市场份额相匹敌，即众多小市场汇聚可产生与主流大市场相匹敌的市场能量。也就是说，对于企业的销售量而言，不应仅仅关注传统需求曲线上代表"畅销商品"的头部，更需要关注那条代表"冷门商品"和经常被人遗忘的长尾。

举例来说，一家大型线下书店通常只能摆放 10 万本书，一般主营热销、热门的书籍，而忽略"冷门"的书籍。但亚马逊网络书店的图书销售额中，有四分之一来自排名 10 万以后的书籍，而且这些"冷门"书籍的销售比例还在高速增长，预估未来可占整个书市的一半。冷门书籍在传统书店经营时因库存、市场有限等原因不得不被忽略，只能把有限的面积用来经营热销产品；而网上书店恰恰解决了这些难题。简而言之，"长尾"所涉及的冷门产品涵盖了更多人的需求，通过互联网可以使冷门产品面对"无限大"的全球市场；当有了需求后，冷门便不再是冷门。

(六) 网络效应理论

网络效应理论是指技术对用户的价值随着使用者数量的增加而提高，用户通过使用相同或可兼容的产品以获得信息共享、互补性产品供给增加、规模效益带来的价格降低等多方面的利益。

网络效应理论最典型的是梅特卡夫定律。该定律表示网络的价值随着用户数量的平方数增加而增加。随着网络结点数的增加，成本呈线性增加，网络价值却呈平方正比规律增加。因此，网络越大，成本效益越高。梅特卡夫定律可用 $I=EM^2$ 表示。其中，I 表示网络价值，E 代表价值系数，M 代表网络结点数，可把其理解为使用者数量。

这就不难理解为什么很多企业和网站前期即使亏钱也要扩大用户数，只有积累起足够多的用户数后，未来产生的效益就足可以弥补前期的成本投入。

第二节　跨境电子商务广告

跨境电子商务广告，特别是站内广告是跨境电子商务企业商品推广最重要的方式之一。

一、跨境电子商务网络广告概念

网络广告即电子广告，简单来讲是指通过电子信息服务传播给消费者的广告。跨境电子商务网络广告是指跨境电子商务企业运用各种互联网媒体，将企业或产品信息传递给境外消费者的一种广告活动。

与传统的四大传播媒体(报纸、期刊、电视、广播)广告相比，网络广告是跨境电子商务企业进行推广的重要手段。由于跨境电子商务活动具有跨国境、远距离的特点，目标消费者分布广阔且分散，网络广告可以更快速、更低成本、覆盖更大范围地进行信息传递。

二、网络广告的特点

凭借互联网具有的不同于传统媒体的交互、多媒体和高效率的独有特性，网络广告在下列方面呈现出不同于传统媒体广告的特点。

1. 传播范围广

网络广告的传播范围极其广泛，不受时间和空间的限制。因特网已覆盖了全世界 200 多个国家和地区，通过因特网可以把网络广告传播到它所波及的所有地域。网络广告突破了传统广告只能局限于一个地区、一个时间段的不足，它把广告信息 24 小时不间断地传播到世界各地。网络广告可以随时发布在任何地点的因特网网站上，受众可在任何时间在他们任一连接因特网的地点浏览广告。

2. 交互性强

网络广告是一种双向的、推拉互动式的信息传播方式。它的即时互动性表现在趣味性强，能实现多种交流功能，能实行个体化沟通模式，提高了目标顾客选择性这几个方面。当广告的受众对某一广告产生兴趣时，可以通过点击进入该广告的主页，进一步了解有关信息，甚至可以直接与商家进行咨询和交易洽谈，一对一直接沟通，受众具备了更大的自主性。而厂商可以根据受众的不同需求和兴趣展现不同的广告内容，并随时得到用户反馈的信息。网络广告改变了传统广告传播中信息单向流通、相互隔离及有时差的缺点，形成了广告发布者和接受者的即时互动关系。

3. 灵活快捷

在传统广告媒体上，广告从策划、制作到发布需要经过很多环节的配合。广告一旦制作完成，后期改动的费用很高，所以广告一旦发布后信息内容很难改变，难以实现广告信息的及时调整。而在因特网上做广告，能按照需要及时变更广告信息，改正广告中的错误就更容易了。这使企业经营决策的变化可以灵活地实施和推广。厂家随时可以了解广告被浏览、点击的数据，并从网络广告的统计数据中了解网络广告的效果，及时调整广告策略。

4. 推拉结合

网络的交互性使得网络广告改变了传统广告单纯的推动方式，由受众主动向企业索要特定的信息、广告主的强势推广转变为顺势拉进，形成了推动与拉动相结合的模式。典型的情况是，用户可以用关键字来查看广告，不用"搭配"阅读自己不感兴趣的内容。从网络广告的各种形式来看，网址、企业网站、旗帜广告、活动页面、赞助内容及下载按钮都需要引发消费者兴趣才能吸引他们进入商品页面，这属于拉动式的情况。而插入式广告、电子邮件广告等则属于推动模式。消费者的主动性并不意味着广告主从此处于被动寻找的地位：一方面，他们似乎被动地等待消费者自己找上门来；另一方面，他们也积极搜集顾客资料，建立数据库，伺机而动，把信息推到消费者面前。

5. 成本较低

作为新兴媒体，网络媒体的收费低于传统媒体。网络广告的费用目前大约是报纸的1/5，电视的1/8。这是由于网络广告由自动化的软件工具进行创作和管理，能以低廉费用按照需要及时变更广告内容。如果能直接利用网络广告进行产品的销售可节省更多的销售费用。

6. 针对性强

网络广告可以锁定目标消费者，可针对具体受众提供有针对性的内容，可以实现在适当的时间把适当的信息发送给适当的人。由于点击广告者一般都是对广告内容感兴趣的用户，所以网络广告可以直接命中潜在购买者。

7. 效果可控

采用传统媒体做广告，很难准确了解究竟有多少人接收了广告信息，广告的评估与控制比较困难。而网络广告可通过后台直接进行统计，实时、精确地统计出每个广告看过的人有多少个，这些用户点击的时间分布、地城分布和反馈情况等。广告主和广告经营者可以对广告效果做出评价，实时调整他们的广告策略，这就避免了传统广告的失控性和无效性。

三、跨境电子商务网络广告的形式

跨境电子商务网络广告可以利用的形式很多，按投放媒体的不同可以分为以下几大类。

1. 门户网站页面形式

跨境电子商务可以在各国主流的门户网站上进行各种形式的广告投放，主要的投入形式有条幅广告、旗帜广告、全屏广告、文字链接广告等。

门户网站流量大，可以给企业带来较高的浏览量和点击率，广告形式也很灵活，可以是企业形象广告、企业产品广告、促销活动广告。但在门户网站上做广告往往费用较高，适合于在国外市场已经有较高知名度的大型跨境电子商务企业。

2. 跨境电子商务平台站内广告

跨境电子商务平台本身就是交易的平台，在平台上做广告进行站内引流效果肯定最好，因此是跨境电子商务企业必然会采用的广告形式。主流第三方跨境平台，如亚马逊、速卖通、eBay 等均推出一系列政策来吸引卖家在平台上发布广告，既可以给平台带来广告收入，也可以帮助卖家获得更多的流量。

3. 电子邮件广告

电子邮件广告在跨境电子商务网络广告中占有较重要的地位。电子邮件广告具有两个明显优势。一是发布成本较低。另一方面因为电子邮件在国外，特别是在发达国家中的使用频率依然很高，因此效果比较好。但要注意的是，使用电子邮件发布广告应该是在用户许可的前提下发布，不要发布垃圾邮件广告。

4. 搜索引擎关键字广告

搜索引擎关键字广告指通过购买搜索引擎关键字广告进行信息的发布，是通过付费方式获得某关键词在搜索引擎搜索结果的靠前排名，或出现在专门的广告位。当用户在搜索引擎输入某关键字搜索信息时，购买过该关键词的广告则出现在特定的广告位置。

5. 社交媒体广告

随着各种社交媒体的流行和普及，社交媒体发挥着越来越明显的影响力。在社交媒体上发布广告更容易获得关注，特别是年轻人的关注。Facebook、Tiktok、Instagram 和 Twitter 等社交媒体目前的活跃用户数都以亿计。

四、网络广告的计费方式

网络广告的计费方式多种多样，不同的计费方式各有利弊，每一种方式既有自己的独特之处，也有一定的漏洞和缺陷。目前互联网上主要流行 CPM、CPC、CPA、CPT 广告计费方式。

1. CPM

CPM(Cost Per Mille)，即每千人成本，是一种按照千次曝光进行计算收费的方式。

CPM 是比较容易理解和让大家接受的收费方式。广告就是让用户看到，按照有多少人看到广告来收费是相对科学的计费方式。因此，CPM 是传统广告和网络最常用的收费方式之一。CPM 取决于"印象"尺度，通常理解为一个人的眼睛在一段固定的时间内注视一个广告的次数。比如说一个广告横幅的单价是 1 元/CPM 的话，意味着每一千个人次看到这个 Banner 的话就收 1 元，如此类推，10 000 人次访问的主页就是 10 元。不同的网站因为浏览量不同 CMP 的收费标准也不一样，国际上一般每 CPM 收费从 5 美元至 200 美元不等。CPM 广告以曝光展示为目的，但不强调获客效果，在品牌广告中尤为常见。

2. CPC

CPC(Cost Per Click)，即每次点击成本，以实际点击的数量为标准来计算广告费用。按照广告点击付费的模式是互联网广告最早的计费方式。1994 年出现的第一支网络广告就是采用此计费方式。关键词竞价一般采用这种模式，跨境电子商务网站大多也是采用 CPC 的计费方式。CPC 计费方式有利有弊：其优势是更考虑到了广告主的利益，有点击才付费，无点击不付费，节省了广告主的广告成本；其劣势是广告的点击率容易作弊，广告主要为很多重复、无效或虚假点击付费。跨境电子商务网站一般都有措施来防止重复计算点击量。

3. CPA

CPA (Cost Per Action)，即每行动成本。这种计费方式主要按照效果计费，即按广告投放的实际效果，如软件下载、用户注册、提交订单或完成有效问卷来计费。这种计费方式对广告主更加有利，广告成本与获得的效益直接挂钩。

4. CPT

CPT(Cost Per Time)，按时长计费方式，即以广告发布位置、广告形式为基础对广告主按时长征收固定的费用。在这一模式下，广告主可以按照自己的需要选择合适位置和形式，按小时或天付费。很多大型门户网站浏览量有保证且比较稳定，会采用这种计价方式。

五、网络广告效果评估

(一) 网络广告效果评估的原则

进行网络广告效果评估工作必须遵循一定的原则，这些原则是贯穿整个广告活动过程的指导思想。

1. 相关性原则

相关性原则要求网络广告的效果测定的内容必须与广告主所追求的目的相关。DAGMAR(Defining Advertising Goals for Measured Advertising Results)方法是这一原则的很好体现。若广告的目的在于推出新品或改进原有产品，那么广告评估的内容应针对广告受众对品牌的印象；若广告的目的是在已有市场上扩大销售，则应将评估的内容重点放在受众的购买行为。

2．有效性原则

评估工作必须要达到测定广告效果的目的，要以具体的、科学的数据结果而非虚假的数据来评估广告的效果。所以，那些掺入很多水分的高点击率等统计数字用于网络广告的效果评估是没有任何意义的，也是无效的。这就要求采用多种评估方法，多方面综合考察，使对网络广告效果进行评估得出的结论更加有效。

(二) 网络广告效果评估的内容及指标

广告的根本目的是促成消费者购买产品。但是，网络广告的作用是一项缓慢的过程，其效果也不仅仅表现为销售效果，应对广告的传播效果、经济效果以及社会效果几方面进行综合衡量，并按照网络广告活动过程分阶段进行评估。

1．网络广告传播效果评估的内容及指标

广告主可以依据不同的广告目的，用 AIDA(也称"爱达"公式，是艾尔莫·李维斯于1898 年首次提出的推销模式)来检验网络广告的效果。广告的 AIDA 的每一个阶段都可以作为网络广告传播效果评估的内容，网络广告传播效果与评估指标的对应关系如表 6-1 所示。

表 6-1　网络广告传播效果与评估指标对应表

网络广告 AIDA(评估内容)	网络广告的传播效果评估指标
Attention(注意)	Advertising Impression：广告曝光次数(媒体网站)
Interest(兴趣)	Click& Click Through Rate (CTR)：点击次数与点击率(媒体网站)
Desire(欲望)	Page View：网页阅读次数(广告主网站)
Action(行动)	Conversion& Conversion Rate：转化次数与转化率(广告主网站)

(1) 广告曝光次数(Advertising Impression)。广告曝光次数是指网络广告所在的网页被访问的次数，这一数字通常用 Counter(计数器)来进行统计。假如广告刊登在网页的固定位置，那么在刊登期间获得的曝光次数越高，表示该广告被看到的次数越多，获得的注意力就越多。但是，在运用广告曝光次数这一指标时，应该注意以下问题。首先，广告曝光次数并不等于实际浏览的广告人数。在广告刊登期间，同一个网民可能光顾几次刊登同一则网络广告的同一网站，这样他就可能看到了不止一次这则广告，此时广告曝光次数应该大于实际浏览的人数；还有一种情况就是，当网民偶尔打开某个刊登网络广告的网页后，也许根本没有看上面的内容就将网页关闭了，此时的广告曝光次数与实际阅读次数也不相等。其次，广告刊登位置的不同，每个广告曝光次数的实际价值也不相同。通常情况下，首页比内页得到的曝光次数多，但不一定是针对目标群体的曝光；相反，内页的曝光次数虽然较少，但目标受众的针对性更强，实际意义更大。最后，通常情况下，一个网页中很少仅刊登一则广告，更多情况下会刊登几则广告。在这种情形下，当网民浏览该网页时，会将自己的注意力分散到几则广告中，导致广告曝光的实际价值无法估量。因此得到一个广告曝光次数，并不等于得到一个广告受众的注意，只可以从大体上来反映广告的浏览情况。

(2) 点击次数与点击率(Click & Click Through Rate)。网民点击网络广告的次数就称为点击次数。点击次数可以客观准确地反映广告效果。而点击次数除以广告曝光次数，就可得到点击率(CTR)，这项指标也可以用来评估网络广告效果，是广告吸引力的一个指标。例如，一则广告的网页的曝光次数是 5000，而网页上的广告的点击次数为 500，那么点击率是 10%。点击率是网络广告最基本的评价指标，也是反应网络广告最直接、最有说服力的量化指标，因为一旦浏览者点击了某个网络广告，说明他已经对广告中的产品产生了兴趣，与曝光次数相比这个指标对广告主的意义更大。但同样，也存在网民虽然点击了广告，但直接退出或关闭页面的情况。

(3) 网页阅读次数(Page View)。浏览者在对广告中的产品产生了一定的兴趣后进入广告主的网站，了解产品的详细信息后，就可能会产生购买的欲望。当浏览者点击网络广告之后即进入了介绍产品信息的主页或者广告主的网站，浏览者对该页面的一次浏览阅读称为一次网页阅读。而所有浏览者对这一页面的总的阅读次数就称为网页阅读次数。这个指标也可以用来衡量网络广告效果，它从侧面反映了网络广告的吸引力。广告主网页的阅读次数与网络广告的点击次数事实上是存在差异的，这种差异是由于浏览者虽然点击了网络广告，但没有真正浏览阅读这则广告所在的网页内容。目前由于技术的限制，很难精确地对网页阅读次数进行统计，在很多情况下，就假定浏览者打开广告主的网站后都进行了浏览阅读，这样网页阅读次数就可以用点击次数来估算。

(4) 转化次数与转化率(Conversion & Conversion Rate)。网络广告的最终目的是促进产品的销售，而点击次数与点击率指标并不能真正反映网络广告对产品销售情况的影响，于是引入了转化次数与转化率的指标。转化率最早由美国的网络调查公司 AdKnowledge 在《2000 年第三季度网络广告调查报告》中提出。"转化"被定义为受网络广告影响而形成的购买、注册或者信息需求。那么，人们推断转化次数就是由于受网络广告影响所产生的购买、注册或者信息需求行为的次数。而转化次数除以网页阅读次数，即得到转化率。

2. 网络广告成本的计算方式

网络广告成本(cost)目前有以下几种计算方式：

(1) 千人印象成本(Cost Per Mille)。千人印象成本是指网络广告所产生 1000 个广告印象的成本，通常以广告所在页面的曝光次数为依据。其计算公式为：

$$CPM=总成本/广告曝光次数×1000$$

(2) 每点击成本(Cost Per Click)。每点击成本就是点击某网络广告 1 次广告主所付出的成本。其计算公式为：

$$CPC=总成本/广告点击次数$$

(3) 每行动成本(Cost Per Action)。每行动成本就是广告主为每个行动所付出的成本。其计算公式为：

$$CPA=总成本/转化次数$$

例如，一定时期内一个广告主投入某产品的网络广告的费用是 6000 美元,这则网络广告的曝光次数为 600 000，点击次数为 6000，转化数为 1200。那么：

这个网络广告的千人印象成本为：CPM =6000/600 000×1000=10(美元)

这个网络广告的每点击成本为：CPC =6000/6000=0.1(美元)

这个网络广告的每行动成本为：CPA =6000/1200=5(美元)

(4) 销售占比(Cost of Sale，COS)

$$COS =总广告支出/广告带来总销售额×100\%。$$

例如，如果花 5 美元做广告，而广告带来的销售额是 50 美元，那么 COS 就是 10%。理论上 COS 越低越好，但如果广告无法带来点击量，单纯的 COS 低也没有意义。一个简单的判断是 COS 应低于毛利润率。如果 COS 高于毛利润率，意味着广告成本高于由广告带来的销售利润。但是没有最理想的 COS 的说法，因为不同阶段，不同产品，经营的目标不同，完全存在短期内以牺牲利润提高市场占有率的行为。

最典型的应用就是亚马逊 ACOS 应用，用于衡量广告投入的成本效益。

第三节　跨境电子商务其他营销方式

一、搜索引擎营销

(一) 搜索引擎原理

搜索引擎，通常指的是收集了万维网上几千万到几十亿个网页并对网页中的每一个词(即关键词)进行索引，建立索引数据库的全文搜索引擎。当用户查找某个关键词的时候，所有在页面内容中包含了该关键词的网页都将作为搜索结果被搜出来。再经过复杂的算法进行排序(或者包含商业化的竞价排名、商业推广或者广告)后，这些结果将按照与搜索关键词的相关度高低(或与相关度毫无关系)，依次排列。

搜索引擎的工作原理是从互联网上抓取网页，建立索引数据库，在索引数据库中搜索排序。它的整个工作过程大体分为信息采集、信息分析、信息查询和用户接口四部分。信息采集是网络机器人扫描一定 IP 地址范围内的网站，通过链接遍历 Web 空间，来进行采集网页资料。为保证采集的资料最新，网络机器人还会回访已抓取过的网页。信息分析是通过分析程序，从采集的信息中提取索引项，用索引项表示文档并生成文档库的索引表，从而建立索引数据库。信息查询是指用户以关键词查找信息时，搜索引擎会根据用户的查询条件在索引库中快速检索文档，然后对检出的文档与查询条件的相关度进行评价，最后根据相关度对检索结果进行排序并输出。

1. 爬行和抓取

搜索引擎"派出"一个能够在网上发现新网页并抓文件的程序，这个程序通常称之为网络蜘蛛(Web Spider)。搜索引擎从已知的数据库出发，就像正常用户的浏览器一样访问这些网页并抓取文件。搜索引擎通过这些"爬虫"去爬互联网上的外链，从这个网站爬到另一个网站，去跟踪网页中的链接，访问更多的网页，这个过程就叫"爬行"。这些新的网址会被存入数据库等待搜索。跟踪网页链接是搜索引擎蜘蛛发现新网址的最基本的方法，所以反向链接成为搜索引擎优化的最基本因素之一。搜索引擎抓取的页面文件与用户浏览器得到的完全一样，抓取的文件会存入数据库。

2. 建立索引

网络蜘蛛抓取的页面文件经分解、分析，以巨大表格的形式存入数据库，这个过程即是索引(Index)。在索引数据库中，网页文字内容，关键词出现的位置、字体、颜色、加粗、斜体等相关信息都有相应记录。

3. 搜索词处理

用户在搜索引擎界面输入关键词，单击"搜索"按钮后，搜索引擎程序即对搜索词进行处理，如中文特有的分词处理，去除停止词，判断是否需要启动整合搜索，判断是否有拼写错误或错别字等情况。搜索词的处理必须十分快速。

4. 排序

对搜索词处理后，搜索引擎程序便开始工作，从索引数据库中找出所有包含搜索词的网页，并且根据排名算法计算出哪些网页应该排在前面，然后按照一定格式返回到"搜索"页面。再好的搜索引擎也无法与人相比，这就是为什么网站要进行搜索引擎优化(SEO)。没有 SEO 的帮助，搜索引擎常常不能正确返回最相关、最权威、最有用的信息。

(二) 搜索引擎营销

搜索引擎营销(Search Engine Marketing , SEM)。简单来说，搜索引擎营销就是基于搜索引擎平台的网络营销，利用人们对搜索引擎的依赖和使用习惯，在人们检索信息的时候将信息传递给目标用户。搜索引擎营销的基本思想是让用户发现信息，并通过点击进入网页，进一步了解所需要的信息。企业通过搜索引擎付费推广，让用户可以直接与公司客服进行交流，了解相关信息，实现交易。

在介绍搜索引擎策略时，一般认为，搜索引擎优化设计主要目标有 2 个层次：被搜索引擎收录和在搜索结果中排名靠前。简单来说 SEM 所做的就是以最小的投入在搜索引擎中获得最大的访问量并产生商业价值。多数网络营销人员和专业服务商对搜索引擎的目标设定也基本处于这个水平。但从实际情况来看，仅仅做到被搜索引擎收录并且在搜索结果中排名靠前还不够，因为取得这样的效果实际上并不一定能增加用户的点击率，更不能保证将访问者转化为顾客或者潜在顾客，因此只能说是搜索引擎营销策略中两个最基本的目标。一般将搜索引擎营销的目标分成四个层次，如图 6-5 所示。

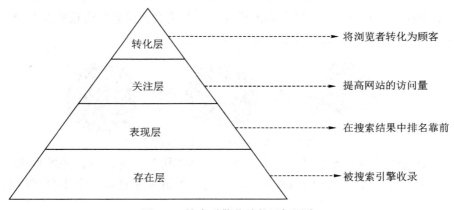

图 6-5　搜索引擎营销的目标层次

第一层是搜索引擎的存在层,其目标是在主要的搜索引擎/分类目录中获得被收录的机会,这是搜索引擎营销的基础,离开这个层次,搜索引擎营销的其他目标也就不可能实现。搜索引擎收录包括免费收录、付费收录、搜索引擎关键词广告等形式。存在层的含义就是让目标网站中尽可能多的网页获得被搜索引擎收录(而不仅仅是网站首页),也就是为增加网页的搜索引擎可见性。

第二层的目标则是在被搜索引擎收录的基础上尽可能获得好的排名,即在搜索结果中有良好的表现,因而可称为表现层。因为用户关心的只是搜索结果中靠前的少量内容,如果用户利用主要的关键词检索时网站在搜索结果中的排名靠后,那么还有必要利用关键词广告、竞价广告等形式作为补充手段来实现这一目标。

搜索引擎营销的第三个目标则直接表现为网站访问量指标方面,也就是通过搜索结果点击率的增加来达到提高网站访问量的目的。由于只有受到用户关注,经过用户选择后的信息才可能被点击,因此可称为关注层。从搜索引擎的实际情况来看,仅仅做到被搜索引擎收录并且在搜索结果中排名靠前是不够的,这样并不一定能增加用户的点击率,更不能保证将访问者转化为顾客。要通过搜索引擎营销实现访问量增加的目标,则需要从整体上进行网站优化设计,并充分利用关键词广告等有价值的搜索引擎营销专业服务。

搜索引擎推广的第四个目标,即通过访问量的增加转化为企业最终实现收益的提高,可称为转化层。转化层是前面三个目标层次的进一步提升,是各种搜索引擎方法所实现效果的集中体现,但并不是搜索引擎营销的直接效果。从各种搜索引擎策略到产生收益,期间的中间效果表现为网站访问量的增加,网站的收益是由访问量转化所形成的,从访问量转化为收益则是由网站的功能、服务、产品等多种因素共同作用而决定的。因此,第四个目标在搜索引擎营销中属于战略层次的目标,其他三个层次的目标则属于策略范畴,具有可操作性和可控制性的特征,实现这些基本目标是搜索引擎营销的主要任务。

搜索引擎推广追求最高的性价比,以最小的投入获得来自搜索引擎的最大的访问量,并产生商业价值。用户在检索信息所使用的关键字反映出用户对该问题(产品)的关注,这种关注是搜索引擎之所以被应用于网络营销的根本原因。

(三) 搜索引擎营销的形式

搜索引擎营销目前主要有两种主要的模式:一种是竞价排名广告模式和关键词广告;另一种就是 SEO,也就是搜索引擎优化推广模式,如图 6-6 所示。

图 6-6 搜索引擎营销的主要形式

搜索引擎优化是指为提高网站流量,提升网站销售和品牌建设,遵循搜索引擎自然排名机制,对网站内部和外部的调整优化,从而使关键词在搜索引擎中自然排名靠前的过程。

搜索引擎广告最常用的是竞价排名的模式。竞价排名是指广告主通过付费方式来获得某关键词在搜索引擎的靠前排名，付费越高者排名越靠前。当用户搜索广告主投放的关键词时，相应的广告就会以链接的形式出现在搜索靠前的位置。竞价排名是按照实际发生的点击数来向搜索引擎支付广告费用的，广告链接有点击有收费，无点击无收费。因此竞价排名是一种 PPC(Pay-Per-Click)广告，即按 CPC 方式计费的广告形式。客户可以通过调整每次点击价格，控制自己在特定关键字搜索结果中的排名，并可以通过设定不同的关键词捕捉到不同类型的目标访问者。搜索引擎广告的另一种模式是直接投放关键词广告，用户搜索广告主投放的关键词时，广告直接显示在搜索结果页面的网站链接广告位置。关键词广告也是按点击次数收取广告费，也是 PPC 广告形式。

1. PPC 广告的优势

(1) PPC 广告的访问量、广告排名和广告效果比搜索引擎优化更具稳定性和预知性。

(2) PPC 形式虽然出现得比 SEO 要晚，但现在已俨然成为互联网上最流行的一种广告传媒形式，因而较之于其他营销模式，更易为客户接受。

(3) 排名上具有独特优势。客户只需调整竞标价格就可以轻松控制广告排名，省去了搜索引擎优化、寻找链接、交换链接等繁复的工作。只要肯花钱，名列前茅简直轻而易举。

(4) 通过 PPC 广告可对广告的客户转化率进行跟踪，进而调整关键词，使其达到最大绩效。

(5) 搜索引擎对 PPC 广告的评审的通过一般最多只需要几天而已，因而能够起到立竿见影的效果。

2. PPC 广告的不足

(1) 这种广告方式的盛行决定了它在竞争上的激烈性。供不应求的市场局面亦使广告点击价格水涨船高。热门关键词的每点击价格往往高达五六美元，这是只有那些有一定实力的公司才承受得起的。

(2) 从长期效果考虑，其投资收益回报不及搜索引擎优化。

3. 搜索引擎优化推广的优点

(1) 自然搜索结果在受关注度上要比搜索广告更占上风。这是由于与和搜索结果同时出现的 PPC 广告相比，大多数用户更青睐于那些自然的搜索结果。

(2) 建立外部链接，让更多站点指向自己的网站，是搜索引擎优化的一个关键因素。而这些链接本身在为网站带来排名提升，带来访问量的同时，还可以显著提升网站的访问量，并将这一优势保持相当长时间。

(3) 获取流量的成本很低，能够为客户带来更高的投资收益回报。

(4) 网站内容的良好优化可改善网站对产品的销售力或宣传力度。

4. 搜索引擎优化的不足

(1) 搜索引擎对自然结果的排名算法并非一成不变，而一旦发生变化，往往会使一些网站不可避免受到影响。因而，SEO 存在着效果上不够稳定、无法预知排名和访问量的缺点。

(2) 由于不但要寻找相关的外部链接，同时还要对网站从结构乃至内容上精雕细琢(有时须做较大改动)来改善网站对关键词的相关性及设计结构的合理性，而且无法立见成效。

要想享受到优化带来的收益，往往需要几个月的时间。

(3) 搜索引擎优化最初以低成本优势吸引人们眼球，但随着搜索引擎对其排名系统的不断改进，优化成本亦愈来愈高，这一点在热门关键词上表现最为明显。像"Car Insurance(汽车保险)"这样的热门关键词，每年至少需要一到五万美元的优化成本预算。

两种推广方式各有自己的优缺点。PPC广告具有见效快，效果稳定的优势，但如果只用PPC广告进行推广，则会减少利润空间。搜索引擎优化虽不如PPC广告见效快，但从长远来看，却具有投资回报高的优势。两者的有机结合可取长补短，有效降低广告成本。

二、电子邮件营销

(一) 电子邮件营销的定义

电子邮件营销(E-mail Direct Marketing，EDM)是在用户事先许可的前提下，通过电子邮件的方式向目标用户传递价值信息的一种网络营销手段。

电子邮件营销的三要素包括用户许可、通过电子邮件传递信息、信息对用户有价值，三个要素缺一不可。

因此，真正意义上的电子邮件营销也就是许可电子邮件营销。基于用户许可的电子邮件营销与滥发邮件(Spam，垃圾邮件)不同，许可营销比未经许可的电子邮件营销具有明显的优势，比如可以减少广告对用户的滋扰、增加潜在客户定位的准确度、增强与客户的关系、提高品牌忠诚度等。目前很多国家对滥发邮件(垃圾邮件)都有明确的法律处罚，因此在跨境电子商务网络营销中，一定要使用许可电子邮件营销。

(二) 电子邮件营销的分类

1. 以电子邮件营销的功能为分类标准

以电子邮件营销的功能为分类标准，可分为顾客关系电子邮件营销、顾客服务电子邮件营销、在线调查电子邮件营销、产品促销电子邮件营销等。

2. 以电子邮件地址的所有权为分类标准

以电子邮件地址的所有权为分类标准，可分为内部电子邮件营销和外部电子邮件营销，或称为内部列表营销和外部列表营销。

(1) 内部列表营销是指自己通过用户网站注册、开展活动等方式收集和积累用户电子邮件来开展的电子邮件营销。

(2) 外部列表营销是指利用第三方专业服务商的用户电子邮件地址来开展的电子邮件营销。

(三) 电子邮件营销的三大基础

开展电子邮件营销面临三个基本问题，即向哪些用户发送电子邮件、发送什么内容的电子邮件以及如何发送这些电子邮件。这三个基本问题可以归纳为电子邮件营销的三大基础，即技术基础、资源基础和内容基础。

1. 技术基础

从技术上保证用户加入、退出邮件列表，并实现对用户资料的管理、邮件发送及效果跟踪等功能。

2. 资源基础

在用户自愿加入邮件列表的前提下，获得足够多的用户电子邮件地址资源，是电子邮件营销发挥作用的必要条件。

3. 内容基础

电子邮件的内容必须对用户有价值才能引起用户的关注。因此，电子邮件营销发送的内容应尽量贴近用户的需求，才能给用户带来价值。

(四) 电子邮件营销的评价指标

1. 退信率

退信率是指没有送达的邮件所占的比率。退信率是评价列表质量的一个重要指标。

2. 开信率

开信率也称为浏览率，是指用户在收到信件后打开阅览的比例。

3. 点击率

点击率是指用户收到信件后点击其中的链接进入广告主指定网页的比例。

4. 转化率

转化率是指用户收到信件后产生购买、用户注册、期刊订阅等预期行动的比例。

5. 新顾客获得率

新顾客获得率是指收到信件的用户转化为公司新顾客的比率。该比率可用来评价列表的质量和促销效果。

6. 退订率

退订率是指用户收到了邮件但是要求退订的比率。该比率可用来评价营销信息的质量以及发送的频率是否恰当。正常的退订率在1%以下。

三、社交媒体营销

现在 Facebook、Instagram 和 Twitter 等社交媒体是在线零售商谋求发展的最佳工具。通过电视、广播、报纸等媒体广告，我们无法与消费者互动；通过网络广告、搜索引擎营销、邮件营销，我们同样无法与消费者保持实时互动。或许，企业可以组织一些线下推广活动，实现面对面的互动。然而，这种线下营销不仅费用高，而且辐射面窄。随着 Facebook、Twitter 等社交网络的繁荣发展，企业开始踏入互动式的关系导向型营销时代。

"We Are Social" 携手 "Hootsuite" 发布了新报告 "2020 年全球网络概览"。报告中指出，网络、移动和社交媒体已经成为世界各地人们日常生活中不可或缺的一部分。全球目前有超过 45 亿人使用互联网，而社交媒体用户已超过 38 亿大关。全球网民平均每天在所有设备上使用社交媒体的时间为 2 小时 24 分钟，占互联网访问时间的 1/3 以上。

根据最近一项针对美国互联网用户的研究数据显示，四分之一的消费者通过社交广告和推荐来接触新品牌和新产品。除了被动消费外，消费者还采用主动方法来发现新产品。有 43% 的消费者通过社交媒体网络在线研究产品。有 55.2% 的人表示他们最近的时尚购物是受社交媒体启发的内容。消费者越来越多地使用社交媒体解决客户服务相关问题，超过 30% 的消费者使用社交媒体与企业进行沟通。

(一) 社交媒体的特点

由于社交媒体具有互动性、即时性、大众性和多元性等多种有别于传统媒体的特点，所以新媒体营销也具有自身的特点。

1. 目标客户精准定向

通过对用户发布和分享内容的分析，可以有效地判断出用户的喜好、消费习惯及购买能力等信息。此外，随着移动互联网的发展，社交用户使用移动终端的比例越来越高，移动互联网基于地理位置的特性也将给营销带来极大的变革。通过对目标用户的精准人群定向以及地理位置定向，在社交网络投放广告自然能收到比在传统网络媒体更好的效果。通过对社交平台大量数据的分析，企业可以利用新媒体有效地挖掘用户的需求，为产品设计开发提供很好的市场依据。

2. 与用户的距离拉近

互动性曾经是网络媒体相较传统媒体的一个明显优势，但随着社交媒体的崛起，互动性发挥了更加巨大的魔力。在传统媒体投放的广告根本无法看到用户的反馈，而网站上的反馈也是单向或者不及时的，即使看到用户的评论和反馈，继续深入互动也难度很大，企业跟用户持续沟通的渠道是不顺畅的。而社交网络先天的平等性和社交网络的沟通便利特性使得企业和顾客能更好地互动，传播方式发生了根本的变化。移动网络及移动设备的普及，使得信息的实时及跨越时空的传播成为可能。因此，新媒体营销实现了信息传播的随时随地，营销效率大大提高。

3. 企业宣传成本降低

新媒体改变了传统媒体信息传播的形态，由一点对多点变为多点对多点，传播效率大大提高；且新媒体形态多样，大量平台免费对大众开放，信息发布、共享、传播和创造均只需要较低的成本，为企业提供了一个良好的营销平台。

4. 营销方式碎片化

随着新媒体终端逐渐向移动端转移的趋势，人们的阅读越来越碎片化，做一个电视广告就能产生一个新品牌的时代已经过去。传统营销思维下，需要传递的无非是企业的品牌形象、战略动向、新闻动态、产品评析、消费者故事等。而碎片化的新媒体环境下，营销拼的不再是文案，而是创意，是随时随地的热点、借势；拼的不再是媒体关系，而是眼球效应。

(二) 社交媒体的功能

1. 通过社交媒体跟踪受众需求

通过社交媒体，企业可以建立并跟踪客户档案，并对消费者的需求进行分析，针对性地采用营销策略来及时性满足消费者的需求。

2. 加强互动，提高用户参与度、增加受众黏性

社交媒体是一种新的表达想法、意见的方式。与传统媒体相比，社交媒体最显著的优势是互动性和参与性。通过社交媒体，企业可以轻松地吸引他们的粉丝和客户。小测试、比赛、直播视频和利用用户制作的内容均是让目标受众始终乐于参与其中的最佳方式。客户可以直接表达自己的意见和建议，客户也乐意将自己的意见与其他客户共享。通过用户参与和互动，一方面可以让用户更主动地了解企业文化、企业品牌和企业的产品；另一方面也让企业更加重视客户的意见，快速响应客户。

3. 电子商务引流

目前越来越多的企业通过社交媒体直接发布广告，通过图片、视频或直播的方式进行产品宣传和销售，消费者可以直接跳转到电子商务平台，实现电子商务的站外引流。社交媒体是提升电子商务网站流量的最佳方式之一。

在电子商务网站上加入社交媒体分享按钮可以为客户在其社交媒体网络上分享产品提供捷径，从而吸引新访问者，为网站带来更多流量。企业可以通过投票、比赛和竞赛等活动来吸引受众，然后把折扣、促销码和优惠券当作受众完成项目的奖励，吸引消费者进入电子商务平台进行购物。

4. 客户服务

随着社交媒体的功能越来越强，越来越多的企业通过社交媒体向客户提供服务。企业可以随时随地向客户提供信息发布、信息咨询、售后服务、业务办理等各项服务。客户也可以很方便地通过社交媒体联系到企业。社交媒体的及时互动性，为企业和客户建立了一条特殊的通道，加强了企业对客户的服务能力。

企业通过社交媒体提供服务，可以真正做到"客户在哪里，服务就在哪里"。

5. 创建社交媒体商店

目前很多社交媒体平台开始在平台内直接创建电子商务模式。例如，Twitter 推出了购物功能键，Facebook 推出了商店功能，Pinterest 上线了"Shop the look Pins"，Instagram 也在美国推出了 Instagram Checkout 测试版，让消费者可以直接在平台内完成产品的挑选、购买动作。社交媒体购物是增加电子商务网站流量的最无缝方式，为企业带来更高转化率和销售额。

(三) 主流跨境电子商务社交媒体

不同类型的社交媒体平台简单来讲包括以下几种：

(1) 社交网络(Facebook，Wechat，LinkedIn，Google+)。

(2) 微博(Twitter，Tumblr)。

(3) 照片分享(Instagram，Snapchat，Pinterest)。

(4) 视频分享(YouTube，Tiktok，Facebook Live，Periscope，Vimeo)。

1. Facebook

作为全球最大的社交网站，Facebook 每月活跃用户数高达 13 亿人。以美国为例，目前美国大约 71%的成年上网者使用 Facebook，约占成年美国总人口的 58%，其中 56%的用户年龄超过 65 岁，而且女性用户的数量明显多于男性用户的数量。此外，大约有 3000 万家小公司在使用 Facebook，其中 150 万企业在 Facebook 上发布付费广告。很多跨境电子商务平台和跨境电子商务企业都开通了 Facebook 官方专页，利用 Facebook 进行直接的海外营销。

2. Twitter

Twitter 是全球最大的微博网站，拥有超过 5 亿的注册用户。虽然用户发布的每条"推文"被限制在 140 个字符内，但却不妨碍各大企业利用 Twitter 进行产品促销和品牌营销。例如，圣诞购物期间，Dell 仅通过 Twitter 的打折活动就获得百万美元销售；著名垂直电商 Zappos 创始人谢家华通过其 Twitter 的个人账号与粉丝互动，维护了 Zappos 良好的品牌形象。以上这两个案例其实都适用于跨境电子商务的海外营销。此外，跨境电子商务还可以利用 Twitter 上的名人进行产品推广，比如第一时间评论名人发布的"推文"，让千千万万名人的粉丝慢慢认识自己，并最终成为自己的粉丝。2014 年 9 月，Twitter 推出了购物功能键，这对于跨境电子商务来说无疑又是一大利好消息。

3. Tumblr

Tumblr 是全球最大的轻博客网站，含有 2 亿多篇博文。轻博客是一种介于传统博客和微博之间的媒体形态。与 Twitter 等微博相比，Tumblr 更注重内容的表达；与博客相比，Tumblr 更注重社交。因此，在 Tumblr 上进行品牌营销，要特别注意"内容的表达"。比如，给自己的品牌讲一个故事，比直接在博文中介绍公司及产品，效果要好很多。有吸引力的博文内容，很快就能通过 Tumblr 的社交属性传播开来，从而达到营销的目的。跨境电子商务网站拥有众多的产品，如果能从这么多的产品里面提炼出一些品牌故事，或许就能够达到产品品牌化的效果。

4. YouTube

YouTube 是全球最大的视频网站，每天都有成千上万的视频被用户上传、浏览和分享。相对于其他社交网站，YouTube 的视频更容易带来病毒式的推广效果。比如，鸟叔凭借"江南 Style"短时间内就得到全世界的关注。因此，YouTube 也是跨境电子商务中不可或缺的营销平台。开通一个 YouTube 频道，上传一些幽默视频吸引粉丝，通过一些有创意的视频进行产品广告的植入，或者找一些意见领袖来评论产品宣传片，都是非常不错的引流方式。

5. Vine

Vine 是 Twitter 旗下的一款短视频分享应用，在推出后不到 8 个月的时间，注册用户就超过了 4000 万。用户可以通过它来发布长达 6 秒的短视频，并可添加一点文字说明，然后上传到网络进行分享。跨境电子商务企业可以通过 Vine 进行 360° 全视角展示产品，或利用缩时拍摄展示同一类别的多款产品，也可以发布一些有用信息并借此传播品牌。例如，卖领带的商家可以发布一个打领带教学视频，同时在视频中植入品牌。

6. Pinterest

Pinterest 是全球最大的图片分享网站，其网站拥有超过 300 亿张图片。图片非常适合跨境电子商务网站的营销，因为电商很多时候就是依靠精美的产品图片来吸引消费者的。卖家可以建立自己的品牌主页，上传自家产品图片，并与他人互动分享。2014 年 9 月，Pinterest 推出了广告业务。品牌广告主可以利用图片的方式，推广相关产品和服务，用户可以直接点击该图片进行购买。Pinterest 通过收集用户个人信息，建立偏好数据库，以帮助广告主进行精准营销。因此，除了建立品牌主页外，跨境电子商务网站还可以购买Pinterest 的广告进行营销推广。

7. Tiktok 国际版

Tiktok 国际版即抖音国际版。2020 年 Tiktok 国际版全球用户数达到 7 亿。在亚洲国家，如柬埔寨、日本、印度尼西亚、马来西亚、泰国和越南等，Tiktok 受到年轻用户的热烈欢迎。在美国，虽然 Tiktok 2020 年受到美国政府的禁令，但用户数并没有下降，相反快速上升，2020 年 8 月，其月度活跃用户人数超过 1 亿，比 2019 年同期上升了 150%。Tiktok 国际版 2 月的下载情况如图 6-7 所示。

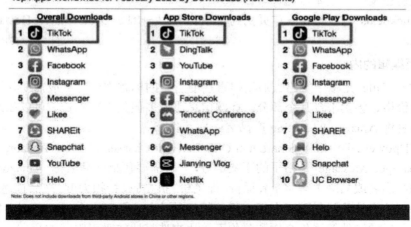

图 6-7　Tiktok 国际版 2020 年 2 月全球下载排名

目前，Tiktok 国际版 41% 的用户年龄在 16 至 24 岁之间。TikTok 是一个主要针对内容创作者的平台，任何人都可以轻松地成为内容创建者，这也是 TikTok 在竞争中获得优势的众多因素之一。

以 Tiktok 国际版为例，可以与跨境电子商务相结合的模式有：

(1) 工厂短视频：直播产品生产过程、厂家直销。

(2) 视频带货直播：就是直播卖货，边看边买。

(3) 种草视频：通过 KOL、明星引导卖货。

(4) 剧情类短视频：通过优秀内容共振用户爽点和痛点带货。

(5) 评测类短视频：通过剖析产品优缺点，向用户推荐产品。

Tiktok 也已经开始尝试在视频中添加商品链接功能。

四、促销网站方式

通过促销网站(Deal)进行站外引流也是跨境电子商务重要的营销方式。在促销网站可以发布促销信息，发放优惠券(Coupon)，通过促销将流量引入跨境电子商务平台。各国有各国流行的促销网站，下面以美国 Slickdeals 促销网站为例，介绍发布促销信息的方式。

Slickdeals，简称 SD，是目前美国最大、最具影响力的折扣信息分享交流平台。SD 是 Amazon 目前最直接引流的促销网站之一。

1. 在 Slickdeals 上发布促销信息主要的三种方式

第一种是联系 SD 的红人发帖，通常为付费，一般每帖 20～50 美元，有些红人可以推至 Popular 甚至 Frontpage，这种收费价格要高些，一般每帖 100～150 美元，具体费用取决于红人的等级、回复和点赞的量。

第二种是自己操作 SD 发帖，效果不好，蹩脚的英文内容很容易导致恶评，且浏览人数很少，稍有不慎还容易导致品牌被封。

第三种是提交 SD 后台审核发帖，通常为免费，费用取决于 Deal 的价格和吸引力。

2. 自己操作 SD 发帖的基本流程

如果是自己发帖，基本流程如下：

进入 Slickdeals →Log in→ 首页找到 Forum 版块→The Deals→点开 Hot Deal→点击 New Thread。

3. 需要编辑的内容

(1) Title。Title 是帖子发出去后用户直接能看到的标题部分，一般需要包括品牌、产品名、促销价格、售卖平台几个部分。标题信息比较多但又不宜太长，可以在产品名部分做精简，切忌像 Amazon 的 Listing 产品名一样冗长。

例如：Dpower 24W 4.8A iSmartDual USB Port Car Charger $9.99on Amazon

(2) Message。Message 是帖子的正文部分，一般需要包括产品名称、Amazon Link(Link 可超链接到产品名或品牌关键字上)、原价、促销价、折扣码、折扣力度、产品描述(Optional)。

需要特别注意的是尽量不要在正文里编辑促销的起止日期，会被怀疑刻意推广。促销力度的确定可以通过计算降价金额和降价百分比来选择比较吸引眼球的数字。

(3) Image。在第二部分正文中放入 Amazon Link 后，系统一般会根据 URL 自动搜索出对应的产品图片，选择一张使用即可。

(4) Category Icon。根据促销产品选择最相关的品类图标，这个图标是必选的。如果产品可归为多个类目下，可在下方 Add Category 里面再添加一到两个分类，越细致越好。

(5) Store。一般就是 Amazon。

(6) Brands。后面的可以不填，Tag 部分可以选几个关键词放进去。

4. 自己操作 SD 发帖的注意事项

自己发帖要模仿一些 Popular 和 FP 的帖子格式，比如题目就是"品名+价格+free shipping@Amazon"(当然也可以@ebay、新蛋)，品名注意不要过长。

SD 有个特点，就是自发帖文本编辑里放入的第一个链接，会默认到右上角的"Buy Now"里。如果全文只有自己的产品就没有问题，但有的人会写："Hi，大家好,我最近发现了一款很 Nice 的产品，比之前这个 Deal 便宜$8 美金……"然后给"这个 Deal"加了超链，导致有些人一点"Buy Now"就链接到了别人过期的 Deal 里，这样很容易引发恶评。所以可以先给"很 Nice 的产品"加上自己产品的超链。当然你介绍完第一句话后，下面要放产品名称可以再加自己产品的超链。

本 章 小 结

本章介绍跨境电子商务在业务推广阶段所用到的各种网络营销策略。在介绍基本跨境电子商务网络营销的概念后，主要从站内推广和站外推广两方面进行介绍。站内推广主要介绍 CPC 广告，站外推广介绍了目前流行的搜索引擎营销、电子邮件营销、社交媒体营销和促销网站营销。

关 键 术 语

曝光率、点击率、转化率、客单价、UV、PV、网络软营销、网络整合营销、长尾理论、搜索引擎营销(SEM)、搜索引擎优化(SEO)、网络广告、CPC、CPM、CPA、EDM(电子邮件营销)、社交媒体。

配 套 实 训

1. 进入亚马逊平台，搜索结果页面中，查找有"Sponsored"标识的产品(广告产品)，并查看有哪些促销活动。

2. 进入速卖通平台，搜索结果页面中，查找最右一列的产品中有"AD"标识的产品(广告产品)，并查看平台、店铺和商品有哪些促销活动。

课 后 习 题

一、选择题

1. 跨境电子商务中常说的提高购买率，指的是(　　)。

A. 曝光率　　　　B. 点击率　　　　C. 转化率　　　　D. 复购率

2. 跨境电子商务中常说的提高黏性，指的是提高(　　)。

A. 曝光率　　　　B. 点击率　　　　C. 转化率　　　　D. 复购率

3. (　　　　)是指用户在收到信件后打开阅览的比例。

A. 退信率　　　　B. 开信率　　　　C. 点击率　　　　D. 转化率

4. 广告点击付费所指的收费模式是(   )。

A. CPM   B. CPC   C. CPA   D. CPT

5. 世界范围内最早也是最著名的微博是(   )。

A. 新浪   B. Facebook   C. Amazon   D. Twitter

二、简答题

1. 简述网络营销的任务和层次。

2. 如何理解网络软营销理论？

3. 简述搜索引擎营销的目标层次。

4. 社交媒体在跨境电子商务营销推广中发挥什么样的作用？

第三部分　管理部分

第七章　跨境电子商务中的法律问题和交易风险

学习目标

▶知识目标

(1) 了解跨境电子商务中遇到的主要法律问题。
(2) 掌握跨境电子商务中消费者权益保护的常见问题。
(3) 掌握跨境电子商务知识产权的种类和内容。
(4) 了解各跨境电子商务平台关于知识产权的规则。

▶技能目标

(1) 学会如何通过美国商标局网站查询商标注册情况。
(2) 查找速卖通知识产权规则，了解并学习具体内容。

第一节　跨境电子商务中的法律问题

一、跨境电子商务中的法律问题

相比一般电子商务，跨境电子商务遇到的法律问题更多、更复杂。一方面跨境电子商务有国际贸易的属性，要遵守国际贸易惯例和准则。随着跨境零售比例的增加，产生了很多新的法律问题，如税收、知识产权等。另一方面跨境电子商务是电子商务业务类型，存在跨境网上支付安全、消费者权益等问题。目前，跨境电子商务遇到的主要法律问题有以下几个。

1. 知识产权

知识产权涉及的法律问题是跨境电子商务活动中的核心问题之一。跨境出口涉及的知识产权问题在本节第三点详细说明。跨境电子商务进口中的海外采买模式涉及"平行进口"的法律问题，即未经境内知识产权权利人(中国总代)许可而进口合法取得的"含有知识产权"货品的行为。因全球定价的差异，有的品类必然会和传统的境内商标权利人(被许可人)或总代理商发生利益冲突。那么，境内权利人是否可以利用商标权等知识产权权利来阻止未经商标授权的进口呢？

此外，还有品牌注册问题。境外公司在境内准备开展业务时有可能碰到该品牌在境内已经被人注册的情况，反之亦然。

2. 商品检验检疫和安全

一国境内商品流通需要符合该国关于技术、安全和消费者保护的强制性规范。例如，我国跨境进口商品保税区的检验检疫主要是依据"四法三条例"，以及《进出境邮寄物检疫管理办法》等部门规章。保税区的检验目前只需适用符合性检测标准，即按照当地的生产标准、国际互认标准，在实际操作中也比较灵活。比如，食品安全法对食品中文标签、流通者资质(食品流通许可)，奶粉进口商和出口商的资质要求；质量法对电气产品的安全标准的要求，如"3C"认证等。

通过跨境直购或跨境代购的个人物品，因不涉及境内流通，因此无需满足我国关于技术、安全和消费者保护的强制性规范。但已经购买的电商进口商品属于消费者个人使用的最终商品，不得进入国内市场再次销售；原则上不允许网购保税进口商品在海关特殊监管区域外开展"网购保税+线下自提"模式。

跨境电子商务企业(即卖家，货权所有人)需要出具告知书，内容包括：

(1) 相关商品符合原产地有关质量、安全、卫生、环保、标识等标准或技术规范要求，但可能与我国标准存在差异。消费者自行承担相关风险。

(2) 相关商品直接购自境外，可能无中文标签，消费者可通过网站查看商品的中文电子标签。

(3) 消费者购买的商品仅限个人自用，不得再次销售。

3. 经营主体的认定和责任

跨境电子商务是一种新型国际贸易形态，与境内电商相比，为了完成商品和资金的跨境流转，会形成多个法律主体协同的局面。这些法律主体包括跨境电子商务零售进口经营者(跨境电子商务企业)、跨境电子商务平台企业(给消费者线上导流和提供交易平台)、仓储物流企业(组织跨境电子商务商品的入库、清关和配送)、支付企业(负责支付结算)和运营企业(具体负责销售推广等)，以及各种类型的境内代理人。

跨境电子商务平台企业、物流企业、支付企业等参与跨境电子商务零售进口业务的企业，应当依据海关报关单位注册登记管理相关规定，向所在地海关办理注册登记；境外跨境电子商务企业应委托境内代理人向该代理人所在地海关办理注册登记。大量的"海淘"和"代购"身份主体虽被认可，但其备案很难实施，一旦发生质量问题，消费者难以倒追境外商品主体责任。

4. 跨境支付

跨境电子商务的资金收付流程相较于境内支付，涉及更多的法律法规问题。因此跨境电子商务经营者应当选择具有《支付业务许可证》的合格第三方支付机构进行资金收付和结售汇，并确保资金收付和结售汇行为符合《支付机构跨境电子商务外汇支付业务试点指导意见》等法律法规的要求，同时应当严格遵守国家在外汇管理方面的其他法律法规，以实现合法经营。

5. 消费者权益保护

在跨境电子商务场景下，境内都有相关消费者保护政策。我国已出台了一系列的消费者保护政策，比如七天无理由退货。但如果经营主体在国外，相关保护政策可能很难执行，从而影响消费者的购物体验。所以只有出台更详细的政策规范，跨境电子商务涉及的境外经营者才能按我国对消费者的服务标准来提供服务，进而保护消费者权益。当然，跨境出口也必须按目标国的消费者保护权益政策实施，否则会影响跨境电子商务业务的开展。

6. 税收问题

跨境电子商务的税收问题要分跨境出口和跨境进口。

2016 年 3 月 24 日，财政部、海关总署、国家税务总局共同发布了《关于跨境电子商务零售进口税收政策的通知》(以下简称《通知》)，其中包含跨境电子商务零售进口税收的新政策。《通知》规定，自 2016 年 4 月 8 日起，跨境电子商务零售进口商品将不再按邮递物品征收行邮税，而是按货物征收关税和进口环节增值税、消费税，以推动跨境电子商务健康发展。该《通知》的出台，使得跨境电子商务与一般贸易之间的差距缩小，但依然还有很多灰色地带。如何使跨境电子商务税收更阳光化、合法化，同时在一定程度上保持跨境电子商务对普通进出口贸易的优势，还需要继续研究。

跨境出口的税收更加复杂，不同国家的税收政策不同，跨境经营要遵守各国税收政策。另一方面，目前我国出口业务在税收征收、退税政策上还存在很多监管的空白。

7. 个人信息安全

由于用户在进行跨境商务交易的过程中，大多数的网络经营者都会要求消费者登记个人信息资料。但如果平台、卖方或物流方不对用户的私人信息进行保护，公民的个人信息安全将受到严重侵害。

在信息的收集和使用方面主要依据《消费者权益保护法》第 29 条规定的"合法、正当、必要"三原则进行。《电子商务法》第二十三条规定，电子商务经营者收集、使用其用户的个人信息，应当遵守法律、行政法规有关个人信息保护的规定。

但由于跨境电子商务经营者可能身处境外，个人信息是存储在国外网站的，如何监督个人信息的收集和使用依然是个难题。

二、跨境电子商务中的消费者权益保护

所谓消费者权益，是指消费者依法享有的权利及该权利受到保护时给消费者带来的应得利益。计算机和通信技术的飞速发展，使得全球经济环境在一夜之间发生了翻天覆地的变化。随着跨境电子商务在全球的快速增长，消费者可以在世界任何地方，在任意

一天的任何时间进行购物。同样，商家也可以以迅捷的方式、低廉的成本接触到世界各地的消费者。

电子商务交易有两个特点明显区别于传统的商品交易：

(1) 消费者只能通过广告获取有关商品的信息，而不能实际地观察、挑选和检验商品，在经营者没有进行充分公开或公开虚假信息时其利益往往会受到损失。

(2) 货款不能即时当面清结。在电子商务交易中，一般由消费者先向经营者汇款，并说明欲购的商品，后者收到汇款才发货。在实践中，有的经营者利用通信交易的这一特点，以虚假不实的广告，诱使消费者购买质次价劣商品，或是收到货款后拖延邮货，或是以邮售为名，行诈骗之实。

通过跨境电子商务购物，由于商家与买家处于不同的国家和地区，无疑使消费者权益保护的难度加大。对于商家，也要考虑到因消费者权益保护的相关法规和实施情况可能会给自己的经营带来的风险和成本。对于跨境电子商务中的消费者权益保护，尽管国际上出台了一些建议，但无论平台上的经营者(卖家)主体处于什么地理环境，真正的法律措施及其实施均是各国对本国消费者网上购物的相关保护条款。同时，消费者的权益保护也需要平台的参与。很多国家对电商平台也出台了很多法律法规，规范和明确了电商平台在消费者权益保护中的义务和责任。

国际经济合作与发展组织(Organization for Economic Co-operation and Development，OECD)在《经合组织关于电子商务中消费者保护指南的建议》(以下简称《指南》)中，从多个方面构筑了一个庞大的消费者保护体系。

第一，信息透明的、有效的保护。参与电子商务的消费者应该享有不低于在其他商业形式中享有的透明的和有效的保护的水平。

第二，公平的商业、广告及销售行为。从事电子商务的企业应当充分考虑消费者的利益，并按照公平的商业、广告和营销的一般惯例以及诚信善意的一般原则从事商业活动。

第三，在线信息披露。信息披露是确保交易透明和消费者知情权的重要措施。《指南》从商业信息、商品或服务的信息、交易信息 3 个方面列出了在线经营者应当披露的信息。从事电子商务的企业应提供充足的有关交易的条款、条件及成本的信息，以使消费者在充分的信息基础上就是否缔结交易做出决定。

第四，确认交易过程。除非消费者已经提供了明示的"知情——同意"条件下的交易确认，否则企业不应当处理相关交易。在消费者确认交易之前，企业应当确保消费者有机会再次确认商品或服务的简要信息、交付信息和价格信息，应当确保消费者能够识别和纠正错误，能够修改本次交易或终止本次交易。

第五，支付机制。从事电子商务的企业，应当为消费者提供便利的支付机制，并采取与支付机制相匹配的安全保障措施，以防止发生支付风险，例如未经授权访问或使用个人数据、欺诈和盗用身份等风险。

第六，争议解决和补偿。应当为消费者提供公平、便利、透明和有效的争议解决机制，及时解决国内和跨境电子商务争议，确保消费者能够获得适当补偿，但不得因此产生不必要的费用或负担。对消费者提供良好及时的争议解决方式也是确保消费者信任的重要措施。

第七，隐私。企业应当确保其收集和使用消费者数据的行为合法、透明和公平，应当确保消费者能够有机会参与和选择电子商务，并为消费者的隐私提供合理的安全保障措施。

各国对消费者权益保护也做出了相应的规定。分析各国的法律可以发现，对于消费者权益的保护，各国除了传统的保护方式以外，一般都有两项特别规定：一是经营者的信息披露义务，让消费者在不能接触商品的情况下了解商品以防上当，是事前防范措施；二是法律规定的"冷却期"(或称"犹豫期")内可以解除合同(如退货)，是事后补救措施。

美国对于消费者权益的保护，基本上仍采取行业自律的方式进行，通过给商业网站发放可信赖标志的方式维护消费者的合法权益。针对国际贸易的电子商务环境，美国与OECD 合作，共同制定了《OECD 电子商务消费者保护指南》，该指南的核心内容主要是要求经营者履行网上披露义务，向消费者提供关于企业、产品或服务、市场交易条款和条件等准确无误的信息。

欧盟的《关于内部市场中与电子商务有关的若干法律问题的指令》对于网络环境下消费者的知情权保护做出了很多规定。该指令第 5 条明确规定了信息的一般披露义务：除了欧盟法律规定的其他信息披露要求外，成员国应当保证服务的提供者应提供并使服务接受者和有权机关能够容易地、直接地和永久地获取企业的相关信息。

我国《电子商务法》和《消费者权益保护法》都有相关条款对消费者通过电商平台购买过程的权益保护。如《电子商务法》第十七条规定，电子商务经营者应当全面、真实、准确、及时地披露商品或者服务信息，保障消费者的知情权和选择权。电子商务经营者不得以虚构交易、编造用户评价等方式进行虚假或者引人误解的商业宣传，欺骗、误导消费者。第六十一条规定，消费者在电子商务平台购买商品或者接受服务，与平台内经营者发生争议时，电子商务平台经营者应当积极协助消费者维护合法权益。消费者可以根据《消费者权益保护法》的有关规定要求电商平台承担先行赔偿责任。《消费者权益保护法》第二十五条规定，经营者采用网络、电视、电话、邮购等方式销售商品，消费者有权自收到商品之日起七日内退货，且无需说明理由，但下列商品除外：① 消费者定做的；② 鲜活易腐的；③ 在线下载或者消费者拆封的音像制品、计算机软件等数字化商品；④ 交付的报纸、期刊。除前款所列商品外，其他根据商品性质并经消费者在购买时确认不宜退货的商品，不适用无理由退货。消费者退货的商品应当完好，经营者应当自收到退回商品之日起七日内返还消费者支付的商品价款。退回商品的运费由消费者承担；经营者和消费者另有约定的，按照约定。

由于跨境电子商务模式相对较新，模式更加复杂，还存在很多法律的空白或难以解决的问题。例如，跨境电商的销售主体都在境外(如海外直购或海外代购)，其与电商平台的协议主要体现为借助平台销售商品或者提供服务，当发生交易纠纷时，往往难以以本国法律约束境外销售主体。又如，信息披露问题，海外直购商品上的显示信息，可能并不符合一般进口贸易的信息披露要求。再如，对跨境电子商务平台上销售的商品出现质量判定标准不同的情况时，行政监管的实施也缺乏明确的法律依据。

三、跨境电子商务中的知识产权

在跨境电子商务经营中，最典型的问题应该是知识产权保护问题。跨境电子商务企业主动或被动地参与侵权行为，小则导致企业被处罚，大则影响整个电子商务的发展。

(一) 知识产权的概念

知识产权(Intellectual Property)指"权利人对其所创作的智力劳动成果所享有的专有权利"，一般只在有限时期内有效。各种智力创造，如发明、文学和艺术作品以及在商业中使用的标志、名称、图像以及外观设计，都可被认为是某一个人或组织所拥有的知识产权。

(二) 知识产权的特点

1. 专有性

专有性即独占性或垄断性。除权利人同意或法律规定外，权利人以外的任何人不得享有或使用该项权利。这表明权利人独占或垄断的专有权利受严格保护，不受他人侵犯。只有通过"强制许可""征用"等法律程序，才能变更权利人的专有权。

2. 地域性

地域性指只在所确认和保护的地域内有效。除签有国际公约或双边互惠协定外，经一国法律所保护的某项权利只在该国范围内发生法律效力。所以，知识产权既具有地域性，在一定条件下又具有国际性。

3. 时间性

时间性指只在规定期限内受到保护。法律对各项权利的保护，都规定有一定的有效期。各国法律对保护期限的长短可能一致，也可能不完全相同，只有参加国际协定或进行国际申请时，才对某项权利有统一的保护期限。

(三) 知识产权的分类及形态

知识产权一般分为商标权、著作权和专利权三种形态，如图 7-1 所示。

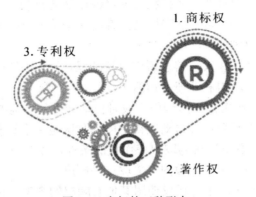

图 7-1　产权的三种形态

1. 商标权

商标权是指商标使用人依法对所使用的商标享有的专用权利，包括商标注册人对其注册商标的排他使用权、收益权、处分权、续展权和禁止他人侵害的权利。

商标是用以区别商品和服务不同来源的商业性标志，由文字、图形、字母、数字、三维标志、颜色组合、声音或者上述要素的组合构成。商标是能够将一家企业的商品或服务与其他企业的商品或服务区别开的标志。

商标权是一种无形资产，具有经济价值，可以用于抵债，即依法转让。商标可以转让，转让注册商标时转让人和受让人应当签订转让协议，并共同向商标局提出申请。

商标侵权是指在未经许可和授权的情况下，别人私自使用了与自己注册的商标相同或者高度类似的商标。比如未经授权销售带有他人商标的产品，又如在商品介绍里写自己是"香某某"手袋、"某薇薇"婚纱，实际上却是高仿，使消费者产生混淆。

2. 著作权

著作权又称为版权。著作权是对电影、音乐、软件、照片和书籍等原创作品的作者提供的法律保护，包括已出版和未出版的作品。

著作权的范围包括以下方面：

(1) 文字作品，如小说、散文、论文等；

(2) 口述作品如演说、授课、法庭辩论等；

(3) 音乐、戏剧、曲艺、舞蹈、杂技艺术作品；

(4) 美术、建筑作品；

(5) 摄影作品；

(6) 电影作品和以类似摄制电影方法创作的作品；

(7) 工程建设图、产品设计图、地图、示意图等图形作品和模型作品；

(8) 民间文学艺术作品；

(9) 计算机软件；

(10) 法律法规规定的作品等。

著作权又细分为人身权和财产权。其中人身权包括发表权、署名权、修改权和保护作品完整权。发表权，即决定作品是否公布于众的权利；署名权，即表明作者身份，在作品上署名的权利；修改权，即修改或者授权他人修改作品的权利；保护作品完整权，即保护作品不受歪曲、篡改的权利。著作财产权是作者对其作品的自行使用和被他人使用而享有的以物质利益为内容的权利。

著作权的取得是指著作权人取得了著作权法的保护。各国法律对著作权的取得条件有不同要求，主要分为自动取得和注册取得两大类。

(1) 自动取得是指著作权自作品创作完成时自动产生，不需要履行任何批准或登记手续。世界上大多数国家都采取这种自动取得制度，我国也采取这种制度。

(2) 注册取得是指以登记注册为取得著作权的条件，作品只有登记注册或批准后才能产生著作权，而不是自动产生。少数国家采取这种制度。

在跨境电子商务平台上，未经授权使用其他有版权的图案，特别销售印有动漫卡通形象的产品是比较常见的侵权行为。很多产品和店铺也因此被查封，因为动漫卡通人物都是有版权保护的。另外还有一种是产品展示图片的盗用，如果某一卖家有产品拍摄原图，并且图片比其他卖家先上架，其余卖家盗用其图片也属于侵权。

3. 专利权

专利权是指政府有关部门向发明人授予的在一定期限内生产、销售或以其他方式使用发明的排他权利。专利分为发明、实用新型和外观设计三种。

专利权人对其发明创造享有独占性的制造、使用，销售和进口的权利。也就是说，其他任何单位或个人未经专利权人许可，不得从事与生产、经营目的有关的制造、使用、销售和进口其专利产品，否则，就是侵犯专利权。

一个国家依照其本国专利法授予的专利权，仅在该国法律管辖的范围内有效，对其他国家没有任何约束力，外国对其专利权不承担保护的义务。如果一项发明创造只在我国取得专利权，那么专利权人只在我国享有专有权或独占权。如果有人在其他国家和地区生产、使用或销售该发明创造，则不属于侵权行为。

专利权人对其发明创造所拥有的专有权只在法律规定的时间内有效，期限届满后，专利权人对其发明创造就不再享有制造、使用、销售和进口的专有权。这样，原来受法律保护的发明创造就成了社会的公共财富，任何单位或个人都可以无偿地使用。

专利侵权行为也称侵犯专利权的行为，是指在专利权的有效期限内，任何他人在未经专利权人许可，也没有其他法定事由的情况下，擅自以营利为目的的实施专利的行为。

专利侵权行为主要有以下几种类型：

(1) 制造专利产品的行为；

(2) 故意使用发明或实用新型专利产品的行为；

(3) 许诺销售、销售专利产品的行为；

(4) 使用专利方法以及使用、许诺销售、销售依照专利方法直接获得的产品的行为；

(5) 进口专利产品或进口依照专利方法直接得到的产品的行为；

(6) 防冒他人专利的行为；

(7) 冒充专利的行为。

商标保护的是品牌名称或设计，而专利则是保护产品本身。相比商标而言，专利保护范围小，但保护力度非常强，具有绝对排他性。商标通过在各个国家商标局检索其名称，可以得知该品牌是否注册，可从主观上规避侵权风险。但专利在保护力度极强的同时也有极强的保密性，在申请中的专利无法检索，即使授权公告后的专利，如果没有专利号，也很难检索到。因此，专利的侵权极难防范，风险很高。很多卖家不明就里地被封了店铺，很多时候都是因为专利侵权行为。

例如，曾经火爆一时的"手指猴"是一种触控类智能玩具，可在指尖缠绕，做出不同的动作。它拥有50多种行为动作，是一种智能型儿童玩具。"手指猴"产品权利人WowWee享有注册商标权、外观专利权等知识产权。因其外观特性，众多卖家对其进行了仿制与跟卖。于是"手指猴"的品牌方WowWee展开反侵权行动，超过1000多位速卖通、亚马逊中国卖家成为被告。

(四) 知识产权的查询

进行跨境电子商务活动时，一定要及时了解自己经营的产品是否存在侵犯他人知识产权的情况。一般情况下，从各国的知识产权管理部门处可以查询到所有注册商标和专利的信息。

这里以美国商标查询为例，介绍如何进行商标的查询。

第一步，进入美国专利商标局网站。

第二步，在主菜单中找到商标查询功能。在 Trademarks 主菜单下的 Searching Trademarks 即为商标查询功能，如图 7-2 所示。

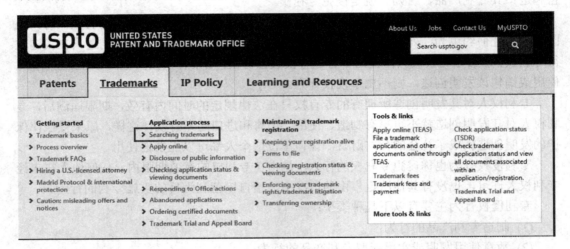

图 7-2　美国专利商标局网站

第三步，进入商标查询页面，找到查询按钮。商标查询页面提供了 TESS(Trademark Electronic Search System)功能按钮，用于商标查询，如图 7-3 所示。

Search trademark database

Before you apply, you should search the USPTO's trademark database (Trademark Electronic Search System, or TESS) to see if any trademark has already been registered or applied for that is:

- Similar to your trademark
- Used on related products or for related services, and
- Live

A trademark that meets all three criteria will prevent your trademark from being registered because it creates a likelihood of confusion.

> Search our trademark database (TESS)

图 7-3　美国专利商标局网站 TESS 功能

第四步，按需求选择查询的类型。一般选择基础查询就可以满足大多数情况下的查询要求，如图 7-4 所示。

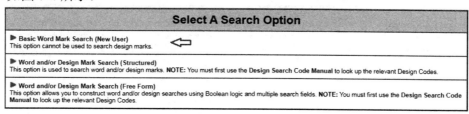

图 7-4　美国专利商标局网站 TESS 选项

第五步，输入要查询的商标名或关键字。在商标查询输入页面输入要查询的商标关键词，并按" Submit Query"按钮提交，如图 7-5 所示。

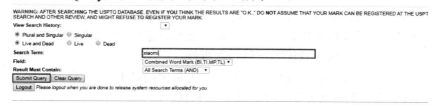

图 7-5　商标查询输入页面

第六步，查看结果。搜索结果可能有多个，要逐一点击并查看每一个商标注册细节，特别是注册范围，如图 7-6 和图 7-7 所示。

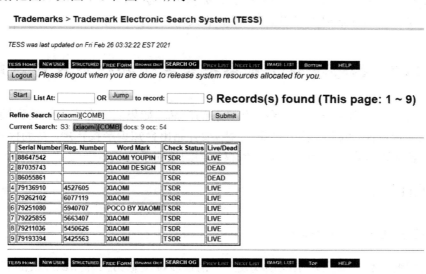

图 7-6　商标查询结果

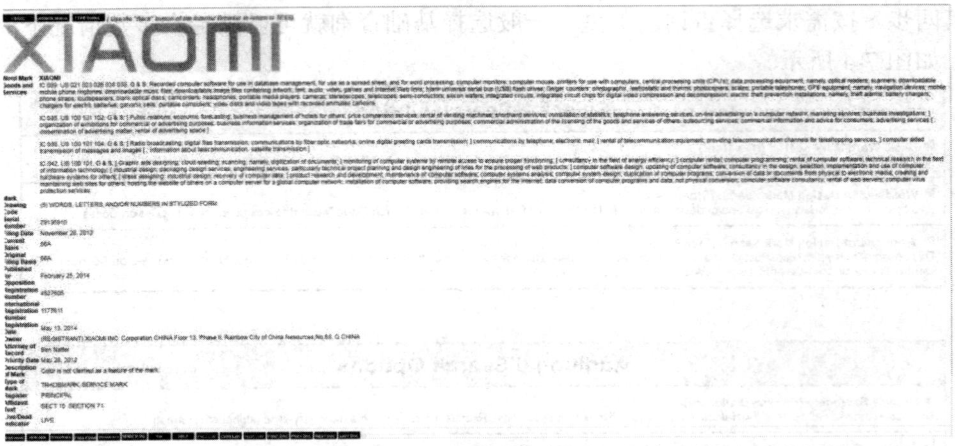

图 7-7　商标注册详情页

(五) 知识产权的保护

随着跨境电子商务的火爆，越来越多的企业和个人加入跨境电子商务的运营中来。与此同时，侵权事件也层出不穷。国内的电商和国外的电商在知识产权保护的细节上存在很多差别。部分国内的卖家缺乏知识产权保护意识或者心存侥幸，在经营初期往往忽略知识产权的问题，当出现问题时才意识到问题的严重性。

跨境电子商务企业在知识产权保护方面，应力求做到以下几点：

(1) 学习知识产权的相关知识，增强知识产权保护意识。

(2) 在产品开发和销售过程中，了解是否有侵权现象，不侵权他人权利。

(3) 如果发生侵权行为，要积极主动应对，并找到原因，保证不再犯错。

(4) 加强产品创新，并尽早注册自己的商标和申请专利。

知识产权保护本身是把"双刃剑"，保护他人也是保护自己。

第二节　各跨境电子商务平台关于知识产权的规则

平台有义务监督卖家是否在平台上售卖假的商品，如果买家在平台购买到假货，平台也需要承担连带责任。因此，各大电商平台陆续开始出台知识产权新规，帮助权利人维权。总的来说，各大跨境电子商务平台对于侵权行为的处罚手段基本一致。

一、　速卖通

(一) 速卖通知识产权规则

全球速卖通平台严禁用户未经授权发布、销售涉嫌侵犯第三方知识产权的商品或发布涉嫌侵犯第三方知识产权的信息。若卖家发布涉嫌侵犯第三方知识产权的信息，或销售涉嫌侵犯第三方知识产权的商品，则有可能被知识产权所有人或者买家投诉，平台也会随机对店铺信息、商品(包含下架商品)信息、产品组名进行抽查，若涉嫌侵权，则信息、商品会被退回或删除，并根据侵权类型执行处罚。

全球速卖通知识产权规则如表 7-1 所示。

表 7-1 全球速卖通知识产权规则

侵权类型	定义	处罚规则
商标侵权	严重违规：未经注册商标权人许可，在同一种商品上使用与其注册商标相同或相似的商标	(1) 三次违规者关闭账号
	一般违规：其他未经权利人许可使用他人商标的情况	(1) 首次违规扣 0 分 (2) 其后每次重复违规扣 6 分 (3) 累计 48 分者关闭账号
著作权侵权	严重违规：未经著作权人许可复制其作品并进行发布或销售，包括图书、电子书、音像作品或软件等	(1) 三次违规者关闭账号
	一般违规：其他未经权利人许可使用他人著作权的情况	(1) 首次违规扣 0 分 (2) 其后每次重复违规扣 6 分 (3) 累计 48 分者关闭账号
专利侵权	外观专利、实用新型专利、发明专利的侵权情况(一般违规或严重违规的判定视个案而定)	(1) 首次违规扣 0 分 (2) 其后每次重复违规扣 6 分 (3) 累计 48 分者关闭账号 (严重违规情况下，三次违规者关闭账号)

(二) 速卖通处罚制度

(1) 速卖通会按照侵权商品投诉被受理时或速卖通平台抽样检查时的状态，根据相关规定对相关卖家实施适当处罚。

(2) 同一天内所有一般违规，包括所有投诉成立(即被投诉方被某一知识产权投诉，在规定期限内未发起反通知；或虽发起反通知，但反通知不成立)及速卖通平台抽样检查，扣分累计不超过 6 分。

(3) 同三天内所有严重违规，包括所有投诉成立(即被投诉方被某一知识产权投诉，在规定期限内未发起反通知；或虽发起反通知，但反通知不成立)及速卖通平台抽样检查，只会作一次违规计算；三次严重违规者关闭账号，严重违规次数记录累计不区分侵权类型。

(4) 违规处罚包括但不限于退回商品/信息及/或删除商品/信息。

(5) 每项违规行为由处罚之日起有效期为 365 天。

(6) 当用户侵权情节特别显著或极端时，速卖通有权直接关闭用户账号，冻结用户关联国际支付宝账户资金及速卖通账户资金。

二、阿里巴巴国际站

阿里巴巴国际站声明，用户不得利用网站服务从事侵犯他人知识产权的行为，包括一般侵权行为和严重侵权行为。

(一) 知识产权侵权行为

(1) 一般侵权行为：

① 在所发布的商品信息、店铺或者域名中不当使用他人商标权、著作权等权利；

② 发布、销售商品时不当使用他人商标权、著作权等权利；

③ 所发布的商品信息或者所使用的其他信息造成用户混淆或者误认等情形。

(2) 严重侵权行为：

① 未经著作权人许可复制其作品并进行发布或者销售，包括图书、音像制品、计算机软件等；

② 发布或者销售未经商品来源国注册商标权利人或者其被许可人许可生产的商品。

(二) 知识产权侵权行为的处理

(1) 一般侵权行为的处理。一般侵权行为的处理如表 7-2 所示。

表 7-2　一般侵权行为的处理

	触发原因	扣分计算方式
一般侵权行为	权利人投诉	6 分/次 　　首次被投诉不扣分，基于同一知识产权且发生在首次被投诉后 5 天内的投诉算一次，第 6 天开始，每次被投诉扣 6 分，一天内若被同一知识产权多次投诉扣一次分。所有时间以投诉受理时间为准
	国际站抽样检查	每次扣 2 分，　一天内扣分不超过 6 分；如一般侵权行为情节严重的(包括但不仅限于交易假货纠纷)，每次扣 4 分，一天内扣分不超过 12 分
此处所指的"投诉"均指成立的投诉，即被投诉方被投诉，在规定期限内未发起反通知；或者虽发起反通知，但反通知不成立		

对应的账号积分处罚标准(除特别说明外，国际站全站的罚分累加计算)，参照《阿里巴巴国际站用户违规处罚标准执行。

(2) 严重侵权行为的处理。严重侵权行为的处理如表 7-3 所示。

表 7-3 严重侵权行为的处理

	累积被记振次数	处 理 方 式
严重侵权行为	一次	限权 7 天+考试(若考试未在 7 天内通过，最长限权 30 天)
	二次	限权 14 天+考试(若考试未在 14 天内通过,最长限权 60 天)
	三次	关闭账号

1. 针对国际站上的严重侵权行为实施"三振出局"制，即每次针对用户严重侵权行为的投诉记振一次；三天内如果出现多次针对同一用户的严重侵权行为投诉，记振一次，时间以第一次投诉的受理时间开始计算。若针对同一用户记振累积达三次的，则关闭该用户账号。

2. 此处所指的"投诉"均指成立的投诉，即被投诉方被投诉，在规定期限内未发起反通知；或者虽发起反通知，但反通知不成立。

3. 除被三振关闭账号外，被记振的用户需进行知识产权学习及考试。通过考试的用户可以在限权期限届满后恢复账号正常状态。

4. 严重侵权行为的记振次数按行为年累计计算，行为年是指每项严重侵权行为的处罚会被记录 365 天。

5. 当情况特别显著或极端时，国际站保留对用户单方面解除会员协议或服务合同、直接关闭用户账号以及国际站酌情判断与其相关联的所有账号及/或实施其他国际站认为合适措施的权利。"情况特别显著或极端"包括但不限于：

· 用户侵权行为的情节特别严重；

· 权利人针对国际站提起诉讼或法律要求；

· 用户因侵权行为被权利人起诉，被司法、执法或行政机关立案处理；

· 应司法、执法或行政机关要求国际站处置账号或采取其他相关措施。

可以看到，在阿里巴巴国际站上发生侵权行为，会面临被扣分、关闭账号以及强制参加知识产权考试的惩罚。

三、 亚马逊

(一) 亚马逊判定的侵权类型

(1) 商标侵权。未得到产品品牌官方的正规授权，擅自使用对方已注册商标的 Listing，或者发布产品时把别人的商标写在自己的 Listing 标题、五行特性、产品描述和 Search Term 关键词等详情信息中，都属于侵权行为。

(2) 专利侵权。专利权保护的是新颖性的技术，专利权包括三个类型：外观设计专利权、实用专利权、发明专利权。

① 外观设计专利权：产品的形状、图案、色彩或者其结合所做出的富有美感并适用于工业上应用的新设计，简单来讲就是长得像，只要有 60%以上的相似度，投诉侵权就会被处罚。

② 实用专利权：指对产品的形状、构造或者其结合所提出的适于实用的新的技术方案，又称小发明或小专利，比较具有实用性。

③ 发明专利权：某个产品拥有发明专利权，未经允许不可以擅自生产和销售，也就是说不能生产和销售仿品。

专利侵权相对来说比较难以识别，因为要判定一个产品是否有专利，要查找其专利人、专利名或专利号，这对卖家来说并不是一件易事。因此为了避免专利侵权，卖家在选品和发布产品过程中，一定要尽量通过多个渠道了解产品的相关信息，向供应商和有经验的同行卖家请教，这是甄别专利侵权与否的有效途径。

(3) 版权侵权。版权保护的重点就是独创性的作品，做不做版权登记，作者都享有版权，但是不做版权登记，就很难证明谁是原作者。

亚马逊的版权侵权一般涉及一些经典形象的版权侵权(常为机器人检测)和盗用他人的图片(一般是所有人投诉)。

版权侵权涉及最多的就是美国、日本等地动漫中的人物形象，如 X 战警、蜘蛛侠、Hello kitty、《夏目友人帐》里的猫咪先生。

(4) 图片侵权。图片侵权一般发生在第三方卖家之间。有些卖家看到别人店铺的产品图片拍得好看，就直接拿来使用，遭到拍摄原图的卖家的投诉。其实，市面上有很多从事外包图片处理的美工工作室，卖家可以借助这些工作室的力量合法又轻松地创作属于自己的图片。

(二) 亚马逊对侵权的处罚政策

亚马逊对于侵权投诉的处理非常严格，一旦账号被投诉都是直接裁决，会发警告邮件、下架产品、取消销售权限，严重的甚至直接封号。依侵权行为的严重程度，处罚方式具体如下：

(1) 一般侵权行为：品牌商向侵权卖家直接投诉，要求下架相关产品。

(2) 中等侵权行为：亚马逊会下架相关产品，对相关卖家警告一次并记录在案。

(3) 严重侵权行为：多次中等程度侵权或一次严重侵权行为，直接永久性关店，重新激活的概率为零。

(4) 更严重侵权行为：品牌商在当地向法院起诉，冻结侵权卖家的相关资金，并要求其到庭应诉，接收高额罚款。

卖家受到亚马逊的处罚后，要先搞清楚店铺被封的原因究竟是因为账号表现问题还是违反亚马逊的政策问题。其次，要认真分析这些原因。此外，亚马逊会在邮件中引导卖家通过申诉来恢复自己店铺的销售权，申诉的机会一般只有一次。

四、eBay

eBay 高度重视保护知识产权以及为买家和卖家提供安全的在线交易平台环境，不允许发布侵犯他人知识产权的物品或产品。eBay 专门制定了 VeRO(Verified Rights Owner)计划，以便知识产权持有人可以对侵犯其知识产权的相关产品进行举报。

对于卖家如何避免知识产权侵权行为，eBay 提出了一些相关的基本准则：

(1) 如果是知识产权所有者，需要了解只有知识产权所有者才可以举报侵犯了他们版权、商标权或其他知识产权的 eBay 商品。作为知识产权所有者，可以访问如何举报知识产权侵权物品刊登(VeRO 计划)页面，了解更多有关 VeRO 计划的信息，并提交举报。

(2) 如果不是知识产权所有者，需要了解即使不是知识产权所有者，也可以与知识产权所有者联系，建议他们联系 eBay，并提供帮助。

部分参加了 eBay VeRO 计划的知识产权所有者已经创建了参与者页面，可以在该页面上找到更多有关他们产品和法律地位的信息。并非所有 eBay VeRO 计划参与者都已创建参与者页面，可以在 VeRO 计划参与者页面上找到已经创建该页面的部分参与者。

(3) 不遵守 eBay 政策的活动可能导致一系列操作。例如：以管理方式结束或取消物品刊登，在搜索结果中隐藏或撤销所有物品刊登，降低卖家评分、购买或销售限制以及账户冻结等。而且，被采取措施的物品刊登或账户的所有相关已付或应付费用均不会退还或以其他方式退回至对应的账户。

值得注意的是，eBay 与其他平台不同，如果卖家认为知识产权人举报错误导致自己的产品被移除，一般需要直接与知识产权人联系。如果知识产权持有人同意自己弄错了，并以邮件方式通知 eBay，eBay 才会重新发布卖家的商品。

第三节　跨境电子商务交易风险

一、跨境电子商务交易风险类型

跨境电子商务中的诈骗罪是指以非法占有为目的，通过网络信息系统虚构事实或者隐瞒真相，骗取数额较大的财物的行为。

(一) 网络交易欺诈类型

1. 双方欺诈

双方欺诈指一方主体以非法占有为目的，通过虚构事实或者隐瞒真相的方法，骗取对方的信任，进而使对方支付货款或者发出货物，而不履行或者不完全履行己方义务，以骗取对方财物的行为。

【案例 7-1】

A 使用伪造的虚假身份注册成为某电商平台的卖家，在平台上以明显低于市场价格的标价出售产品。买家 B 向 A 询价且经过沟通后达成交易协定；B 在付款后发现再也联系不上 A(即在交易付款后未收到货物或者货品严重不符约定)。

这个欺诈案例的主要特点一是伪造身份，二是明显低价。

2. 三方欺诈

涉及电子商务双方之间和第三方的欺诈称为"三角电子商务诈骗",简称三方欺诈。

【案例 7-2】

A 通过利用网络信息传输过程中的不安全性,窃听、截取买家 B 发送给外贸电商 C 的询价信息,并冒充 C 的名义与 B 进行交易实施诈骗。

这个欺诈案例的主要特点一是截取信息,二是冒充交易。

(二) 贸易投诉类型

1. 未收到货物招致投诉

(1) 直接不发货:买家付款后,供应商在收到投诉时,货物仍然未发出。

(2) 虚假发货:买家付款后,供应商提供虚假发货凭证,供应商收到投诉时,投诉方没有收到货物或者提供的物流单号无追踪信息。

(3) 拒绝退货:买卖双方协商一致后买家退货,供应商不予解决 (拒绝重新发货、拒绝退款、不合理拖延、联系不上等)。

2. 货物与约定不符招致投诉

(1) 严重质量问题:买家收到的货物存在严重的质量问题。

(2) 严重短装:买家收到的货物少于合同约定的数量或者重量。

(3) 假货:买家收到的货物是假货,不是正品。

3. 未收到货款招致投诉

买家收到货物后,未按照合同约定付款。

(三) 贸易投诉处理

三种贸易投诉类型的对应解决办法如下:

(1) 未收到货物投诉解决办法:与买家协商发货或者退款,然后提供发货或者退款底单作为解决问题的凭证。

(2) 货物与约定不符投诉解决办法:与买家协商补发货物;补差价;或者共同协商其他解决办法。

(3) 未收到货款投诉解决办法:与卖家协商付款,提供完整付款凭证。

二、跨境电子商务交易风险管控

为避免贸易投诉和欺诈的发生,需做好以下几个方面的工作。

1. 做好账号管理

做好账号管理,防止邮箱和密码被盗。

盗取邮箱的不法分子惯用的手段包括:

(1) 发布钓鱼链接;

(2) 进入客户邮箱获取交易双方的邮件信息,或修改邮箱后台设置,设置自动转发功能;

(3) 监控买卖双方的交易过程;

(4) 等待至付款阶段,屏蔽双方正常往来,仿冒与买家或者卖家相近的邮箱,诱导付款或者发货;

(5) 款项到手后,逃之夭夭。

2. 提高警惕,识别骗子买家

骗子买家的识别技巧包括:

(1) 行骗准备阶段:在此阶段,通常买家会以大单诱惑。

(2) 行骗手段:通常骗子买家会只支付预付款或提供造假水单,随后拒付尾款、索要折扣、以非法手段提取货物。

(3) 行骗结果:提取货物后停止沟通。

3. 签订合同的注意事项

(1) 避免过度承诺。国外客户较重视合同条款,因此在签订合同时,应该尽可能给自己留足空间,不要为了留住客户而过度承诺,最终导致客户投诉。

(2) 避免欺瞒买家。当无法按照合同交货时,部分供应商会想出各种借口欺瞒买家,其实这时如果供应商能将实情告知,更能得到买家的理解。

(3) 避免不理睬买家。双方出现纠纷时,部分卖家会采取冷处理,即不理睬买家的诉求或者较敷衍地回复买家。其实友好的沟通通常可以减少买家投诉。

4. 发货之后的注意事项

(1) 关注物流运输情况。发货后因物流原因导致货物灭失的,应及时联系物流公司赔偿,然后将实情告知买家,给出赔偿方案,避免卖家自己受损,也更能得到买家理解。

(2) 关注清关进展。货物到达买家国家,可能因为海关要求等问题导致货物被扣留或退回,这些问题包括进口国限制订单货物、卖方或买方需补充进口国需要的相关文件、货物申报价值与实际价值不符等。此时应及时与买家和物流公司保持沟通,及时了解扣关原因并尽可能提供和补充相关信息及证据。

(3) 保留发货凭证。发货后尽量完整保存发货凭证以及产品信息(如产品照片、发货批次的产品质检报告等),保证在产生纠纷时能有相关的证明材料。

本 章 小 结

本章介绍了跨境电子商务活动中遇到的主要法律问题,并对跨境电子商务中消费者权益保护和知识产权两个核心法律问题进行了详细说明,之后对各主流跨境电子商务平台的知识产权规则进行了说明。每一个从事跨境电子商务活动的人员都必须重视并遵守知识产权的规则,同时保护好自己的知识产权。最后介绍了跨境电子商务交易风险的主要类型和如何防范交易风险。

关 键 术 语

知识产权、消费者权益保护、商标权、专利权、著作权、交易风险。

配 套 实 训

1. 进入美国专利商标局网站(www.uspto.gov)，在商标查询界面自己选定几个商标，在网站查找这几个商标在美国的注册情况。

2. 进入美国专利商标局网站(www.uspto.gov)，在专利查询界面自己选定几个专利，在网站查找这几个专利在美国的注册情况。

课 后 习 题

一、选择题

1. 跨境电子商务活动中，未经授权使用他人的品牌，是侵犯(　　)。

A. 商标　　　　　　B. 著作权　　　　　　C. 专利权　　　　　　D. 发明专利

2. 跨境电子商务活动中，未经授权使用他人的图片，是侵犯(　　)。

A. 商标　　　　　　B. 著作权　　　　　　C. 专利权　　　　　　D. 发明专利

3. 跨境电子商务活动中，未经授权使用他人的产品设计，是侵犯(　　)。

A. 商标　　　　　　B. 著作权　　　　　　C. 专利权　　　　　　D. 消费者权益

二、简答题

跨境电子商务活动中，保护知识产权的意义是什么？如何对知识产权进行保护？

第八章 我国对跨境电子商务的管理和政策

学习目标

▶知识目标

(1) 掌握我国对跨境电子商务的管理。

(2) 熟悉跨境电子商务的报关流程。

(3) 了解跨境电子商务的税收征管。

(4) 了解跨境电子商务的金融监管。

(5) 了解跨境电子商务的政策支持、存在的问题与对策。

▶技能目标

(1) 学会跨境电子商务的报关流程。

(2) 运用现有的政策来增加收入。

第一节 我国对跨境电子商务的管理

一、我国对跨境电子商务的态度

全球跨境商务近几年来发展迅猛，吸引了社会各界的重点关注。中国自然也不例外，政府部门对跨境电子商务的未来发展高度重视，积极引导企业参与其中，并出台了一些相关的政策措施为企业营造有利的经营环境。跨境电子商务的发展，在得益于经济发展的基础上也相对地促进了经济的发展。

二、一带一路政策下跨境电子商务的管理

1. 建立区域性电子贸易平台

"一带一路"战略的核心在于以开放和包容的理念引导并构建共赢区域，跨境电子商务也应结合共赢理念建立区域性电子贸易平台，国际物流体系的构建与完善也将由此得以实现。近年来搭建完成并上线试运营的"中国—东盟跨境电商平台"便属于其中典型。作

为由中国贸促会和东盟各国国家工商会共同打造的区域性电子贸易平台，该平台提供了自营、代销、商家入驻三种模式。该平台提供的贸易配对、海外融资、物流服务、海关通关报检、政策共享等服务，为各国间的跨境电子商务发展提供了有力支持。由此也可见区域性电子贸易平台在跨境电子商务发展中的重要作用。

2. 建造跨境电子商务生态体系

跨境电子商务生态体系的建造是为了实现通关、物流、退税、产品质量保证等服务体系的提供，由此"一带一路"战略下的跨境电子商务才得以实现健康、可持续发展。早在2017年召开的"中国—东盟信息港论坛"便对中国—东盟跨境电子商务生态体系的建造展开了深入研讨。论坛中讨论的集政策监管、技术支撑、公共服务于一体的跨境电子商务生态体系对我国跨境电子商务发展有着较高的借鉴价值。

三、我国对跨境电子商务的管理政策

我国为鼓励跨境电商的发展制定了相关政策，这些政策主要涉及以下方面：免退关税；跨境电子商务平台订单提供集中清关，先放行后报关政策；为生产加工类企业提供保税仓库政策；对发展国际支付机构业务的支持政策。

(1) 跨境电商出口免税收的政策。凡是跨境电商企业，都属于一般增值税纳税人，持出口货物报关单和购进出口商品时的增值税专用发票就可以申请免退税服务。此条例于2013年建立，在很大程度上促进了跨境电子商务贸易的发展。

(2) 海关总署12号公文发布申明，为了使跨境电子商务通过平台的交易更便捷，发布了汇总申报、先放行后审核的政策，为很多企业订单小、批量多的问题提供了解决方案。货物经过专门的监管系统登记明细后，先放行走货，积累一定的数量后再统一合并报关。同时海关总署第57号公告声明企业可以把货物运入由海关监管的保税仓，一旦进入保税仓视同为出境，可以避免关税；国内的货物进入保税仓库后，则办理报关手续同时享有入区退税政策，为很多企业的资金流提供了更大的灵活性。57号公告的声明适用于还没有找到境外买家，但是已有成品需要出口且希望早日获得退税的个人卖家或企业。需要指出的是，由于仓库的特殊性，仓库的租金也是非常大的一笔支出。

(3) 在国际支付业务方面，国家政策也给予了很大的激励。银行的主要业务不在跨境电子支付，所以需要更专业的支付机构。现在市场上所有的国际支付机构，如 PayPal、Payoneer、World First，PingPong、iPayLinks、Skyee 等国际支付机构的主要作用就是提供收汇和结售汇服务，帮助跨境电商企业从平台上收到国外买家汇给他们的钱并转到企业的国内银行外币账户，或者帮助企业从外币账户把钱汇到国外卖家的银行账户上。国家外汇管理局在2013年2月发表了支付机构跨境电子商务外汇支付业务试点指导意见，就业务申请、业务管理和风险管理方面给出了指导性的意见。2018年，国务院在22个地区设立了试点，鼓励第三方机构平台的发展，并给予了一定的资金支持和业务许可。截至2019年，我国持有外管局下发的跨境外汇支付牌照的第三方机构大约在30家左右。

四、跨境电商需要的相关证明

(一) 需要的一般性证明

(1) 身份证,需提供正反两面的彩色照片或扫描件,不接受黑白复印件,图片必须完整清晰可读;身份证应在有效期内;身份证件上的姓名应与亚马逊账户上的姓名完全匹配。

(2) 信用卡对账单、银行对账单或费用账单。账单上的姓名必须和身份证上的姓名一致,信用卡对账单或银行对账单必须为银行出具,费用账单必须是公共事业单位出具的水费、电费或燃气账单,账单必须是过去 90 天内发出的,图片必须清晰可读,可以隐藏货币金额,但文档必须保持完整并且其他信息清晰可见。

在某些特殊形势下,各跨境电商平台也会针对某些特殊商品提出新的证明文件的要求。

例如,全球新冠疫情的 "爆发",让防疫品的需求暴增,阿里国际、速卖通、eBay 等平台均针对 "防疫用品" 推出了新规。

【资料】

1. 阿里国际

阿里巴巴就防疫物资行业准入的资格条件给出了详细说明。其中营业执照注册,修改时间必须早于 2020 年 12 月 1 日 (暂时性的政策要求)。

对于医用类防疫物资产品,生产型和贸易型企业需提供的证明文件不同。

(1) 生产型企业需提供:

① 在 "认证中心-监管许可证书" 提供一类或二类医疗器械相关资质:医疗器械生产许可证(生产范围含二类或一类医疗器械);或会员所在国/地区法律规定的相关产品生产资质文件。

② 在申请准入资格页面(本页面)上传:

a. 产品质量标准认证:CE 或 FDA 或 YY 0469-2011 或 YY/T 0969-2013 或 GB 19083-2010。

b. 生产能力证明(如提供库存、仓储环境的照片):库存凭证,需要有口罩批量出镜;生产环境,生产环境必须是无尘、无菌的;照片需清晰可辨,每张照片需与任一申请行业准入资格的资质文件一起拍摄出镜。

(2) 贸易型企业需提供:

① 在 "认证中心-监管许可证书" 提供贸易型医疗器械企业资质:提供《医疗器械经营许可证》或《医疗器械经营备案凭证》 (经营范围含一类或二类医疗器械)、生产商《医疗器械生产许可证》(生产范围含一类或二类医疗器械)以及授权书和购销合同;或会员所在国法律规定的相关产品经营资质文件。

② 在申请准入资格页面(本页面)上传:

a. 上游生产企业的产品质量标准认证:CE 或 FDA 或 YY 0469-2011 或 YY/T 0969-2013 或 GB 19083-2010。

b. 经营能力证明(如提供库存、生产环境的照片)：库存凭证需要有口罩批量出镜，存储环境必须满足口罩存储的条件；照片需清晰可辨，每张照片需与任一申请行业准入资格的资质文件一起拍摄出镜。

c. 授权书。

d. 购销合同。

对于非医用类防疫物资产品，生产型和贸易型企业所需提供的证明文件也有所不同。

(1) 生产型企业，在申请准入资格页面(本页面)上传：

① 营业执照，且营业执照经营范围包含生产劳保产品；或会员所在国/地区法律规定的相关 产品经营资质文件。

② 生产能力证明(如提供库存、生产环境的照片)：

a. 库存凭证：需要有口罩批量出镜。

b. 生产环境：生产环境必须是无尘、无菌的。

c. 照片需清晰可辨，每张照片需与任一申请行业准入资格的资质文件一起拍摄出镜。

③ 产品质量标准认证：CE 或 FDA 或 NIOSH 或 GB2626-2006 等认证。

④ 可选：特种劳保用品工业生产许可证(QS)、特种劳防用品标识(LA)。

(2) 贸易型企业，在申请准入资格页面(本页面)上传：

① 营业执照，经营范围包含劳保用品，且注册资本大于或等于 100 万人民币且公司注册时间和经营范围修改时间(如有)早于 2019.12.01；或会员所在国/地区法律规定的相关产品经营资质文件。

② 上游生产企业的产品质量标准认证：CE 或 FDA 或 NIOSH 或 GB2626-2006 等认证。

③ 经营能力证明(例如提供库存、仓储的照片)：

a. 库存凭证：需要有口罩批量出镜。

b. 仓储环境：存储环境必须满足口罩存储的条件。

c. 照片需清晰可辨，每张照片需与任一申请行业准入资格的资质文件一起拍摄出镜。

④ 授权书。

⑤ 购销合同。

⑥ 可选：特种劳保用品工业生产许可证(QS)、特种劳防用品标识(LA)。

2. 速卖通

速卖通对口罩加强了管控，并规定医用类口罩(属于医疗器械)必须发布在 Health&Beauty/Health Care/Household Health Monitors/ Medical Masks 医用口罩。其他非医用类口罩需根据产品特性和商家经营大类相关性选择其余的子类目发布。

(1) 医用类口罩(Medical Masks)商家发布医用类口罩时，需在商品发布环节进行商品资质信息的填写或上传。根据目标市场的不同，填写或上传相应的商品资质信息具体如下：

① 中国生产的医用口罩必须取得国内 II 类器械注册号(强制)。

② 销往欧盟市场的医用口罩需取得 CE 认证(可选)。

③ 销往美国市场的医用口罩需取得 FDA 注册(可选)。

④ 销往日本市场的医用口罩需取得 PSE 认证(可选)。

⑤ 销往韩国市场的医用口罩需取得 KC 认证(可选)。

商家发布医用类口罩时，应在商品详情页添加如下声明：

Please be kindly noted:

·Listed product is produced and distributed abroad and subject to the laws of its country of origin.

·You may purchase the products for personal use only.

(2) 非医用的普通防护口罩。针对非医用的普通防护口罩切勿发布在 Medical Masks 类目，不可描述任何医用用途，要对口罩产地、安全标准、防护层级等属性根据商品实际情况进行选择。宣传 N95 或类似效力的防护口罩发布时，需要在商品主图或详情展示对应的检测报告。

商家发布非医用的普通防护口罩时，应在商品详情页添加如下声明：

Please be kindly noted，the listed product is produced and distributed abroad and subject to the laws of its country of origin.

平台要求任何商家销售口罩类商品，需要确保合法来源，保证品质，在这样的特殊时期保障消费者的购买体验。

3. eBay

eBay 多个站点禁止销售防疫用品。2020 年 3 月 6 日，eBay 宣布禁止卖家在美国站点上刊登包括 N95/N100 和医用口罩及外科口罩在内的口罩、洗手液/洗手凝胶以及消毒湿巾等商品，并删除刊登标题或描述中提及 COVID-19、Coronavirus(新型冠状病毒)、2019nCoV(书籍除外)等词语的所有刊登。2020 年 3 月 10 日，eBay 加拿大站跟进，禁售防护类用品，并打击哄抬价格行为。同年 3 月 11 日，法国、意大利等更多 eBay 站点跟进；3 月 18 日，eBay 西班牙站也加入其中，宣布禁止卖家在 eBay.es 站点上刊登包括消毒液、防护口罩等防疫物品。

4. Shopee

受疫情影响，目前 Shopee 禁止卖家上架/售卖所有类型口罩商品。如果卖家在商品图片、标题、描述等处中出现 "Medical" "Surgical" "N95" "N90" "N99" "N100" "FFP1" "FFP2" "FFP3" 等词汇会被判定为违规上架商品。违规上架的商品将被下架处理，并根据《Shopee 平台违反上架规则》中的禁止刊登 (Prohibited Listing)计入惩罚计分，严重可能导致店铺冻结。卖家需尽快下架违规商品。其他医疗防疫物资卖家仅可以在马来西亚、越南地区售卖，如电子体温计、橡胶手套、护目镜等。卖家需设定合理的商品价格，若商品价格超出合理范围，商品将被下架处理。同时需要确认售卖的商品是否为禁运商品。根据不同站点的要求需要确认在对应站点商品是否满足售卖条件且卖家是否满足售卖资质。

(二) 资质审核证明文件

跨境出口零售电子商务行业属于新兴行业和互联网行业，国家政策支持，不存在专门针对这个行业的前置性许可。由于跨境出口电商涉及货物的出口，存在三项备案或者资质要求：

一是出入境检验检疫报检企业备案表；

二是中华人民共和国海关报关单位注册登记证书；

三是对外贸易经营者备案登记表。

部分跨境出口电商，存在自行开发的 App，或者自己建立的销售网站，如果服务器在国内，或者对其他跨境出口电商开放，需要取得增值电信业务经营许可证。

部分国家或者部分地区，对于特定的商品流通、销售可能需要特殊的资质、证书或者备案。这属于针对特定地区或者特定商品或者特定服务的具体要求，不属于整个行业的普遍要求。

第二节　跨境电子商务的海关监管

一、跨境电商通关的步骤

(1) 入关：跨境货物首先要进入海关特殊监管区等待查验。例如，福州出口加工区内就设有海关、国检共同入驻的跨境电商监管中心。

(2) 普货查验：跨境货物进入海关监管仓，等待海关进行查验关签。查验的目的是核对实际进口货物与报关单证所报内容是否相符，有无错报、漏报、瞒报、伪报等情况。海关人员检查无误后，货物进入保税仓储存，等待国检进行抽样检验。

(3) 理货上架：仓库分为储存区、包装区和监管区三个区域，部分对温度和湿度有较高要求的货物，如食品、母婴产品、保健品等，则存储于恒温仓，以确保其品质。

(4) 抽样检验：国检工作人员要在两天内完成对货物的抽查检验。其中，食品及保健品还需送到专业实验室进行成分检验。

(5) 订单来了：在电商企业完成备货后，消费者要买一支法国的口红，直接在电商平台下单后，电商企业就会将生成订单发送到商品所在保税仓，同时支付企业发送支付单、物流企业发送物流单，也就是"三单比对"。在订单生成之时，下单的口红还静静地躺在保税仓货架上。而订单相关数据会全部传输到跨境服务平台(即接受企业备案的外网平台)，服务平台再将数据传输到管理平台(即海关内网)。

(6) 打包：保税仓工作人员开始按订单打包对应商品货物。

(7) 过光机查验：打包完毕的货物运送到分拣中心，通过过光机进行查验。操作人员需扫描输入货物的条形码，经过过光机的货物均有图像留档，每一笔订单信息都将被保存。

(8) 海关、国检查验：国检、海关的工作人员对过光机的货物进行现场监控。在过光机中可以看到申报的物品和发出的物品是否一致，防止货物夹带。如果经查验没有问题，包裹就会被放行。

(9) 系统布控：一部分货物会被海关抽出进行现场查验，比对数据、实物等各项信息。

(10) 通关放行：包裹在通关放行后，会经由国内物流，运往全国各地，对拥有"三单"的物流配送车辆，海关特殊监管区卡口智能系统将自动识别车号放行。

(11) 保税进口模式：即跨境电商先从海外大批量采购商品，并运至国内的保税区备货暂存。当消费者在电商网站下单时，订单、支付单、物流单等数据将实时传送给海关等监管部门，以便完成申报、征税、查验等通关手续和环节。最后，这些跨境商品会直接从保税区的仓库发出，通过国内物流(快递)运达至消费者手中。相较于直邮进口模式，此模式的"到货速度"更快、效率更高。

(12) 直邮进口模式：即消费者在跨境电商的网站(平台)下单后，电商或申报企业通过跨境电子商务系统(涵盖备案、申报、征税、查验、放行等环节)进行申报，并向海关推送订单、支付、物流等信息，在系统完成信息对碰后，这些跨境商品会在海外的仓库完成打包，并以个人包裹的形式入境，入境时会在检验检疫、海关等部门，完成通关、查验、征税等环节，直至完成清关。最后，通过国内物流(快递)将跨境商品送到消费者手中。相较于保税进口模式，此模式"上新货"的速度更快。

(13) 快件清关：确认订单后，商家通过国际快递将商品直接从境外邮寄至消费者手中。其优点是：灵活，有业务时才发货，不需要提前备货。其缺点是：与其他邮快件混在一起，物流通关效率较低，量大时成本会迅速上升。该操作适合业务量较少，偶尔有零星订单的阶段。

二、报关报检的材料

报检需要的材料包括：品质证(报检时用复印件，出 CIQ 证前需提供原件)、重量证(报检时用复印件，出 CIQ 证前需提供原件)、原产地证(报检时用复印件，出 CIQ 证前需要提供原件)、合同(复印件即可)、发票(复印件即可)、提单(复印件即可)、报检委托书(原件)、报检指标、公司在商检局的注册号(10 位数字)。

报关需要的材料，按合同上的成交方式可分为以下几类：

(1) FOB 报关单证及顺序：报关委托书(正本)、发票、海运发票、租船合同、保险发票、保险单、合同、提单、外检品质证、外检重量证、外检原产地证。

(2) C&F 或 CFR 报关单证及顺序：报关委托书(正本)、发票、保险发票、保险单、合同、提单、外检品质证、外检重量证、外检原产地证。

(3) CIF 报关单证及顺序：报关委托书(正本)、发票、合同、提单、外检品质证、外检重量证、外检原产地证。

三、报关报检的流程

(一) 进口货物的通关流程

(1) 进口货物换回提货单以后，于运输工具申报进境之日起十四日内向海关申报，逾期将产生货值的万分之五的滞报金。

(2) 提供海关要求的随附单据：① 海运提单；② 发票(正本)；③ 箱单(正本)；④ 合同(复印件)或信用证付汇情况表(正本)；⑤ 报关委托书(一式三份)，需加盖委托人的公章。

(3) 根据实际货物情况提供其他海关要求的许可证件(如自动进口许可证、固体废物进口许可证、入境货物通关单等)；根据以上单据填写手写报关单，并打印核对联。

(4) 如是法检货物，货物的收货人或其代理人需向报关地的检验检疫局申报货物入境，海关凭商检机构签发的货物通关单验放。

(5) 提供商检要求的单据：① 海运提单的复印件；② 发票复印件；③ 箱单复印件；④ 报检委托书，需加盖委托人的公章；⑤ 根据实际货物情况提供其他商检要求的证件(如入境废物的"装船前证明"、植检证、原产地证等)。

(6) 根据以上单据录入审关中心并向商检发送数据，收到商检回执后方可向检疫局报检。受理之后，缴纳相应的检疫费及其他费用后，打印通关单。

(7) 核对打印联无误后，即可申报报关单。待审单中心电子放行后，即可打印纸制报关单，连同整理相关随附单据向现场海关递交审核。

(8) 审核完毕，打印出税款缴款书，并在 15 日内缴纳税款，逾期缴纳的，由海关征收滞纳金。税款缴纳完毕后，向海关核税，并转放行处。

(9) 待现场海关对货物做放行及做完放箱指令后，取出提货单。(注意：此时提货单上应有以下几个印章：货主或代理人的公章、海关商检 2 号印，海关验讫章或者放行章、船公司提货章)。将提货单及相应的报检单据交商检验放货物并加盖海关商检 5 号印。

(10) 将提货单交运输车队并结算相场地费用后，提出货物运输至工厂。

(二) 出口货物的通关流程

(1) 出口货物的发货人除海关特准的外应当在货物运抵海关监管区后，装货的 24 小时以前，向海关申报。

(2) 提供海关要求的随附单据：① 场站收据；② 发票(正本)；③ 箱单(正本)；④ 报关委托书(一式三份)，需加盖委托人的公章；⑤ 理货单。依据实际货物情况提供其他海关要求的许可证件，如濒危物种证明等。根据以上单据填写手写报关单，并打印核对联。

(3) 如是法检货物，货物的收货人或其代理人需向货物产地或者报关地的检验检疫局申报货物出境，海关凭商检机构签发的出境货物通关单验放。

(4) 提供商检要求的单据：① 合同(复印件)；② 发票(复印件)；③ 箱单(复印件)；④ 报检委托书，需加盖委托人的公章。

(5) 根据以上单据录入审关中心并向商检发送数据，收到商检回执后方可向检疫局报检。受理之后，缴纳相应的检疫费及其他费用，并查验货物无误后，做放行指令，并打印出境货物通关单。

(6) 核对打印联无误后，即可申报报关单。待审单中心电子放行后，即可打印纸制报关单，连同整理相关随附单据向现场海关递交审核。

(7) 审单完结后，(出口涉及税款的需缴纳完毕税款后)转交出口放行审单。不查验时，直接做放行，在场站收据上盖"放行章"。如果批查验，待货物运输至海关查验场地并靠台查验无误后，方可入港。

备注：以上为一般进出口货物的通关流程，涉及其他进出境物品及海关监管特殊货物，特殊监管区域应当按照海关的要求进行申报。

四、海关的监管内容及政策

为做好跨境电子商务零售进出口商品监管工作，促进跨境电子商务健康有序发展，根据《中华人民共和国海关法》《中华人民共和国进出境动植物检疫法》《中华人民共和国进出口商品检验法》《中华人民共和国电子商务法》等法律法规和《商务部　发展改革委　财政部　海关总署　税务总局　市场监管总局关于完善跨境电子商务零售进口监管有关工作的通知》(商财发〔2018〕486 号)等国家有关跨境电子商务零售进出口相关政策规定，海关总署于 2018 年 12 月 12 日发布 194 号公告(关于跨境电子商务零售进出口商品有关监管事宜)，该公告包括以下具体事宜。

(一) 适用范围

跨境电子商务企业、消费者(订购人)通过跨境电子商务交易平台实现零售进出口商品交易，并根据海关要求传输相关交易电子数据的，按照本公告接受海关监管。

(二) 企业管理

跨境电子商务平台企业、物流企业、支付企业等参与跨境电子商务零售进口业务的企业，应当依据海关报关单位注册登记管理相关规定，向所在地海关办理注册登记；境外跨境电子商务企业应委托境内代理人(以下称跨境电子商务企业境内代理人)向该代理人所在地海关办理注册登记。

跨境电子商务企业、物流企业等参与跨境电子商务零售出口业务的企业，应当向所在地海关办理信息登记；如需办理报关业务，向所在地海关办理注册登记。

物流企业应获得国家邮政管理部门颁发的《快递业务经营许可证》。直购进口模式下，物流企业应为邮政企业或者已向海关办理代理报关登记手续的进出境快件运营人。

支付企业为银行机构的，应具备银保监会或者原银监会颁发的《金融许可证》；支付企业为非银行支付机构的，应具备中国人民银行颁发的《支付业务许可证》，支付业务范围应当包括"互联网支付"。

参与跨境电子商务零售进出口业务并在海关注册登记的企业，纳入海关信用管理，海关根据信用等级实施差异化的通关管理措施。

(三) 通关管理

对跨境电子商务直购进口商品及适用"网购保税进口"(监管方式代码 1210)进口政策的商品，按照个人自用进境物品监管，不执行有关商品首次进口许可批件、注册或备案要求。但对相关部门明令暂停进口的疫区商品和对出现重大质量安全风险的商品启动风险应急处置时除外。适用"网购保税进口 A"(监管方式代码 1239)进口政策的商品，按《跨境电子商务零售进口商品清单(2018 版)》尾注中的监管要求执行。

海关对跨境电子商务零售进出口商品及其装载容器、包装物按照相关法律法规实施检疫，并根据相关规定实施必要的监管措施。

跨境电子商务零售进口商品申报前，跨境电子商务平台企业或跨境电子商务企业境内代理人、支付企业、物流企业应当分别通过国际贸易"单一窗口"或跨境电子商务通关服务平台向海关传输交易、支付、物流等电子信息，并对数据真实性承担相应责任。

直购进口模式下，邮政企业、进出境快件运营人可以接受跨境电子商务平台企业或跨境电子商务企业境内代理人、支付企业的委托，在承诺承担相应法律责任的前提下，向海关传输交易、支付等电子信息。

跨境电子商务零售出口商品申报前，跨境电子商务企业或其代理人、物流企业应当分别通过国际贸易"单一窗口"或跨境电子商务通关服务平台向海关传输交易、收款、物流等电子信息，并对数据真实性承担相应法律责任。

跨境电子商务零售商品进口时，跨境电子商务企业境内代理人或其委托的报关企业应提交《中华人民共和国海关跨境电子商务零售进出口商品申报清单》(以下简称《申报清单》)，采取"清单核放"方式办理报关手续。

跨境电子商务零售商品出口时，跨境电子商务企业或其代理人应提交《申报清单》，采取"清单核放、汇总申报"方式办理报关手续；跨境电子商务综合试验区内符合条件的跨境电子商务零售商品出口，可采取"清单核放、汇总统计"方式办理报关手续。

《申报清单》与《中华人民共和国海关进(出)口货物报关单》具有同等法律效力。

开展跨境电子商务零售进口业务的跨境电子商务平台企业、跨境电子商务企业境内代理人应对交易真实性和消费者(订购人)身份信息真实性进行审核，并承担相应责任；身份信息未经国家主管部门或其授权的机构认证的，订购人与支付人应当为同一人。

跨境电子商务零售商品出口后，跨境电子商务企业或其代理人应当于每月 15 日前(当月 15 日是法定节假日或者法定休息日的，顺延至其后的第一个工作日)，将上月结关的《申报清单》依据清单表头同一收发货人、同一运输方式、同一生产销售单位、同一运抵国、同一出境关别，以及清单表体同一最终目的国、同一 10 位海关商品编码、同一币制的规则进行归并，汇总形成《中华人民共和国海关出口货物报关单》向海关申报。

允许以"清单核放、汇总统计"方式办理报关手续的，不再汇总形成《中华人民共和国海关出口货物报关单》。

《申报清单》的修改或者撤销，参照海关《中华人民共和国海关进(出)口货物报关单》修改或者撤销有关规定办理。

除特殊情况外，《申报清单》《中华人民共和国海关进(出)口货物报关单》应当采取通关无纸化作业方式进行申报。

第三节　跨境电子商务的税收征管

一、税收征管

(一) 税收

(1) 对跨境电子商务零售进口商品，海关按照国家关于跨境电子商务零售进口税收政策征收关税和进口环节增值税、消费税，完税价格为实际交易价格，包括商品零售价格、运费和保险费。

(2) 跨境电子商务零售进口商品消费者(订购人)为纳税义务人。在海关注册登记的跨境电子商务平台企业、物流企业或申报企业作为税款的代收代缴义务人，代为履行纳税义务，并承担相应的补税义务及相关法律责任。

(3) 代收代缴义务人应当如实、准确向海关申报跨境电子商务零售进口商品的商品名称、规格型号、税则号列、实际交易价格及相关费用等税收征管要素。跨境电子商务零售进口商品的申报币制为人民币。

(4) 为审核确定跨境电子商务零售进口商品的归类、完税价格等，海关可以要求代收代缴义务人按照有关规定进行补充申报。

(5) 海关对符合监管规定的跨境电子商务零售进口商品按时段汇总计征税款，代收代缴义务人应当依法向海关提交足额有效的税款担保。

海关放行后 30 日内未发生退货或修撤单的，代收代缴义务人在放行后第 31 日至第 45 日内向海关办理纳税手续。

(二) 场所管理

(1) 跨境电子商务零售进出口商品监管作业场所必须符合海关相关规定。跨境电子商务监管作业场所经营人、仓储企业应当建立符合海关监管要求的计算机管理系统，并按照海关要求交换电子数据。其中开展跨境电子商务直购进口或一般出口业务的监管作业场所应按照快递类或者邮递类海关监管作业场所规范设置。

(2) 跨境电子商务网购保税进口业务应当在海关特殊监管区域或保税物流中心内开展。除另有规定外，参照海关总署 194 号公告规定监管。

(三) 检疫、查验和物流管理

(1) 对需在进境口岸实施的检疫及检疫处理工作，应在完成后方可运至跨境电子商务监管作业场所。

(2) 网购保税进口业务：一线入区时以报关单方式进行申报，海关可以采取视频监控、联网核查、实地巡查、库存核对等方式加强对网购保税进口商品的实货监管。

(3) 海关实施查验时，跨境电子商务企业或其代理人、跨境电子商务监管作业场所经营人、仓储企业应当按照有关规定提供便利，配合海关查验。

(4) 跨境电子商务零售进出口商品可采用"跨境电商"模式进行转关。其中，跨境电子商务综合试验区所在地海关可将转关商品品名以总运单形式录入"跨境电子商务商品一批"，并需随附转关商品详细电子清单。

(5) 网购保税进口商品可在海关特殊监管区域或保税物流中心(B 型)间流转，按有关规定办理流转手续。以"网购保税进口"(监管方式代码 1210)海关监管方式进境的商品，不得转入适用"网购保税进口 A"(监管方式代码 1239)的城市继续开展跨境电子商务零售进口业务。网购保税进口商品可在同一区域(中心)内的企业间进行流转。

二、跨境电子商务的税率换算

根据跨境电子商务零售进口税收政策，个人单笔交易限值人民币 5000 元，个人年度交易限值人民币 26 000 元。在限值以内进口的跨境电子商务零售进口商品，关税税率暂设为 0%；进口环节增值税、消费税按法定应纳税额的 70% 征收。计算规则如下：

$$税费=购买单价×件数×跨境电商综合税率$$
$$跨境电商综合税率=(消费税率+增值税率)/(1-消费税率)×70\%$$

注：一般电商平台的优惠券、满减仅可抵扣商品金额，商品金额不含税费。税费为电商平台代征代缴(交给国家)，如因个人原因退货，税费将不予返还(因为海关一般不退税)；如因商品本身问题产生退货，税费一般由电商平台为您返还。所以跨境电商平台一般不支持 7 天无理由退货。

跨境电子商务的税收征管的注意事项包括以下几个方面。

(1) 交易额：与先前实行的行邮税限额相比较，单笔交易额从 1000 元提升到了 2000元。在交易额度上限的方面，对比之前的行邮税，新政后个人每年度的交易最大额为 20 000 元。如超过单次限值、累加之后超过个人年度限值的单次交易，以及完税价格超过 2000 元限值的单个不可分割商品，都根据一般贸易方式全额征税。

(2) 适用税率：2014 年政府以"行邮税"这一优惠税对于跨境电商予以税收上的支持。此后，直到此次税改之前，跨境电商商品的适用税率一直是按照行邮税，设有 10%、20%、30%、50%四档。税改后，根据财政部 2021 年 4 月 8 日发布的通知，凡是限额以内进口的跨境电商零售进口的商品，关税税率暂设为 0%；进口环节消费税、增值税取消免征税额，暂按法定应纳税额的 70%征收，即增值税税率为 17%×70%=11.9%；消费税为 30%×70%=21%。与此同时，新行邮税于 4 月 8 日与跨境电商税改同步施行，将原四档的行邮税改为三档，即 15%、30%、60%。

(3) 免税额取消：在征收行邮税时，行邮税缴税额 50 元以下的商品可以免行邮税。但统一根据消费税、增值税七折征收后这一免税的优惠则不会在存在了。

(4) 完税价格：税改后，实际交易价格是包含了销售和运费价格，并且将其作为完税价格。纳税方式也由之前的离岸价纳税变为到岸价纳税。之前，销售与运费价格拆分来申报，在新税制下行不通了。

对于之前可以享受免税优惠的食品、日用品等行邮税税率较低的商品来说，这次调整使其海淘成本上升比较大。对此之前行邮税税率较高的商品来讲，这次调整则让海淘的消费者享受到了一定的实惠。但考虑到原来四档的行邮税改为三档，税率普遍也上调，此次的征税调整对在限额之内进行购物的消费者的影响并没有那么大。

第四节 跨境电子商务的金融监管

一、金融服务监管的发展

我国跨境电子商务与提供支付结算、汇兑等金融服务监管的发展，按其发展过程中的标志性时间可分为三个阶段。

(一) 引入起步阶段(1998—2007 年)

20 世纪 90 年代末，看到阿里巴巴、卓越网等国内电子商务网站具有盈利能力，部分政府、企业开始尝试将电子商务与外贸结合。1998 年 7 月，外经贸部在其官网开通"中国商品市场"专栏用于我国企业展示、推销其产品，引起国内外客商关注并促成了多宗对外贸易。2000 年 10 月，阿里巴巴推出"中国供应商"服务，帮助中国企业扩展出口贸易。2001 年 12 月，中国化工网与德国平台合作组建跨境交易平台，开启我国跨境电子商务时代。此阶段跨境支付是通过与国外银行合作共享账号的方式解决。

1. 银行支付的四个标志性事件

(1) 1999 年 9 月，招商银行率先启动国内网上银行，实现让用户借助互联网办理支付、汇款等业务。随后银行业网上银行或电话银行逐步成长，助推电子商务发展。

(2) 2002 年 3 月，中国银联成立并开展跨行交易、电子支付等服务，到 2008 年初拓展到美国、日本等 26 个国家和地区。

(3) 2005 年，央行主导的 HVPS(人民币大额实时支付系统)基本在国内普及，成为国内清算行和代理行开展跨境及离岸人民币清算服务的主渠道。

(4) 2006 年 6 月，上海浦东银行与阿里巴巴合作提供安全在线支付手段，解决传统 B2B 信息网上撮合、资金网下结算交易脱节问题，利用创新产品"E-mail 汇款"来完成收款汇款。

2. 第三方支付方面的四个标志性事件

(1) 1999 年，首信易支付等第三方支付企业诞生。

(2) 2004 年，支付宝成立，解决了当时网上信用薄弱的商户结算问题。

(3) 2005 年 9 月，EBAY 易趣电子支付平台贝宝(中国网站)与其平台对接。

(4) 2007 年，支付宝开始办理境外收单业务，为境内个人在境外网站购买商品提供代理购付汇服务。

3. 此阶段金融服务监管

此阶段金融服务监管主要是针对银行类支付。2001 年，人民银行印发《网上银行业务管理暂行办法》(该办法于 2007 年废止)来加强网上银行管理。 2005 年 10 月，人民银行印发《电子支付指引心规定"银行通过互联网为个人客户办理电子支付业务，除采用数字证书、电子签名等安全认证方式外，单笔金额不应超过 1000 元人民币，每日累计金额不应超过 5000 元人民币",满足当时网上交易额度不大的实际。2006 年,银监会印发《电子银行业务管理办法》《电子银行业务安全评估办法》等来规范电子银行。

(二) 快速成长阶段(2008—2014 年)

2008 年金融危机后贸易保护主义抬头。据统计,从 2008 年 11 月至 2013 年 5 月,全球共实施了 3334 个贸易保护措施。与此同时,TPP (跨太平洋伙伴关系协定)、BIT (双边投资协定)等区域经济合作谈判不断升温。这种局面下, 2012 年 3 月商务部印发《关于利用电子商务平台开展对外贸易的若干意见》鼓励企业开展跨境电子商务。同年 5 月国家发展改革委印发《关于组织开展国家电子商务示范城市电子商务试点专项的通知),把跨境电子商务服务试点作为重点试点领域,并批准上海、重庆、杭州宁波郑州等 5 城市为首批试点。跨境电子商务迎来发展契机,也伴随着金融服务监管的一并加强。

1. 第三方支付着力解决跨境支付

2009 年深圳财付通成为第二家被允许开展境外收单业务的第三方支付机构。2010 年 4 月阿里巴巴斥资 1 亿美元在当时最大外贸小单在线交易市场全球速卖通营业,并将美国 PAYPAL 作为其支付合作伙伴。2010 年 12 月,PAYPAL 与重庆市政府签订协议联手打造电子商务国际结算平台。2011 年深圳财付通与美国运通合作解决网购跨境支付问题。2013 年,财付通、支付宝等 17 家第三方支付机构成为外汇局首批跨境电子商务支付业务试点企业。2014 年,淘宝、京东等主流购物平台基于用户信贷需求,先后推出"花呗""白条"等新型信用支付工具。

2. 银行支付与第三方支付处于合作竞争并存的状态

2010 年 12 月,中国银行和支付宝合作首推银行卡快捷支付,同年上海浦发银行与中国移动拓展手机支付市场,随后手机银行 App 进入大规模发展阶段。2012 年开始进入为期 3 年左右的跨境人民币支付系统建设阶段。2014 年中信银行与支付宝、微信开展虚拟信用卡业务(随后该业务被央行叫停)。同年,四大国有银行下调快捷支付额度,一定程度上对第三方支付形成限制。

3. 金融监管服务体现出两大改变

一是央行加强对非金融机构支付监管。2010 年出台《非金融机构支付服务管理办法》及其实施细则,正式将其纳入人民银行监管范畴,对其实施业务许可,明确不能开展银行结算业务。2011 年 5 月颁发第一张支付业务许可证书。2013 年印发《支付机构客户备付金存管办法》。2014 年公布支付机构客户备付金存管银行清单。

二是外管局推行试点来解决原跨境支付问题,2013 年 2 月印发《支付机构时境电子商务外汇支付业务试点指导意见》(汇综发[2013)5 号)指出在上海浙江深圳北京、重庆等 5 个地区开展试点,允许开展跨境代收业务和跨境代付业务,范围扩大至货物贸易和服务贸易,交易金额原则上分别不超过等值 1 万美元和 5 万美元,要求实名认证制,审核真实交易背景,解决了国内第三方支付机构只能与国外银行或支付机构合作实现跨境支付的问题。

(三) 高速发展阶段(2015年至今)

2015年以来，我国经济进入新常态，"互联网+"和"大众创业、万众创新"的氛围浓厚，政府对跨境电子商务重视程度越来越高，先后出台《关于大力发展电子商务加快培育经济新动力的意见》《关于促进跨境电子商务贸易健康发展的指导意见》《关于促进农村电子商务加快发展的指导意见》等，特别是2016年1月国务院会议决定积极稳妥扩大跨境电子商务综合试点，在新设跨境电子商务综合试验区复制推广构建六大体系，建设线上"单一窗口"和线下"综合园区"两个平台等经验。此外，伴随人民币加入SDR、亚投行和丝路基金成立，以及采用国际通用报文标准的CIPS(人民币跨境支付系统)一期上线等，人民币国际支付结算、计价和融资能力增强，为我国跨境电子商务提供强力支撑。期间，商业性跨境电子商务平台先后有网易公司"考拉海购"顺丰速运顺丰海淘、"京东全球购等上线。政府主导的跨境电子商务平台有2015年山东省鄄城县发制品产业园等8家跨境电子商务产业聚集区，2016年3月启动的"上海市跨境电子商务示范园区"等。

(1) 第三方支付推进线下布局，其准金融性质更突出。2015年跨境电子商务支付业务试点企业增至22家。百度、腾讯等开始发展云支付。2015年上半年阿里、腾讯、支付宝等宣布将推"刷脸"类支付计划。第三方支付服务进一步向融资、投信以及网络贷款多元化转变。

(2) 银行支付的便捷性和竞争力进一步提升。一是技术提升，2015年1月平安银行在深圳、昆明试点光子支付，实现光卡、无网和无额度限制的移动支付转账。2015年4月，民生银行与EyeStart联想合作推出有支付功能的虹膜手机。2016年招商银行推出利用生物技术但仍需人工协助的"刷脸"转账业务。二是服务提升。2015年11月，中国银行在银行系统首推跨境电商支付结算产品，实现融支付、收单、国际收支申报等多种功能于一体。2015年工商银行成为首家提供横跨亚、欧、美三大时区的24小时不间断人民币清算服务的中资银行。三是减少手续费。工农中建交五大行自2016年2月25日起对手机银行转汇款和5000元以内银行转账汇款免手续费，随后更多银行参与减免手续费的行列。

(3) 金融服务监管虽然鼓励创新但是更强调金融系统安全。一是2015年国家外汇管理局印发《支付机构药境外汇支付业务试点指导意见》(汇发[2015]7号文将试点工作推广到全国，单笔限额由等值1万美元提至5万美元，同时停止了[2015]7号文的使用。二是人民银行2015年12月印发的《非银行支付机构网络支付业务管理办法》于2016年7月1日起施行，要求支付账户实名制、余额付款交易限额、分类监管，不得为金融机构和从事金融业务的其他机构开立支付账户等。该办法针对个人支付账户"余额"付款交易提出10～20万元的年累计限额及1000～5000元的单日累计限额，而对个人通过支付机构进行银行网关支付、银行卡快捷支付的则无此限额。三是2015年人民银行印发《关于改进个人银行账户服务加强账户管理的通知》，突出账号实名制和保护消费者核心权益，鼓励金融机构对通过网上银行手机银行办理的一定金额以下的转账汇款业务免收手续费。四是人民银行2016年4月发布《非银行支付机构分类评级管理办法》，加强对非银行支付机构监管，防止支付风险。五是国务院2015年印发《关于实施银行卡清算机构准入管理的决定》，进一步规范我国支付行业发展和转型。

二、跨境电子商务中的金钱转移注意事项

(一) 跨境收款方式

跨境出口电商的快速发展伴随着跨境收款合规的重要性凸显。在不同国家和地区之间支付结算，需要一定的结算工具和支付系统实现两个国家或地区之间的资金转换，需面对不同地域的法律、经济制度等差异以及电商平台、消费者、银行以及境内外支付机构等多个主体，经常面临汇率波动、外汇政策管制等难题。跨境收款是否安全、合规、简单、顺畅直接关系到出口电商的核心利益。目前跨境电商出口收款方式大致可归纳为三种。

1. 境内卖家银行账户直接收款

境内卖家银行账户直接收款是指跨境电商平台与境内卖家开设账户的网上银行直连，境外买家通过平台对接的境外银行或者支付机构的入口进行支付，货款直接到达卖家的网上银行账户。视境内卖家绑定的账户不同，货款可能进入卖家在境外银行开立的境外外汇账户、在境内银行开立的经常性外汇账户或是在获得由中国人民银行("人民银行")批准进行人民币跨境支付业务许可的银行开设的人民币账户。这种模式与最传统的外贸企业收款模式并无本质区别，电商平台需要分别对接不同的境内银行和境外合作银行并取得其网银系统的授权。

2. 通过第三方支付机构通道收款

通过第三方支付机构通道收款是指境内卖家通过跨境电商平台绑定的第三方支付机构为通道进行跨境收款。第三方支付机构是指根据人民银行《非金融机构支付服务管理办法》的规定取得《支付业务许可证》，在收付款人之间作为中介机构提供全部或部分货币资金转移服务的非银行机构，如支付宝、微信支付等。

这种模式背后的资金流和信息流颇为复杂，简而言之，即第三方支付机构在对应的银行有一个专用的备付金账户，境外买家付款后，货款先到达第三方支付机构的上述专用备付金账户，买家确认收货之后第三方支付机构再从备付金账户里打款给境内卖家的账户。这种方式的典型案例如阿里巴巴开发的速卖通平台上绑定了第三方支付机构——国际支付宝。

第三方支付机构解决了跨境电商平台单独对接各银行的难题，降低了平台开发成本以及平台使用费率，为用户提供了更加友好的跨境支付操作界面，而且可以在买家和卖家的交易中发挥货款监管的作用。因此第三方支付机构通道是目前大多数的跨境电商出口平台上境内卖家使用的收款模式。

3. 跨境电商平台全球收款服务

跨境电商平台全球收款服务模式的典型是跨境电商平台亚马逊今年上线的"全球收款服务"(Amazon Currency Converter for Sellers)服务，卖家无需开设外国银行账户或第三方支付机构账户，即可"使用您的本地货币接收全球付款，直接存入您的国内银行账户"(Receive your global payments in your local currency, directly into your local bank account)。这种模式实际上是跨境电商平台为卖家提供综合的收款和结汇服务。其资金的流转过程不外

乎是上述两种之一或者结合。但目前这项服务收费的平台使用费较高，同时也可能涉及跨境支付业务试点的市场准入资格和平台资金沉淀合规风险问题，尚未得到普遍应用。

(二) 跨境收款收结汇的基本方式

1. 直接收款、自行或代理办理收结汇

跨境出口电商应当在依法取得对外贸易经营权后在外汇管理部门办理"贸易外汇收支企业名录"的登记手续，然后到银行开立经常项目外汇账户(如需通过境外账户或者离岸账户的事先取得外汇局的批准)以办理收结汇手续。

例如，出口电商在银行开立美元账户，货物出口后收到一笔金额为 15 万美元的跨境汇入资金，则该电商应该按照不同分类的出口贸易企业对应的要求办理收结汇手续；如果该电商委托了某代理方进行收汇，则资金入账后，代理方应向银行提交汇款指令，将美元收汇划转给该出口电商，或者代理方向银行提交结汇申请，将结汇后的人民币资金划转给该出口电商。

2. 用第三方支付机构通道收款

根据《国家外汇管理局关于开展支付机构跨境外汇支付业务试点的通知》，在国家外汇管理局允许范围内开展跨境外汇支付业务的支付机构，可以为跨境电子商务交易双方提供外汇资金收付及结售汇服务。根据国家外汇管理局的信息，目前共有 10 个省市的 32 家第三方支付机构获得跨境外汇支付业务试点资格。因此，如果跨境电商平台合作的第三方支付机构具有跨境外汇支付试点资格，则境外买家的付款在进入银行的外汇备付金账户之后，该第三方支付机构根据"按照真实合法的货物贸易交易背景，可以根据货物贸易项下的交易信息逐笔还原交易信息"的原则，集中为出口电商办理结售汇业务。

(三) 迟延结汇或者将出口外汇收款留存境外

考虑到从事出口贸易企业的经常项目外汇收支频繁，境内机构可根据《关于境内机构自行保留经常项目外汇收入的通知》自行保留其经常项目账户中的外汇收入。目前部分的第三方支付机构，如国际支付宝，也可以支持平台上的出口电商选择"收外汇、不结汇"的方式，直接将相应的外汇汇入境内卖家的银行账户。

在外汇管理部门同意的情况下，出口电商企业可以根据《货物贸易外汇管理指引实施细则》在境外银行开立用于存放出口收入的境外账户，将具有真实、合法交易背景的出口收入存放境外；可根据自身经营需要确定出口收入存放境外期限，或将存放境外资金调回境内。境外账户的收入范围包括出口收入、账户资金孳息以及经外汇局批准的其他收入；支出范围包括贸易项下支出、佣金、运保费项下费用支出以及符合外汇局规定的其他支出等。

(四) 对跨境电商出口收款外汇回流的合规提醒

2018 年 5 月以来，国家外汇管理局连续三次发布了外汇违规案例，总罚没金额超 2.5 亿美元，其中不乏外汇违规汇入、非法结汇、违规办理预收货款结汇、个人贸易收汇和货物贸易结汇等流入方向的违规结汇案件，个别案例处罚款超百万以上。虽然此类违规结汇案件发生的时间大多在 2015 年至 2017 年的"扩流入"时期，但显然外汇管理部门并未因

为当时鼓励流入就放宽了对于交易背景真实性的审核要求。结合中美贸易战的大背景，目前外汇监管重点已经开始进入双向管理阶段，出口电商应当足够重视交易背景真实性以及相关凭证完整性问题，避免外汇回流的合规风险。

为便利跨境贸易并降低汇率影响，推行跨境人民币结算是近年来人民银行为支持外向型企业的资金管理、增加新金融业态的重要举措。从 2009 年人民银行等六部委联合发布《跨境贸易人民币结算试点管理办法》开始，跨境贸易人民币结算的适用范围从上海、广东(广州、深圳、珠海、东莞)5 城市逐步扩大到全国范围；参与主体从列入试点名单的企业扩大到境内所有从事货物贸易、服务贸易及其他经常项目的企业。人民银行和海关总署等六部委先后下发《关于简化跨境人民币业务流程和完善有关政策的通知》《关于简化出口货物贸易人民币结算企业管理有关事项的通知》《关于进一步完善人民币跨境业务政策促进贸易投资便利化的通知》等文件，简化跨境人民币业务流程并明确凡依法可以使用外汇结算的跨境交易，境内银行可在"了解客户、了解业务、尽职审查"展业三原则基础上直接办理跨境人民币结算。

除了商业银行，第三方支付机构也可以在人民银行的批准下办理电子商务人民币资金跨境支付业务。人民银行上海总部《关于上海市支付机构开展跨境人民币支付业务的实施意见》明确规定具有必要资质的第三方支付机构经备案可以依托互联网，为境内外收付款人之间，基于非自由贸易账户的真实交易需要转移人民币资金提供支付服务。

根据上述政策，国内消费者海淘时可直接支付美元，境内卖家在跨境电商平台上也可以直接以人民币作为收款的币种，只要该笔交易符合一般结汇条件，收款后可通过银行或者有资质的第三方支付机构直接办理跨境人民币结算业务。

但需要注意的是，虽然根据人民银行《关于简化跨境人民币业务流程和完善有关政策的通知》，对于经常项下跨境人民币结算，境内银行可在满足展业三原则的要求下自行决定是否需要企业提供单据，甚至可以仅凭企业的《跨境人民币结算收/付款说明》直接办理资金的收付。但事实上，在满足了人民银行的要求以外，跨境出口电商仍需满足外汇管理部门的要求。贸易项下的跨境收支，根据《国家外汇管理局关于印发货物贸易外汇管理法规有关问题的通知》的要求仍应当符合"谁出口谁收汇"原则，外管局将通过货物贸易外汇监测系统实现非现场总量核查。采用跨境人民币的结算方式同样要符合外汇管理部门对外贸企业的分类管理要求。

三、国际及我国跨境电子商务与金融服务监管的主要内容

与跨境电子商务有关的金融服务监管主要是本外币的选择、支付清算渠道的选择、支付结算机构的选择。

(一) 国际主要国家对外汇管理的有关做法

国际贸易中本外币的选择受一国对汇率、汇兑额度、外汇储备等方面的影响。楚国乐、吴文生(2015)指出，国际贸易中以欧元模式为国际计价货币有其局限性，长期看还是美元模式。IMF 数据显示，截至 2015 年第三季度，欧元在全球外汇储备份额由 6 年前的27%降至 20.34%,汇率跌幅超 20%。目前，非国际货币发行国一般储备美元、日元等一种

或多种国际货币，采取汇率、利率、管制等政策或手段干预外汇市场。例如，美国、日本和英国等采取双层次储备管理模式，其中美国汇率自由浮动，对外汇市场干预较少且一般由美国财政部做出干预决定。日本也是汇率自由浮动但是干预比较频繁，由财务省决策，日本央行负责执行。挪威、韩国等是由财政部或央行再加上政府控股公司的多层次外汇管理储备模式。欧元区则由欧洲央行负责其外汇管理及汇率相关政策。

此外，国家为达到相关政策目标采取的管制措施对国际贸易中本外币的选择也有影响。例如，巴西虽然资本项目可兑换，在国内可买卖外汇，但是外汇管制却严格。雷亚尔无法直接出境及在境外流通，外汇资金无法直接进入国内；智利通过资本管制实现改善资本流入和降低外汇升值压力的目的；马来西亚 1997 年采取资本管制应对金融危机；泰国央行2006 年对该国银行新增加 2 万美元以上的外汇存款账户冻结其 30%来应对金融危机。

(二) 国际主要跨境支付清算系统的有关做法

(1) 国际货币发行国均建立了本币跨境支付清算系统，如美国 FEDWIRE (联邦电子资金转账系统)和 CHIPS (清算所同业支付清算系统)，欧盟的 TARGET (泛欧自动实时全额清算快速转账)、EUR01 (欧洲银行协会清算系统)和 EAF2(法兰克福同城电子清算系统)，英国的 CLS (持续联结清算系统)、CHAPS (清算所自动化支付清算系统)和 FXNET (跨国外汇清算系统)，日本的 BOY-NET (日本银行金融网络资金转账系统)和 FEYCS (外汇日元清算系统)等。

(2) 系统建设满足业务发展的需要。首先，服务对象突出针对性，如美国 FEDWIRE主要负责国内实时全额结算服务，CHIPS 主要负责跨境大额支付实时结算，两者成为全球美元清算体系的支柱，存在既有竞争也有合作互补的关系。英国 CLS 的多币种服务满足任何一家银行通过其进入国际外汇清算网络，而 CHAPS 提供欧元和英镑的结算服务。其次，系统运行时间通常较长，如日本的新 BOY-NET 运行时间是 12 个半小时，SWIFT (环球银行金融电讯协会)则是 21 个小时。第三，提供高效便捷的信用服务，如美联储对 FEDWIRE系统用户提供透支便利，日均 300 多亿美元，保证该系统顺利进行。第四，重视系统的稳定性和安全性，如美国 CHIPS 实行两套系统异地备份、每套系统双机备份，采取不间断电源和内燃发电机作为备用电源。同时，既注重对接又注重独立性，如接收 SWIFT 标识码并与本系统通用标识码比对。

(3) 注重依法对系统运行进行监管。例如，美国采取自律为主、监管为辅的兼顾模式，美联储作为主要监管机构制定监管规则。2010 年出台的《多德——弗兰克华尔街改革和消费者保护法案》明确支付结算及监管要求和标准。在自律方面，有的系统有套严密的规则，如《CHIPS 规则和管理程序》明确参加 CHIPS 的金融机构要接受纽约州银行管理局或联邦银行管理当局监管和定期审计；有的采取行业规则，如纽约清算所协会和国际银行委员会共同制定的《纽约银行业相互补偿原则》等。欧盟 2000 年发布《欧元体系在支付体系监督中的职责》中再次强调了 ECB(欧洲中央银行)制定支付系统的一般监督原则，扩大监督的范围，同时根据监管对象不同将监督职责赋予欧央行和欧元区各成员国的中央银行，建立了央行与其他国家监管机构合作安排，通过签署谅解备忘录明确监管机构监管合作的程序和原则。日本中央银行通过"支付清算系统监管政策"和"离岸日元支付系统监管政策"，将离岸日元支付系统纳入监管范围，以系统处理业务笔数、资金规模以及与境内支付系统依存度来评估、实施风险分类监管。同时，明确与其他央行合作来加强对 CLS 和 SWIFT 的监管。

(4) 注重开展技术标准与规范。CPSS(国际清算银行下属的支付结算体系委员会)和 IOSCO (国际证监会组织)于 2012 年推出的《金融市场基础设施原则)提出了现代支付行业的基本标准和风险监管框架。同时，SWIFT 积极推行其报文种类、格式和技术基础设施等标准，并在一定程度上被多国接收，如一种核心技术是"FIN"的"存储转发"报文传递服务，被采用率 99%以上。

(5) 对参与机构实行准入管理。例如，TARGET 对申请成为直接成员行的，要求其在当地央行开立清算账户、日均业务笔数和业务达到当地央行最低标准、拥有有效的 SWIFT 代码等。EAF2 除了准入限制外还实行动态管理，对加入成为直接成员行的机构，如果一段时间内达不到业务量要求将被开除。

(三) 国际主要国家对支付机构管理的主要做法

(1) 实施准入的业务许可。美国在法律层面对第三方支付机构经营主体的资质、资本资金状况、业务活动范围等方面提出了要求。欧盟则是通过《电子签名共同框架指引》和《电子货币机构指引》等文件，明确电子签名具有法律效力，明确电子货币机构以及支付机构实行业务许可制度，即第三方支付机构需要取得电子货币公司执照或银行业的执照才能开展业务。同时，如取得执照可在欧盟各国通用。英国的《金融服务与市场法》也要求对从事电子支付服务的机构实行业务许可。

(2) 加强资金的监管。美国要求第三方支付平台的留存资金需存入银行无息账户中，且该行由美国联邦存款保险公司提供保险，同时第三方支付平台不能违规使用客户资金、不能办理类似银行的存贷款业务。欧盟要求第三方支付机构必须在中央银行开设专门账户，在此账户上存入足够的准备金来预防金融风险；提供支付服务时，用于活期存款及具备足够流动性的投资总额不得超过自有资金的 20 倍。英国要求第三方支付机构必须用符合规定的流动资产为客预付价值提供担保，且客户预付价值总额不得高于其自有资金的 8 倍。

(3) 加强运营的监督管理。美国《统一货币服务法》明确规定，第三方支付作为货币服务机构，必须定期提交报告,保存有关交易记录的资料，接受现场检查，接受联邦和州的两级监管，同时依据《银行保密法》《爱国者法案》，要求支付机构建立严格的客户身份识别制度，重点关注对信息不详或提供虚假信息的客户，对出入国境金额超限需提交相应报告。欧盟将第三方支付定位为电子货币发行机构，参照银行进行管理，要求其接受相关法律管辖和相应监管机构的监管。按照《反洗钱和反恐怖磁资指令》的规定，要求所有账户均采用实名制并进行身份识别，发现大额可疑交易且怀疑其涉嫌洗钱时及时间本国金融情报局报告。英国将官方监管与民间自律结合,对金融机构按风险等级实行差别监管，不设置现金交易报告上限而是由金融机构从业人员根据反洗钱法律法规独立判断并及时报告可疑交易。

(四) 我国跨境电子商务与金融服务监管的做法

在金融监管领域，规则导向监管与原则导向监管是两种主要的兼顾模式。规则监管通过制定具体的规则，规定金融机构能做什么不能做什么，操作性强，但缺乏灵活性。我国金融一直以来是典型规则导向监管，体现在与电子商务有关的账户、支付、外汇支付等方面特别是对跨境贸易中交易与汇兑分别归业务主管部门和国家外汇管理局管理的情况。

此外，由于历史原因以及结售汇制度在一段时间内的实施，我国形成了以美元为主、多种国际货币并存的巨额外汇储备。对发展中国家过多的外汇储备，国际上有两种主要观点：一种观点是从新重商主义出发，认为储备外汇是满足交易需求，以麦金农、克鲁格曼等为代表；另一种观点认为储备外汇是满足审慎预防需求，以 Heller(1966)、BenBasat & Gotlieb(1992)、Aizenman & Marion(2004)等为代表。从实际看，用两种观点综合来解释我国外汇现状更合适。同时，结售汇的管理思路在目前外汇实际操作中依然存在。

本 章 小 结

随着互联网的发展，电子商务应运而生，近年来，国家多次提出关于跨境电子商务的利好政策，"跨境电商"一跃成为我国电子商务界最热门的词。虽然发展潜力巨大，但是目前我国的跨境电子商务还处于发展初期，存在着物流障碍、通关不够简便、交易信用不足、专业人才匮乏等诸多方面的问题。面对这些问题，相关的单位与企业也加大了相应的投资力度，加强了管理。跨境电子商务在一定程度上有利于促进国家经济的发展，带动电子商务走向更大的舞台。

我国跨境电子商务出现的问题：尽管跨境贸易电子商务存在诸多优势，但依然还有许多不和谐的因素，阻碍和制约着跨境贸易电子商务的发展。这具体表现在通关效率低、物流与电子支付及退税三个方面。推动我国跨境贸易电子商务健康发展的对策：提高通关效率，解决退税问题，建立新型跨境第三方物流模式，完善我国跨境电子支付监管与外汇管理体系。

关 键 术 语

跨境管理、报关报检、税收征管、金融监管

配 套 实 训

1. 利用网络搜索跨境电子商务主要平台的相关政策和进入条件。
2. 扩展自己的知识面，补充跨境电子商务商务中遇到的问题及解决方法。
3. 尝试自己换算税率，了解退税相关问题。

4. 了解我国跨境电商的发展情况及相关政策,分析本地区跨境发展环境政策导向。

课 后 习 题

一、选择题

1. 报关报检流程中,进口货物换回提货单以后,于运输工具申报进境之日起(　)日内向海关申报。

A. 10　　　　B. 12　　　C. 14　　　D. 15

2. 跨境电商平台一般不支持(　)天无理由退货

A. 14　　　　B. 16　　　C. 7　　　D. 15

3. 目前跨境电商出口收款方式大致有(　　)种(多选)?

A. 境内卖家银行账户直接收款

B. 通过第三方支付机构通道收款

C. 跨境电商平台全球收款服务

D. 微信转账

二、填空题

1. 进口货物通关流程中,如是法检货物,货物的收货人或其代理人需向报关地的检验检疫局申报货物入境,海关凭商检机构签发的_____验放。

2. 跨境电子商务税率换算的计算规则_____。

3. 跨境电子商务零售商品出口时,跨境电子商务企业或其代理人应提交_____,采取_____方式办理报关手续。

4. 跨境电商的通关方式: _____。

5. 跨境电商需要的初步相关证明: _____。

三、简答题

1. 我国跨境电商通关有哪些方式?

2. 我国对跨境电商的金融监管有哪些内容?

参 考 文 献

[1]　马莉婷. 电子商务概论. 2 版. 北京：北京理工大学出版社，2019.
[2]　常广庶. 跨境电子商务理论与实务. 北京：机械工业出版社，2017.
[3]　阿里巴巴商学院. 跨境电商基础、策略与实战. 北京：电子工业出版社，2016.
[4]　鲁丹萍. 跨境电子商务. 北京：中国商务出版社，2015.
[5]　钟卫敏. 跨境电子商务. 重庆：重庆大学出版社，2016.
[6]　柯丽敏，王怀周. 跨境电商基础、策略与实战. 北京：电子工业出版社，2016.
[7]　陈祎民. 跨境电商运营实战：思路. 方法策略. 北京：中国铁道出版，2016.
[8]　李平. 国际贸易规则与进出口业务操作实务. 2 版. 北京：北京大学出版社，2011.
[9]　吕宏晶，孙明凯. 跨境电商实务. 北京：中国人民大学出版社，2016.
[10]　陆羽婷. 平台型进口跨境电商商业模式研究. 暨南大学，2016.
[11]　鄢荣娇. 我国跨境电商物流中的海外仓建设模式研究. 安徽大学，2016.